2759

DISCOURS

SUR LE

GOUVERNEMENT;

PAR ALGERNON SIDNEY,

Fils de Robert Comte de Leicester,

ET

AMBASSADEUR

DE

LA REPUBLIQUE D'ANGLETERRE

PRÈS DE

CHARLES GUSTAVE,

Roi de Suéde.

Publiés sur l'Original Manuscrit de l'Auteur.

TRADUITS DE L'ANGLOIS

Par P. A SAMSON.

TOME SECOND

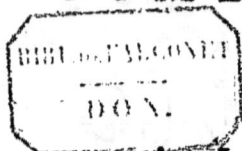

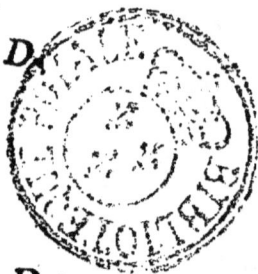

❖

A LA HAYE,

Chez LOUIS & HENRI VAN DOLE,

Marchands Libraires, dans le Pooten.

M. DCC. LV.

TABLE
DES SECTIONS
DU TOME II.

TABLE.

TABLE.

TABLE.

SECTION XXVI.

SECTION XXVII.

SECTION XXVIII.

SECTION XXIX.

Fin de la Table du Tome ſecond.

DISCOURS

DISCOURS

SUR LE

GOUVERNEMENT.

SUITE DU

CHAPITRE SECOND.

SECTION XIII.

Ce n'est pas une marque de desordre que de changer le nom, ou le nombre des Magistrats, & l'Etat n'en reçoit aucun préjudice, pourvû que l'origine & le Principe de leur autorité demeurent dans leur entier.

ENSUITE notre Auteur voudroit nous persuader que les Romains ont été inconstans, parcequ'ils firent divers changemens dans leur Gouvernement du

rant le temps de leur République,
élisant tantôt des Consuls annuels,
tantôt des Tribuns Militaires, & mettant quelquefois l'autorité Souveraine
entre les mains des Décemvirs & des
Dictateurs ; & il ne fait point de difficulté de donner le nom de Sédition
aux plaintes que le peuple faisoit quelquefois contre les Usuriers, ou aux
contestations qui survenoient de temps
en temps au sujet des mariages, &
des charges de Magistrature ; mais je
soutiens.

I. Que ce n'est pas une marque de
desordre, que de changer le nom ou
le nombre des Magistrats, & que l'Etat
n'en reçoit aucun préjudice, pourvû
que ce changement soit fait par ceux
qui sont en droit de le faire, & que
celui ou ceux qui sont établis dans ces
nouvelles charges n'outre-passent point
les loix qui doivent servir de bornes à
leur autorité, & qu'ils fassent tout leur
possible pour répondre au but qu'on
s'est proposé en leur conférant ces
emplois ; car il y a plusieurs formes
de Gouvernement qui sont également
bonnes en elles-mêmes, & dont on
peut se servir indifféremment, selon
le temps & les circonstances où l'on
se trouve.

II. Il est rare qu'une Societé soit dès les commencemens fondée sur des Loix si sûres qu'il n'y ait rien à changer dans la suite : il est impossible aux hommes de prévoir tout ce qui peut arriver dans l'espace de plusieurs siécles , & il faut remédier à ce qu'il peut y avoir de défectueux par rapport aux changemens qui accompagnent cette révolution des années. Rome, dans ses commencemens fut sujette à ces défauts, & peu-à-peu on les découvrit, & on y remédia. Les Romains ne songerent pas à faire des réglemens contre l'usure, jusqu'à ce qu'ils eurent ressenti les malheurs que leur causoit la cruauté des Usuriers ; ils ne penserent pas au partage des terres, & à en assigner à un chacun une certaine portion, jusqu'à ce que quelques particuliers par leur avarice eurent amassé tant de richesses qu'ils en devinrent redoutables aux autres, dont la pauvreté étoit si grande, qu'elle les mettoit hors d'état de pouvoir être utiles à leur Patrie. Il n'é-toit pas temps de faire une loi pour ordonner que ceux des familles du peuple pourroient s'allier avec les familles Patriciennes, jusques à ce qu'on s'apperçût que la distinction qu'on avoit mise entre le peuple & les Patriciens avoit inspiré tant d'orgueil & de vanité à ces derniers, qu'ils se regardoient comme ayant en leur personne quelque chose de divin, au lieu qu'ils ne considéroient les autres que comme des hommes prophanes & *inauspicati*; ce fut alors qu'il fallut remedier à ce désordre, puisque la division étoit allée si avant, qu'elle avoit mis la ville en danger. Il auroit été inutile de faire une loi en faveur du peuple pour le déclarer capable de parvenir aux premieres dignités de l'Etat, avant qu'il y eût dans ce Corps des personnes capables de s'acquitter dignement de ces importans emplois. Mais lorsqu'on eut remarqué tous ces manquemens, on y remédia fort à propos, ce ne fut pas à la vérité sans bruit & sans contestation, mais au moins ce fut sans répandre du Sang & sans qu'il en arrivât aucun malheur.

III. Tous les établissemens humains étant d'eux-mêmes sujets à se corrompre, il faut nécessairement qu'ils périssent, à moins que l'on ne les renouvelle lorsqu'il en est temps, & que l'on ne les ramene à leurs premiers principes : ce furent principalement ces

tumultes qui produifirent ce bon effet ,
quoique notre Auteur les blâme avec
fon ignorance ordinaire : le corps entier
de la Nation , qui dans les commencemens avoit créé les Magiftrats , éxerça
fon pouvoir dans toutes les chofes où
il s'agiffoit des droits de la Souveraineté , & obligea tout le monde à connoître que l'autorité Souveraine lui appartenoit légitimement : il n'y avoit rien
d'impoffible à ceux qui avoient conféré
dans les commencemens les premieres
charges de l'Etat aux Patriciens, & qui
dans la fuite rendirent ceux du peuple
égaux à eux. Cependant ils ne firent
pas moins paroître de modeftie & de
modération , qu'ils avoient témoigné
de réfolution & de courage à foutenir
leur autorité : lorfqu'ils eurent fait
une loi qu'il les autorifoit à élever à la
dignité Confulaire un homme de famille populaire , ils laifferent écouler
quarante ans avant que de s'en fervir :
& lorfqu'en fe fervant de leur droit ils
jugerent à propos d'avancer aux emplois
ceux de leur Corps , ils fe conduifirent
avec tant de difcrétion & de prudence,
qu'on ne peut pas dire qu'ils fe foient
trompés trois fois dans le choix qu'ils
firent , tout le temps qu'ils eurent la

A 3

liberté de leurs suffrages : au lieu que
de tous les Empereurs qui monterent
sur le Trône par Usurpation , ou sous
prétexte d'être les plus proches parens
de ceux qui avoient usurpé l'autorité
Souveraine , ou qui y furent élevés par
les armées , à peine en trouve-t-on
trois qui ayent mérité cet honneur ;
on peut dire au contraire que la plûpart
d'entr'eux semblent n'être venus au
monde que pour être les fleaux du
Genre-humain.

IV. Filmer fait connoître sa mauvaise foi ou son ignorance , lorsqu'il
attribue le pouvoir législatif , tantôt
au Sénat , & tantôt au peuple ; car le
Sénat ne l'a jamais eu. Dans toutes les
résolutions de cette auguste Assemblée
on s'est toujours servi de ce stile, *Sena-*
tus censuit, *Populus jussit* ; mais le droit
de conseiller restant toujours au Sénat ,
celui de faire passer en loi les délibéra-
tions de ce corps resta toujours au
peuple.

V. C'est à tort qu'on a pris occasion
de faire l'éloge du pouvoir absolu ,
dans la vûe d'établir la Monarchie
héréditaire , de ce que les Romains
mettoient l'autorité Souveraine entre
les mains d'un Dictateur , lorsqu'ils se

trouvoient en quelque preſſant danger ;
car ils n'ont jamais élevé perſonne à
cette dignité éminente, qui ne fût
capable de porter un ſi grand fardeau,
ce qui dans les Goùvernemens héréditaires dépend abſolument du hazard.
Quoique la puiſſance du Dictateur fût
grande, cependant elle tiroit ſon origine des Loix, & cette autorité ne lui
étant donnée que pour ſix mois, il
étoit preſqu'impoſſible qu'il en abuſât,
ou qu'il pût corrompre ceux qui avoient
été honorés du même emploi, ou qui
y pouvoient prétendre dans la ſuite,
ni que ceux - là fuſſent aſſez fous pour
vouloir trahir leur patrie pour l'amour
de lui : & comme on n'a jamais conféré
cette dignité qu'à des perſonnes qui
avoient donné des preuves ſignalées de
leur valeur & de leur vertu, auſſi n'en
a-t-on jamais trouvé aucun qui ait
démenti la bonne opinion qu'on avoit
conçûe de lui. On portoit alors de
l'honneur à la vertu, & on étoit ſi
perſuadé qu'elle inſpiroit néceſſairement un amour ſincère & une fidélité
inviolable pour l'Etat, que ſans elle,
toutes les autres qualités les plus émi-
nentes étoient mépriſables & odieuſes ;
juſques-là qu'il n'y avoit point de par-

don à esperer pour ceux qui conspiroient contre la Patrie, leurs services précédens, quelques signalés qu'ils fussent n'étant pas capables d'expier un crime si énorme. Ceci qui paroît une sévérité excessive, étoit effectivement la plus grande de toutes les clémences; car quoique notre Auteur ait l'imprudence de dire *que du temps de la liberté Romaine, les plus honnêtes gens étoient ceux qui réüssissoient le moins, & les plus scélérats ceux qui faisoient le mieux leurs affaires*, il ne peut citer aucun exemple d'un homme distingué parmi les Romains qui ait été mis à mort, excepté Manlius Capitolinus, non pas même depuis le bannissement des Tarquins, jusqu'au temps des Gracques, & jusqu'aux guerres civiles qui commencerent bien-tôt après; & il y en eut aussi très-peu d'éxilés. Par ce moyen on prévint les crimes; & en ôtant tout ce qui pouvoit donner lieu à la tentation, on coupa la trahison par la racine; & on fit connoître à ceux qui étoient naturellement ambitieux, que le chemin de la vertu étoit le seul qui conduisoit aux honneurs & aux dignités.

Mais de peur que cela ne fût pas
encore fuffifant pour arrêter les entreprifes de quelques efprits ambitieux &
hardis, quelque grande que fût l'autorité qu'on donnoit aux Magiftrats
quels qu'ils fuffent, la Souveraineté
reftoit toûjours entre les mains du peuple, & tous enfemble lui étoient fujets
fans aucune exception. Ceci pourra
fembler étrange à ceux qui s'imaginent
que les Dictateurs avoient un pouvoir
abfolu, par ce qu'on dit qu'ils étoient
fine provocatione ; mais cela ne fe doit
entendre que par rapport aux autres
Magiftrats, & non pas par rapport au
peuple, comme on le peut voir mani-
feftement par ce qui fe paffa à l'égard
de Quintus Fabius que le Dictateur Papirius vouloit mettre à mort: *Tribunos* Tit. Liv.
Plebis appello, dit fon pere Fabius Ma- l. 8.
ximus, *& provoco ad Populum, eumque
tibi fugienti exercitus tui, fugienti Senatus
Judicium, Judicem fero ; qui certe unus
plus quàm tua Dictatura poteft pollet que:
videro, ceffurus ne fis provocationi, cui
Tullius Hoftilius ceffit.* Et quoi que le
peuple fe contentât d'interceder pour
Fabius, plutôt que d'ordonner qu'on
le mît en liberté, cette modeftie qu'il
fit paroître en cette rencontre, ne pro-

cédoit que de ce qu'il croyoit que Papirius avoit raison de le vouloir faire
mourir ; & quelque envie que ce peuple eût de sauver Fabius, qui semble
avoir été un des plus grands hommes
que la République ait jamais eu, il ne
vouloit pas affoiblir en sa faveur cette
discipline Militaire, à qui l'Etat étoit
redevable non seulement de sa grandeur, mais encore de son éxistence ;
sur tout dans cette occasion où tout le
monde reconnoissoit son autorité Souveraine, jusques-là même, que le Dictateur n'avoit fait aucune difficulté de
s'y soumettre. Ce droit d'appeller au
peuple, étoit, pour ainsi dire, le fondement de la République Romaine,
il étoit en usage dès le temps de Romulus, Hostilius s'y soumit dans l'affaire des Horaces, & on ne commença
à le violer que lorsque les Loix & la
liberté dont il étoit le soutien & l'appui, furent renversées par le pouvoir
des armes. Ceci nous est encore confirmé par la Harangue du Tribun Metellus, qui du temps de la seconde guerre Punique, desapprouvant sans raison
la conduite du Dictateur Quintus Fabius Maximus, dit dans une Assemblée
générale du peuple : *Quod si antiquus*

Tit. Liv.
l. 1.

Tit. Liv.
l. 22.

animus Plebi Romanæ effet, fe audacter laturum de abrogando Q. Fabii imperio; nunc modicam rogationem promulgaturum, de æquando Magiftri Equitum & Dictatoris jure : on fit ce qu'il fouhaitoit, & cette action, qui n'avoit point d'exemple, montre que le peuple n'en avoit pas befoin, & que dans l'éxercice de fon autorité, qui étoit infiniment au-deſſus de celle de tous les Magiſtrats, il n'étoit point obligé de fuivre d'autre régle que celle de fa propre volonté. Quoi que je demeure donc d'accord que les peuples fages & bien difciplinés, puiſſent quelquefois, fans s'écarter des régles de la prudence, donner à un homme vertueux & prudent un pouvoir femblable à celui des Dictateurs Romains, limité à un certain temps, fujet aux Loix, & toûjours dépendant de l'autorité Souveraine du peuple, il ne s'enfuit pas que cela favorife l'opinion de notre Auteur. Car il n'y a aucun rapport entre un femblable Magiftrat & le Monarque qu'il nous propofe, en la perfonne de qui réfide originairement le pouvoir Souverain, qui n'eft fujet à aucunes Loix qui éxerce une autorité perpétuelle, foit qu'il ait les qualités requifes pour s'acquiter dignement de cet important emploi, soit qu'il en soit entierement dénué, & qui croit que cette puissance dont il est revêtu ne lui a été donnée que pour son intérêt particulier. En effet ce seroit la pensée du monde la plus déraisonnable, que de vouloir tirer des conséquences de choses, qui font tout-à-fait dissemblables, tant à l'égard de la substance, qu'à l'égard des circonstances. Mais au contraire, ces exemples faisant voir que le peuple Romain s'est toujours réservé l'éxercice du pouvoir Souverain, dans le temps même qu'il sembloit avoir donné une autorité absolue à ses Magistrats, démontrent évidemment, que le Gouvernement a toujours été le même, la Souveraineté ayant toujours été entre les mains de la Nation, qui sans préjudicier à ces droits Souverains, pouvoit donner la conduite de l'Etat à une ou à plusieurs personnes, comme elle le jugeoit à propos; & la suite fit bien voir qu'en cela, elle a toûjours agi avec beaucoup de prudence.

SECTION XIV.

*Il n'y eut point de Sédition qui fut funeste
à la République Romaine, jusques à
ce qu'au milieu de la plus grande
prospérité, quelques particuliers acquirent trop d'autorité, & s'éleverent
au-dessus des Loix.*

IL n'est pas besoin de se donner
beaucoup dè peine pour réfuter ce
que dit notre Auteur, que le Gouvernement Populaire fut cause qu'il y eut
beaucoup de sang répandu à Rome,
car il lui est impossible de faire voir
qu'on y ait injustement condamné un
homme à mort, ou qu'il y en ait eu
aucun qui ait perdu la vie dans une
Sédition avant Publius Gracchus : pour
lors les fondemens de la République
étoient tellement ébranlés, qu'on ne
reconnoissoit plus l'autorité des Loix,
de sorte que tout ce qui arriva en cette
occasion doit être attribué à la Monarchie à laquelle les Grands commen-
çoient d'aspirer. Tant que les Romains
furent en guerre avec les Nations voisines, il leur fut facile d'avoir l'œil sur
les actions de leurs Généraux, & de

faire obferver une bonne difcipline
parmi les troupes ; mais s'étant rendus
Maîtres des plus puiffans Etats du
monde par leur valeur & par leur
prudence, & étant obligés d'entretenir
des armées dans les Pays éloignés du
centre de la République, & d'en laiffer
la conduite à des Généraux ambitieux
plus long-temps que les Loix ne le
permettoient, ces Généraux abufant
de l'autorité qu'on leur avoit confiée,
& formant des deffeins préjudiciables
à l'Etat, permirent toute forte de licence & de déréglement parmi les troupes,
afin d'acquerir l'affection des Légions
qui fe voyant ainfi recherchées devinrent mutines & féditieufes. Il auroit
été bien difficile, pour ne pas dire
impoffible, d'entretenir une jufte égalité parmi les Citoyens, dans un temps
où les dépouilles des plus puiffans Royaumes fervoient à orner les maifons
de quelques particuliers, qui ayant
fous leur protection des villes confidérables, & même des Nations entieres,
étoient tellement enflés d'orgueil, qu'ils
ne faifoient aucun cas des Loix. C'étoit-
là un mal trés-dangereux, femblable à
celui auquel le corps humain eft fujet,
lorfqu'il eft une fois parvenu à ce que

les Médecins appellent conftitution *d'Athléte*, c'eft-à-dire lorfqu'à force de bonne nourriture & d'éxercice, il a acquis toute la fanté, la force & la vigueur où il peut jamais arriver. Il eft indubitable que le corps humain a atteint le plus haut degré de perfection lorfqu'il eft attaqué de cette efpèce de maladie, & que par conféquent tout homme qui condamne ce qui met un Etat dans cette condition, condamne ce qu'il y a de plus parfait au monde. Tant que les Romains travaillerent pour y arriver, toutes les féditions qui s'éleverent parmi eux ne leur firent aucun mal : on les appaifa fans répandre de fang ; & celles qui fembloient les plus dangereufes donnerent occafion à l'établiffement des meilleures loix. Mais lorfqu'ils furent une fois parvenus à cet état de perfection, les meilleures loix leur devinrent inutiles. Ils fubirent le deftin de toutes les chofes humaines, & commencerent à defcendre dès qu'ils furent parvenus au plus haut période de grandeur, auquel ils pouvoient atteindre.

—— *Summifque negatum*
Stare diu ; .

Luca. k. 14

Auſſi doit-on atribuer à cette révolution tout ce que notre Auteur trouve
de défectueux dans ce Gouvernement,
& non pas à ſa prémiére conſtitution.
Tous les hommes ſont naturellement
ſujets à l'erreur, & il n'y en a point
qui ſoient éxemps de faire quelque fois
de fauſſes demarches; ainſi il n'eſt pas
ſurprenant que le peuple Romain pendant l'eſpace de plus de trois cent ans,
ait injuſtement condamné à l'amende,
ou banni cinq ou ſix perſonnes; mais
ce même peuple reconnut ſi bien ſa
faute, & prit tant de ſoin pour le réparer en comblant d'honneur ces mêmes perſonnes qu'il avoit injuſtement
condamnées, qu'il s'eſt acquis plus de
gloire, & a mérité plus de louanges,
que s'il n'avoit jammais commis aucune
injuſtice. C'eſt ce que l'on peut voir
par l'exemple de Camillus de Livius
Salinator, de Paulus Emilius, & de
quelques autres.

Si dans ces premiers temps de la République, les ſéditions firent plus de
bien que de mal aux Romains, elles
furent auſſi éxemptes de guerres civiles.
On ne peut pas donner ce nom à la
révolte des peuples de la Poüille &
de la Grece; c'étoient des Nations

conquises qui cherchoient à secouer le joug qu'on leur avoit imposé. Ce seroit aussi la chose du monde la plus ridicule que de mettre dans ce rang le soulévement des esclaves & des gladiateurs ; car les gladiateurs étoient aussi esclaves, & les guerres civiles ne peuvent se faire que par ceux qui sont membres d'une societé civile, ce qui ne se peut dire de ceux qui sont esclaves. On ne peut pas non plus appeller la guerre des Alliés une guerre civile puis que ces peuples, quoique libres, n'étoint point Citoyens Romains. Les Romains agissoient de trois maniéres différentes avec les Nations qu'ils soumettoient à leur Empire.

Bellum Sociale.

1. Il y avoit de certains peuples qu'ils recevoient dans leur Ville pour ne faire qu'un corps avec eux, ceux-là s'appelloient *Civitate donati* ; c'est ainsi que les Latins y furent reçûs par Romulus & les Albains par Hostilius. Les Privernates obtinrent le même privilége lors que leur Ambassadeur eut déclaré hardiment que la paix ne pouvoit pas être de longue durée s'ils ne la faisoient à des conditions justes & raisonnables ce qui plut si fort au Sénat qu'il avoua, *Se viri & liberi vocem audivisse, tales*

que dignos esse ut Romani fiant, on accorda la même grace à plusieurs autres Nations dans la suite.

2. Les Romains faisoient alliance avec de certaines Nations comme le rapporte Tite-Live : *Populum Romanum divictos bello populos , malle societate & amicitia habere conjunctos , quam tristi subjectos servitio ;* c'est dans ce rang qu'on doit mettre les Samnites, qui n'étant pas contens de leur condition, se joignirent à Annibal ; & qui ensuite sous la conduite du brave Télésinus secondé de plusieurs autres Nations confédérées tâcherent en vain de recouvrer leur liberté.

3. Lorsque des peuples s'étoient révoltés plusieurs fois contr'eux , ils réduisoient leur pays en Province, & ceux-là s'appelloient *in Provinciam redacti ;* ce fut de cette maniere qu'ils traiterent les Habitans de Capoüe après que Appius Claudius & Quintus Fulvius Flaccus se furent rendus maîtres de cette Ville.

Les peuples avec qui ils avoient fait ces sortes d'alliances, & ceux qu'ils avoient reduits en Province, leur ont souvent fait la guerre, mais nous ne lisons pas qu'il y en ait eu aucune à

qui l'on puisse donner le nom de guerre
civile, jusqu'au temps de Marius, de
Sylla, & de Catilina. Celles-ci ayant
commencé lorsque les Loix qui faisoient
auparavant le soutien & l'appui de la
République, avoient perdu la plus
grande partie de leur force, on peut
les regarder comme les derniers efforts
de la liberté mourante. Mais pour celles
qui s'allumerent entre César & pompée,
entre Octave & Marc-Antoine aussi
bien que les proscriptions, & tous
ces malheurs qui accompagnerent le
Triumvirat, on ne peut les attribuer
qu'à la Monarchie absolue à laquelle
ces esprits ambitieux aspiroient. On
doit dire la même choses des guerres
de Neron, de Galba, d'Othon, de
Vitellius, & de Vespasien; ce fut l'envie de régner en maîtres absolus qui
leur mit les armes à la main.

Cependant, si Filmer veut absolument attribuer au Gouvernement populaire tout ce qui arriva de fâcheux à
la République Romaine, avant que
César se fût créé lui-même Dictateur
perpétuel, il ne trouvera rien que ce
que l'on voit arriver tous les jours
dans toutes sortes de Gouvernemens.
Il y a eu fort peu de petits Etats qui

ayent pu fe garantir de la révolte de
leurs fujets, ou de la défection de leurs
Alliés, & il n'y en a point eu de confidérable qui en ait été éxempt. Le plus
grand Empire de l'Orient a été détruit
par la rébellion des Mammelucs qui
en étoient efclaves. Toute la différence
qu'on peut remarquer entre ce qui
arriva aux Romains du temps de leur
République, & ce qui leur arriva
lorfqu'ils furent fous la domination
des Empereurs, confifte principalement en ceci, c'eft que tant qu'ils
conferverent quelque ombre de liberté,
ils remporterent toûjours la victoire,
& firent rentrer dans le devoir leurs
efclaves, leurs gladiateurs, & leurs
Alliés; au lieu que fous leurs Empereurs, la révolte d'une Province
fuffifoit pour donner un nouveau
Maître à la plus grande partie de
l'Univers; & ce nouveau Souverain
n'ayant qu'autant de pouvoir qu'il lui
en falloit pour éxécuter le crime qu'il
avoit projetté, fe voyoit bien - tôt
chaffé du Trône par un autre auffi
fcélérat que lui. Pour faire plaifir à
notre Auteur, je veux bien avouer
que les Romains étoient fujets à un
fecond défaut, je veux dire qu'ils

avoient cette délicateſſe à laquelle il
attribue tous les deſordres de leur Gouvernement ; mais je ne puis pourtant
m'empêcher de lui dire en même-temps
qu'il ſeroit bon d'éxaminer d'où procéde
cette délicateſſe. Si les Turcs ou les
François prenoient les armes contre
leurs Souverains, je croirois que la
miſére & le deſeſpoir leur inſpireroient
cet eſprit de revolte, mais je ne pourrois
jamais m'imaginer que ce fût-là un
effet de leur délicateſſe; cette délicateſſe
ne ſe rencontre que chez les peuples
qui ont le bonheur de vivre ſous un
Gouvernement doux, & qui jouïſſent
de toutes ſortes de proſpérités. Des Nations accablées ſous la peſanteur d'un
joug inſupportable, peuvent bien ſe
laiſſer tranſporter à la fureur & à la
gera, mais il eſt impoſſible qu'elles
tombent jamais dans aucun excès de
délicateſſe. Du temps des Empereurs
Romains, les cohortes Prétoriennes,
ou les armées à qui on laiſſoit ravager
impunément les plus riches Provinces
de l'Empire, pouvoient s'enorgueillir
en conſidérant leurs forces & leur puiſſance; ou devenir délicates à force de
poſſéder tant de biens : les Janiſſaires
dans ces derniers temps, peuvent être

tombés dans les mêmes excès, par la
même raifon ; mais ceux qui ont perdu
leur liberté, ne font point en danger
d'y tomber. Lorfque toute la Nobleffe
de Rome eut été exterminée, & que
ceux qui avoient acquis le plus de réputation par leur vertu, eurent péri dans
les combats, ou fuccombé fous la cruauté des Profcriptions ; lorfque les deux
tiers du peuple eurent été maffacrés, les
villes & les Colonies les plus confidérables réduites en cendres, les Provinces
faccagées, & le peu d'habitans qui y
reftoit accablé du poids infupportable
d'un cruel efclavage, il n'eft pas fur-
furprenant qu'il foit arrivé des révoltes
dans cet Empire. Les Bretons, les
Bataves, & quelques autres peuples,
dont il eft fait mention dans l'Hiftoire
Romaine fe fouleverent. Les indignités
& la mifere qu'ils fouffroient fous un
Gouvernement fi tyrannique les jetterent
dans le defefpoir, & leur mirent les
armes à la main ; mais ce ne fût point
par un efprit de délicateffe qu'ils fe
porterent à la révolte. Lorfque les Romains fe voyoient délivrés de la crainte
que leur infpiroit la préfence des foldats,
ils confpiroient quelque fois contre
leurs Empereurs ; & lorfqu'ils ne pou-

voient faire pis, ils témoignoient la
haine qu'ils leur portoient en brifant
leurs ftatues : mais après les batailles
de Pharfale, de Philippe, & après
les Profcriptions qui les fuivirent, on
ne peut pas dire que ce peuple ait
commis aucune folie par un efprit de
délicateffe. C'eft ainfi que les Royaumes de Naples & de Sicile fe font
révoltés, il n'y a pas encore long-temps;
& ceux qui connoiffent bien la difpo-
fition où font les habitans de ces pays-
là croyent qu'ils font encore tous-prêts
à faire la même chofe; mais fi cela
arrivoit, il n'y a point de perfonne raifonnable qui crût devoir attribuer cette
révolte à la délicateffe de ces peuples.
L'oppreffion fous laquelle ils gémiffent
les a guéris de cette efpece de maladie;
& les Romains n'avoient garde d'en
être attaqués, lorfqu'ils eurent une fois
perdu leur liberté. Dans le temps que
leur autorité étoit refpectée par toute la
terre, que leur vertu faifoit l'admiration de tous fes peuples, qu'il n'y avoit
point de puiffance qui pût réfifter à la
leur, en un mot lorfqu'ils étoient en
poffeffion de toutes les richeffes de
l'Univers, qui fembloient n'être tom-
bées entre leurs mains que pour for-

rompre leurs mœurs en leur fourniſſant
les moyens de s'abandonner à toutes
ſortes de voluptés ; c'étoit alors qu'ils
pouvoient ſe piquer de délicateſſe.
Mais quand ils eurent tout perdu ,
& qu'ils ſe virent expoſés à la violence
des plus ſcélérats d'entre eux : quand
on eut épuiſé toutes leurs richeſſes
par les impôts dont on les chargea , les
revenus de l'Etat n'étant plus ſuffiſans
pour fournir au luxe & à la débauche
de leurs Maîtres ; ce fut alors que la
miſere où ils ſe trouverent réduits , ſans
être en état d'y apporter aucun remede,
ne leur fit que trop connoître que des
gens auſſi miſérables qu'eux ne devoient
pas ſe piquer d'une délicateſſe qui ne
peut convenir qu'à ceux dont la condition eſt auſſi heureuſe , que la leur
étoit triſte ; dans cette déplorable con-
jonĉture , le ſouvenir de ce qu'ils
avoient perdu ne ſervoit qu'à leur faire
ſentir plus vivement ces malheurs dont
ils étoient accablés. C'eſt-là l'état auquel Filmer voudroit que tout le Genre
humain fût réduit. Les louanges qu'il
donne à ce Gouvernement , dont les
Souverains ne ſe ſervirent de l'autorité
abſolue que pour dépouiller leurs ſujets
de tout ce qu'il y a de plus deſirable
dans

dans le monde, & pour y introduire
tout ce qu'il y a de plus détestable,
font bien voir qu'il n'approuve que ce
qui fait horreur à tous les honnêtes
gens, & qu'en voulant établir la Mo-
nachie absolue, dont il fait son Idole,
il n'a pour but que d'augmenter le
vice, la misere, la désolation, & l'infamie parmi les hommes.

SECTION XV.

L'Empire Romain ne cessa de déchoir dès
qu'il fut entre les mains d'un seul maître

NOTRE Auteur, pour ne pas s'éloi-
gner du but qu'il s'est proposé,
soutient avec autant de jugement que
de vérité, que Rome ne se rendit pas
maîtresse du monde pendant qu'elle fut
gouvernée en République : *non, cela*
n'est pas ainsi, dit-il, car Rome jetta
les premiers fondemens de son Empire,
lorsqu'elle étoit sous la domination de ses
Rois, & ce fut sous celle des Empereurs
qu'elle le perfectionna : il est bien vrai
que cet Etat s'aggrandit sous le Gouverne-
ment populaire ; mais ce fut sous Trajan

qu'il se vit au plus haut période de grandeur où il ait atteint, & ce fut sous le
Régne d'Auguste qu'il jouît d'une paix
durable & d'une tranquillité parfaite.
Pour éclaircir cette matiere, j'ai crû
qu'il seroit bon d'éxaminer les particu-
larités suivantes.

1. Que la premiere Monarchie de
Rome n'étoit pas absolue : ses Rois
furent créés par le peuple, sans égard
au titre & au droit d'aucun des membres de la Societé en particulier, le
peuple en établissant ces Souverains
n'avoit en vûe que le bien public, &
pour cet effet il éleva sur le trône celui
qu'il crut le plus capable de le procurer.
Il établit en même temps un Sénat composé de cent personnes des plus émi-
nentes de toute la Nation ; & lorsque
les Sabins eurent été reçûs dans Rome,
on ajouta à cette auguste assemblée un
pareil nombre de ces nouveaux habitans ; & le peuple commit à ce Sénat
la meilleure partie du Gouvernement.
Mais il se réserva le pouvoir de faire
des Loix ausquelles il assujettissoit les
Rois qui tenoient toute leur autorité
de lui ; il se réserva aussi le jugement
des affaires les plus importantes en cas
d'appel. Si aucun des Rois qui ont

régné à Rome a mérité le nom de Monarque, suivant la définition de Filmer,
ç'a été sans doute Tarquin le Superbe;
car de tous les Rois Romains il n'y a
eu que lui seul qui ait régné sans le
commandement du peuple, *sine jussu* *Tit. Liv.*
l. 2.
populi, s'étant emparé du trône par
trahison & s'y étant frayé le chemin par
les meurtres. S'il avoit régné long-
temps, il auroit infailliblement guéri
le peuple de tous les vices qui procédent de trop de délicatesse ; mais le
peu de temps qu'il tint les rênes de
l'Etat ne lui permit pas de porter ses
conquêtes plus loin que la petite ville
des Gabiens qui étoit à dix milles de
Rome : encore ne s'en rendit il le maître
que par la trahison de son détestable
fils. Cette Place étant la Frontiere la
plus éloignée que possedât alors l'Empire Romain, il faut dire que tout
l'Univers ne s'étendoit pas plus loin,
ou bien il faudra necessairement demeurer d'accord que les Romains ne
sont pas redevables à leurs Rois de
l'Empire du monde dont ils ont été en
possession dans la suite

2. En fait de conquêtes, on ne doit
pas tant avoir égard à leur étendue
qu'aux moyens dont on s'est servi pour

les faire ; on doit sur tout considérer la valeur & la puissance des ennemis qu'on a eu en tête. Cela étant , je dis que les Romains firent paroître plus de bravoure , non seulement dans les guerres qu'ils soutinrent contre les Carthaginois , dont ils détruisirent entierement la puissance , & dans les conquêtes qu'ils firent en Espagne , mais même dans tous les démêlés qu'ils eurent avec les Sabins , les Latins , les Toscans , les Samnites , & autres vaillans peuples d'Italie , qu'ils n'en firent paroître dans toutes leurs autres guerres. Dans ces premieres , leurs forces étoient très-petites, & ils avoient affaire à de puissantes Nations, qui défendirent leur liberté jusques à l'extrémité ; au lieu que dans la suite les forces des Romains devinrent redoutables , leurs richesses s'accrurent aussi bien que leur pouvoir, leur réputation monta à un si haut point, que cela seul suffisoit pour jetter la terreur dans l'esprit des peuples , & enfin cette République vit combattre sous ses Enseignes & pour ses interêts , plusieurs autres Nations belliqueuses qui étoient instruites sous la discipline Romaine. Je ne craindrai donc point de dire qu'ils acquirent

plus de gloire dans ces premieres guerres, que dans toutes celles qu'ils firent
dans la suite. Je dis bien plus, & je
soutiens que les Romains n'ont jamais
fait aucune acquisition considérable
après la perte de leur liberté. Dès les
temps de la République, le Peuple
Romain se voyoit maître de l'Italie,
de la Grece, de la Macédoine, des Isles
de la Méditerranée, de la Trhace, de
l'Illyrie, de l'Asie mineure, du Pont,
de l'Arménie, de la Syrie, de l'Egypte,
de l'Afrique, des Gaules, & de l'Espagne, les Allemands étoient fort affoiblis;
on avoit deja bâti un pont sur le Rhin,
& tous les peuples à la gauche de ce
fleuve étoient subjugués. Voilà toutes
les conquêtes que les Romains ayent
jamais faites par la valeur de leurs propres troupes, sans le secours des étrangers, & il n'y a que celles-là qui leur
ayent été utiles & honorables. Mais
depuis ce temps-là, que commença la
Domination des Empereurs, les Romains ne firent plus de Conquêtes importantes, à moins qu'on ne veuille
donner ce nom à l'éxpédition de Caligula, qui dit qu'il avoit subjugué la
mer, pour avoir fait un pont inutile
de Pouzol à Bayes; ou à celle de cet

B 3

autre * fou qui entra dans Rome en
triomphe, pour avoir ramaffé quelques
coquilles fur le rivage de la mer.
L'expédition que fit Trajan en Orient
mérite plutôt le nom de voyage, que
celui d'une guerre. Il parcourut les
Provinces qu'Augufte avoit abandon-
nées, ne croyant pas qu'elles valuffent
la peine de les garder, & il en traverfa
d'autres qui n'avoient point de forces
à lui oppofer, n'étant habitées que par
des peuples barbares qui ne fçavoient
ce que c'étoit que de faire la guerre,
& qui étoient fans armes. En un mot
l'on peut dire que cet Empereur n'entreprit ce voyage que par curiofité ; &
fi l'on confidére qu'il abandonna ces
Pays, auffi-tôt qu'il les eut conquis,
on avouèra qu'on auroit tort de donner
le nom de conquête à fon expédition.
On ne doit pas non-plus fe vanter beaucoup de la conquête de la Bretagne. Il
eft vrai que ce Pays étoit habité par
une Nation très-vaillante ; mais quelle
réfiftance pouvoient faire des gens fans
armes & fans expérience, contre des
troupes agguérries & bien armées. Cependant les Romains eurent bien de la

* *C'eft le terme de Mr. Sidney.*

peine à la garder, & enfin ils la perdirent de la maniere du monde la plus honteuse. Mais je suppose que les Empereurs ayent fait des guerres plus considérables que les Consuls du temps de la République ; qu'ils ayent vaincu des peuples plus braves & plus expérimentés, que ne l'étoient ceux d'Italie, de Grece & * d'Afrique ; qu'ils ayent subjugué & défait des Nations plus nombreuses & plus féroces que les Cimbres, les Gaulois, & les Teutons, & qu'ils ayent eu en tête des Capitaines plus redoutables qu'Annibal & Pirrhus, cela pourroit à la vérité augmenter la gloire de celui qui auroit fait tout ce que je viens de dire, mais le peuple Romain n'en auroit ni plus d'honneur ni plus d'avantage. La Noblesse Romaine avoit été exterminée long-temps auparavant, le peuple étoit corrompu & esclave, l'Italie étoit tellement dépeuplée qu'à peine trouvoit-on un Romain dans les armées Romaines, qui pour la plûpart étoient composées de soldats, qui combattant pour l'intérêt de leur Général, ou pour leur propre avantage, ne songeoient à rien moins.

B 4

* *Carthaginois.*

qu'à rendre service aux Romains. Or comme il est impossible qu'un Etat soit de longue durée, lorsqu'on néglige & qu'on trahit ses intérêts de cette façon; on ne doit pas s'étonner que cet Empire qui avoit été gagné par la valeur & la conduite de la Nation du monde la plus brave & la mieux disciplinée, soit tombé en décadence, & ait enfin péri entre les mains de ces Monarques absolus, qui auroient dû le conserver.

La paix est desirable pour un Gouvernement dont la constitution est telle, qu'il doit chercher à vivre en bonne intelligence avec tout le monde, & se contenter de ce qu'il possède sans songer à entreprendre de nouvelles conquêtes. Ou peut-être cette forte passion d'entretenir la paix mériteroit-elle quelques louanges, si le genre-humain étoit disposé de maniere, qu'un peuple qui ne voudroit point faire de mal aux autres, fût en état de se pouvoir conserver soi-même; mais les hommes étant d'un tempérament si opposé à cela, il n'y a point de Nation qui puisse se croire en sûreté, à moins qu'elle n'ait de la valeur & de la force. C'est pourquoi on doit estimer ces Gouvernemens qui cultivent & augmentent

l'une & l'autre par une bonne discipline
jointe à un éxercice continuel. Si cela
est, on ne sçauroit donner trop de
louanges à la République Romaine,
qui a surpassé à cet égard tous les autres
Etats du monde. La paix peut donc
être bonne en sa saison, & elle fut
effectivement avantageuse aux Romains
sous le régne de Numa ; cependant il
est très-sur qu'il n'auroit fallu que deux
ou trois Rois semblables à ce Prince
pour encourager quelques voisins re-
muans, à terminer tout-d'un-coup les
projets ambitieux de cette ville, en la
détruisant avant qu'elle eût pu étendre
ses conquêtes au-delà de Fidéne. Mais
ses braves successeurs ayant remis sur
pié la discipline qui convient le mieux
au génie & à l'inclination d'un peuple
belliqueux, les affaires changerent de
face, leurs ennemis se trouverent exposés aux mêmes dangers dont ils étoient
eux-mêmes menacés, & tous ces Rois,
excepté le dernier, suivant la même
méthode, s'acquitterent assez bien des
devoirs de la Royauté. Lorsqu'on eut
aboli la domination des Rois, & que
les affaires ne dépendirent plus du tempérament ou de la capacité d'un seul,
on s'avança avec vigueur vers le but

qu'on s'étoit proposé en bâtissant cette
-ville, & on choisit tous les ans des
Magistrats, qui n'étoient pas d'humeur
à demeurer long-temps en paix; ils se
proposoient l'Empire du monde, & ils
ne pouvoient se résoudre à quitter les
armes, qu'ils ne fussent venus à bout
de leurs grands projets, ou que leur
mauvaise fortune ne les eût réduits si
bas qu'il ne fussent plus en état de faire
la guerre. L'une & l'autre de ces deux
choses arriva sous le régne d'Auguste
qu'on nous vante tant. Il trouva l'Empire si grand qu'il eut raison de ne
vouloir pas permettre qu'on entreprit
de nouvelles conquêtes, puisqu'on les
pouvoit regarder comme inutiles, ou
préjudiciables à l'Etat. D'un autre côté
l'Italie étoit alors tellement épuisée
qu'on ne pouvoit faire la guerre qu'en
se servant de troupes étrangeres. Il étoit
temps que les Romains se tinssent en
repos, lorsqu'ils n'étoient plus en état
de pouvoir agir; & ils pouvoient se
reposer en toute assurance dans un
temps où la réputation qu'ils s'étoient
acquise par un si grand nombre de
victoires précédentes les mettoit à
couvert de l'invasion des Etrangers.
Ce n'est pas une chose surprenante que

les Romains ayent cessé de faire la
guerre, lorsque Crassus, César, &
Pompée qui avoient partagé l'Empire
entr'eux eurent été tués, & que l'élite
de la Noblesse Romaine & du péuple
eut été détruite avec eux, ou par eux.
Que pouvoient-ils faire lorsque Caton
avec toute sa vertu se fut trouvé trop
foible pour soutenir un Etat chance-
lant, & que Brutus & Cassius eurent
échoué dans l'entreprise glorieuse qu'ils
avoient formée de rétablir la liberté ?
De quoi étoient-ils capables après que
la plus grande partie du Sénat eut été
exposée en proye aux Vautours & aux
Loups de la Thessalie, & que cent trente
membres de cet auguste Corps, qui
s'étoient attiré la haine des tyrans, &
qui s'étoient garantis de la fureur des
armes eurent péri par les proscriptions ?
Que pouvoient-ils entreprendre lorsqu'il ne restoit plus à Rome ni soldats
ni Capitaines ; lorsque leur tyran avoit
en horreur & craignoit tous ceux qui
avoient de la réputation ou de la vertu ;
lorsqu'il mettoit toute sorte d'artifices
en usage pour corrompre & abattre tellement l'esprit du reste du peuple, qu'il
ne fût plus en état de songer à sa premiere grandeur, ou aux moyens de la

B 6

recouvrer ? N'étoit-ce pas là le temps
de faire la paix, si toutefois on peut
appeller paix ce qui ne diffère pas beaucoup de celle dont on jouit dans le
tombeau. En effet c'étoit-là un repos
semblable à celui dont il est parlé dans
l'Epitaphe du Marquis Trivulce * ,
Qui nunquam quievit, quiescit, tace.
On trouve une paix semblable à celle-là
dans tous les déserts : les Turcs l'ont
établie dans les Provinces dépeuplées
de l'Asie & de la Grece. Là, où il n'y a
point d'hommes, ou lorsque ces hommes manquent de courage, il est sûr
qu'il ne peut pas y avoir de guerre.
Les Bretons nos Ancêtres observerent
fort judicieusement, que la paix que
les Romains donnerent aux Provinces
en ce temps-là ne tendoit qu'à les rendre de plus en plus esclaves ; *miserri-*
C. Tacit. *mam servitutem, pacem appellant,*
dit un célébre Historien ; & en un autre
endroit, *solitudinem faciunt, pacem vo-*
cant. C'est-là la paix que les Espagnols
ont établie dans les Pays de leur domina-
Barth. de tion aux Indes Occidentales, & qu'ils
las Casas, affermie par le massacre de plus de ont
Destruyc. quarante millions de personnes. Ces
de Las In-
dias.

* *Cette Epitaphe se voit à Milan où il est*
enterré.

Pays jouïrent d'un repos fort tranquille, lorsqu'il n'y resta plus que des bêtes sauvages, ou un petit nombre de pauvres malheureux qui n'avoient ni la force, ni le courage de résister à la violence de ces nouveaux maîtres. Telle fut la paix dont les Romains jouïrent sous la domination d'Auguste : ce Prince avançoit aux honneurs & aux dignités un petit nombre de personnes, qui étoient les ministres de ses plaisirs, & dont il se servoit pour rendre tous les autres misérables, pendant que le reste des Romains étoit dans la derniere misére. Si notre Auteur veut absolument que nous nous imaginions que la République Romaine doit être obligée à Auguste, pour lui avoir procuré une semblable paix; il doit se ressouvenir qu'il fit souffrir bien du mal aux Romains en la leur procurant, & qu'elle leur coûta bien cher dans la suite. En effet l'Italie en fut tellement affoiblie, que depuis ce temps-là, elle ne fut jamais en état de se défendre contre les attaques de ses ennemis; mais étant obligée de se servir d'armées composées de troupes barbares, elle se vit bien-tôt la proye du premier qui voulut l'envahir.

4. Il faut remarquer que la paix n'est estimable que lorsqu'elle est fondée sur la justice. Je dis la même chose des Gouvernemens, & soutiens que ceux-là seuls méritent notre approbation, qui mettent l'autorité souveraine entre les mains des plus honnêtes gens. C'est ce qui ne s'est jamais fait sous le régne d'Auguste ni de ses Successeurs. Les plus scélérats montoient sur le trône en vertu des alliances qu'ils avoient contractées avec l'Empereur, ou s'en emparoient par fraude ou par violence, & élevoient aux dignités de l'Etat ceux qui leur ressembloient le plus. Auguste fut plus cruel dans les commencemens de son régne, que sur la fin ; mais son Successeur toûjours plongé dans les débauches les plus infames, & toûjours altéré de sang, au lieu de devenir meilleur, fit incessamment de nouveaux progrès dans le vice aussi long-temps qu'il vécut. Lorsqu'il se fut retiré dans les rochers de Caprée avec ses Caldéens, ils s'abandonna entièrement à la débauche. Si quelque autre soin l'occupoit c'étoit celui d'inventer de nouvelles cruautés, & Séjan aussi-bien que Macron, qu'il avoit pour compagnons dans son infame retraite, étoient toû-

jours difposés à exécuter fes déteftables
deffeins. Caligula n'a jamais eu d'égal
en toute forte d'impuretés & de vices ;
mais ne pouvant trouver perfonne qui
l'égalât à cet égard , il honoroit de fa
faveur ceux qu'il croyoit approcher le
plus de fes débordemens. La ftupidité ,
l'yvrognerie , & la lâcheté de Claudius
qui fe laiffoit Gouverner par deux
infames P . . . auffi bien que par fes
affranchis, ne furent pas moins préjudiciables à l'Etat que la fureur de celui
qui l'avoit précédé. Quoique Néron
fût un Monftre que la terre ne pouvoit
porter , cependant les foldats ne tuerent
Galba , & ne donnerent la Couronne à
Othon que parce qu'il avoit été le
compagnon des débauches du fils
d'Agrippine, & que de tous les hommes
du monde, ils ne croyoient pas qu'il
y en eût un qui lui reffemblât mieux.
Toute fortes de malheurs inondérent
l'Etat fous le régne de ces premiers
Empereurs ; & ceux qui vinrent après
eux ne trouvant perfonne qui les égalât
en méchanceté , fi l'on en excepte les
favoris, les P . . . . & les efclaves dont
ils fe laiffoient gouverner, fe déclaré-
rent ennemis jurés de la vertu , &
tachérent d'en étouffer toutes les femen-

ces dans le cœur des hommes. Ils rem-
plirent Rome d'une populace lâche, &
abandonnée à toute forte d'impuretés,
qui ne demanda plus que du pain &
des fpectacles, *Panem & Circenfes*. Un
femblable peuple n'avoit garde d'être
féditieux ; mais la Capitale de l'Empire
auroit été déferte, s'ils ne l'avoient pas
peuplée de ces nouveaux habitans.
Quoique notre Auteur aprouve extrêmement l'inclination de ces nouveaux
Romains, & la condition à laquelle
leurs Souverains les réduifirent ; on ne
peut pourtant s'empêcher de reconnoître que cela fit une playe incurable à
l'Etat, & par conféquent à la plus grande partie de l'Univers qui lui étoit
foumis.

Lorfque les Gaulois eurent mis Rome en feu, elle fut bien-tôt rétablie en
fon entier ; les Romains ayant été défaits à Ticine, à Trébie, à Trafiméne,
& à Cannes réparerent bien-tôt leurs
pertes par des victoires égales & mêmes plus confidérables que celles qu'on
avoit remportées fur eux en ces différentes occafions. La guerre des Alliés
fe termina par la ruïne entiere de ces
mêmes Alliés. Le fang des Gladiateurs
fervit à éteindre le feu qu'ils avoient

eux - mêmes allumé. La République perdit des batailles ; mais elle ne se vit jamais la conquête des victorieux ; & à la fin elle triompha de tous ses ennemis. Tant qu'elle conserva sa liberté, cette liberté fut une pépiniere de vertus ; & on répara facilement toutes les pertes qu'on avoit faites dans les guerres civiles ou étrangeres. Mais lorsqu'elle eut perdu sa liberté, la vertu n'y trouva plus de place, & la püissance Romaine qui tiroit son origine de cette vertu, périt avec elle.

Si j'ai insisté si long - temps sur cet article, ce n'a pas été pour faire voir la folie de Filmer, mais pour montrer que tous les malheurs dont j'ai parlé, procédent d'un principe qui est toujours le même, & qui produira toujours les mêmes effets comme toutes les histoires en font foi. Carthage fut rebatie après qu'elle eut été détruite par Scipion, & continua dans l'opulence pendant près de mille ans ; mais elle ne produisit jamais des Capitaines tels qu'Amilcar, Asdrubal, & Annibal. Cléomenes & Euclidas furent les derniers qui mériterent le nom de Lacédémoniens. Jamais Athénes ne produisit un grand Capitaine après qu'elle

fut tombée fous le joug des Macédoniens ; & Philopémen fut le dernier des
Achæïens. Quoique les Républiques
d'Italie, dans ces derniers fiécles, fe
foient trop appliquées à amaffer des richeffes, cependant elles ont eu de la
valeur & de la vertu. Celle de Pife
étoit puiffante fur mer avant qu'elle
fût devenue la conquête des Génois.
La Nobleffe de Florence étoit brave,
& fes habitans en général étoient fort
courageux. Arrezzo, Piftoye, Corto-
ne, Sienne, & plufieurs autres petites
villes de Tofcane étoient affez puiffantes, comme cela parut dans les mal-
heureufes factions des Guelphes & des
Gibelins, auffi bien que dans celle des
Noirs & des Blancs qui diviferent l'Italie. Mais depuis que cette divine Monarchie abfolue, dont Filmer fait tant
de cas, y a été introduite, elles n'ont
eu ni force, ni vertu, ni pouvoir, ni
réputation, & il ne s'y eft trouvé perfonne qui ait eu la hardieffe d'entreprendre de délivrer ces peuples des
malheurs qui les accablent. C'eft une
chofe ordinaire d'y décider les querelles particulieres par l'affaffinat ou par
le poifon ; & à tous autres égards on y
jouït de cette heureufe paix qui régne

toûjours dans les villes ruïnées, & dans
les lieux déserts. Si cela est conforme
aux Loix de Dieu & de la nature,
on ne peut nier que la foiblesse, la
bassesse, la lâcheté, la destruction, &
la désolation n'y soient aussi entierement conformes. Ce sont-là les biens
dont le charitable Filmer voudroit nous
assurer la possession. Mais si on doit regarder ces choses comme des biens,
je ne sçaurois m'imaginer pourquoi
ceux qui en ont jouï, s'en sont plaints
avec tant de ressentiment. Tacite en
décrivant ce qui s'étoit passé de son
temps, & un peu avant lui, n'étant
pas éclairé de l'esprit du Christianisme, *C. Tacit.*
s'écrie dans l'amertume de son cœur, *Hist. l. 4.*
nec unquam atrocioribus Populi Romani
cladibus, magisve justis judiciis proba-
tum est, non esse çura Deis securitatem
nostram, esse ultionem. Il y en avoit qui
croyoient qu'il y avoit de l'injustice
aux Dieux, de punir si rigoureusement
un peuple qui avoit embrassé avec tant
de chaleur le parti de la vertu. Il y en
avoit d'autres qui étoient assez fous
pour s'imaginer que ces mêmes Dieux
qu'ils adoroient, portoient envie à
leur bonheur & à leur gloire. Mais
tous s'accordoient en ceci, c'est que

du comble de la félicité humaine, ils
étoient tombés dans le plus profond
abîme de l'infamie, & de la misere.
Et puisque notre Auteur est le premier
qui ait découvert que les Romains
gagnerent au change, nous devons
attribuer à sa sagesse sublime la découverte d'un si grand secret. Cependant,
si je suspens mon jugement à cet égard
jusqu'à ce que nous en ayons de meilleures preuves que son autorité, &
que je suive l'opinion de ceux qui
croyent que l'esclavage produit naturellement la bassesse, la lâcheté & la
flaterie qui est le pire de tous les maux;
& que Tacite appelle *Fœdum Servitutis*
crimen; je dois croire qu'il n'y a jamais eu que Filmer qui ait eu assez
d'effronterie, pour la pousser jusqu'au
point, de ne louer aucun des avantages dont on a joüi sous le bénéfice de
la plus glorieuse liberté du monde;
& de n'estimer que le peü de durée
d'une liberté qui a rendu le peuple Romain le plus vertueux de tous les peuples. Il n'y a jamais eu que Filmer qui
ait préféré la tyrannie des plus scélérats
& des plus détestables monstres de la
nature à un Gouvernement si bien réglé. Il n'y a que lui dans le monde

qui ait furpaſſé en méchanté ces Empereurs qui n'avoient jamais eu d'égaux à cet égard. C'eſt ce que l'on ne pourra nier, ſi l'on fait réfléxion qu'il nous recommande comme une choſe ordonnée de Dieu lui-même, l'obſervation de ces principes d'où procédent tous les déſordres dont je viens de parler.

Mais, ajoûte notre Auteur, quoique Rome ait été pour un temps glorieuſe & triomphante, par le ſecours d'une prudence beaucoup plus excellente que celle de ſes habitans, cela n'a pas empêché, qu'après pluſieurs révolutions, elle n'ait été ruïnée par ſes propres enfans. J'avoue que ce diſcours me ſurprend. En effet, il me ſemble que c'eſt une choſe auſſi ridicule d'appeller ruïne le renverſement d'un Gouvernement qui n'avoit rien de bon en ſoi, ou de dire que la gloire de cette République ne mérite pas de faire l'objet de notre eſtime. Mais ſur tout on ne peut pas porter l'extravagance plus loin que d'avouer que cette République n'a pu être ruïnée que par ſes propres Citoyens; & nier en même temps qu'elle ait acquis & maintenu cette gloire par une vertu & par une puiſſance préférables à tout autre bonheur temporel, dont on doit toûjours attendre le mê-

me effet. Cela fait voir que les men-
teurs ont befoin d'une bonne mémoire.
Mais fans m'arrêter à toutes les impertinentes contradictions de notre Auteur, je voudrois bien fçavoir comment, *cette prudence plus excellente que*
celle des Romains, que je croirai toûjours avoir été infeparablement unie
avec la bonté & la juftice, jufqu'à ce
qu'on m'ait prouvé le contraire, a pû
foutenir d'une maniere fi miraculeufe,
un Gouvernement qui non feulement
étoit mauvais en foi, puifqu'il étoit
tout-à-fait oppofé aux Loix de Dieu &
de la nature, mais qui s'étoit encore
tellement déclaré contre cette Monarchie, qui felon lui eft fi conforme à
ces mêmes Loix, qu'on y haïffoit tout
ce qui portoit le nom de Roi, qu'on y
méprifoit tous les peuples qui vivoient
fous la domination de femblables Souverains, & qu'on ne faifoit point difficulté de mettre à mort autant de ces
Rois qu'on en pouvoit attraper ; juf-
ques-là qu'on établit une Loi par laquelle tous les particuliers étoient au-
torifés de tuer celui, ou ceux qui en-
treprendroient d'introduire dans cette
République cette puiffance divine. Je
dis bien plus, & foutiens que les Ro-

mains ne font redevables de leur gloire
qu'à leur propre prudence ; tous les
étrangers mirent la leur en ufage pour
leur réfifter, & firent périr les plus illuftres d'entr'eux. Il n'y a que la fageffe divine qui furpaffe la prudence
humaine ; or la prudence divine ne
s'eft jamais manifeftée miraculeufement que pour rendre témoignage à la
vérité & pour autorifer ceux qui l'an-
nonçoient. Si donc ce Gouvernement
populaire a été miraculeufement fou-
tenu par une prudence plus qu'humaine, il s'enfuit que ce Gouvernement
étoit bon en foi, les miracles qui ont
été faits en fa faveur en font des preuves
convaincantes, & tout ce que Filmer
dit pour montrer le contraire eft faux
& abominable.

Si je retranche ce mot de *miracu-*
leux, comme n'y ayant été mis que par
hazard, il fera difficile de comprendre
comment Dieu qui, fuivant le cours
ordinaire de fa providence, gouverne
toutes chofes d'une maniere fi naturelle
& fi imperceptible, a pû donner tant
de force à ce Gouvernement populaire
& aux Magiftrats qui en ont eu l'ad-
miniftration, qu'ils foient devenus la
terreur des plus puiffans Monarques

du monde , à moins qu'on ne veuille
demeurer d'accord que leur discipline
surpassoit infiniment en bonté celle de
leurs ennemis. Il ne sera pas plus facile
de concevoir comment on peut appeller mauvais en son principe aussi bien
que dans ses effets un Gouvernement
que Dieu a maintenu si glorieusement,
& à qui aucune puissance humaine n'a
pas été capable de résister. On ne peut
mieux répondre à cette objection qu'en
alléguant le passage que notre Auteur
lui-même a rapporté : *Suis & ipsa Roma viribus ruit* ; selon toutes les apparences, cette ville qui avoit détruit les
plus puissantes Monarchies du monde ,
n'auroit jamais pris fin , si ses habitans
n'avoient point dégénéré de leur ancienne vertu , & qu'ils eussent observé
avec éxactitude leur premiere discipline , ou qu'ils n'eussent pas tourné
contr'eux-mêmes leurs propres armes.
Concluons donc, que si ce que dit notre Auteur est véritable , les Romains
n'ont jamais été plus heureux que lorsqu'ils eurent renoncé à leur discipline
aussi bien qu'à la vertu de leurs Ancêtres ; & que leurs guerres civiles n'ont
pas été leur ruïne , mais leur salut.
Lorsqu'ils eurent assujetti les Nations
les

les plus belliqueuſes d'Italie, ou qu'ils
les eurent obligées de traiter alliance
avec eux ; lorſqu'ils eurent reprimé en
pluſieurs occaſions, la fureur des Gaulois, des Teutons & des Cimbres ;
qu'ils eurent ruïné Carthage malgré ſes
grandes richeſſes & ſa puiſſance qui
étoit ſoutenue par la valeur, l'expérience & l'adreſſe d'Annibal & de ſes
braves parens ; lorſqu'ils eurent prefque entierement exterminé les courageux Eſpagnols, n'ayant pu les reduire
autrement ; qu'ils eurent jetté la terreur dans l'eſprit du Roi Ptolomée,
qu'ils eurent évité les embûches & les
poiſons de Mithridates, qu'ils l'eurent
pourſuivi dans tous les lieux où il s'en-
fuyoit, qu'ils ſe furent vengé de ſes
trahiſons, & qu'après avoir conquis
ſon Royaume ils eurent porté leurs armes au-delà du Tigre. Lorſque ni
la révolte des Alliés, ni celle de leurs
eſclaves ſous la conduite de Spartacus,
qui ſemble avoir été égal à Annibal en
capacité, & qui l'a peut-être ſurpaſſé
en bravoure n'eurent pas été capables
d'arrêter le cours de leurs victoires.
Lorſque la Grèce eut été forcée de cé-
der à une vertu, plutôt qu'à une puiſſance ſupérieure à la ſienne ; ce fut alors

qu'on pur dire avec juſtice que ce Gouvernement étoit ſoutenu par une prudence au-deſſus de la prudence humaine, qui par le chemin de la vertu les fit arriver au faîte d'une gloire, d'un pouvoir & d'un bonheur qui juſques alors avoient été inconnus aux mortels. Il n'étoit pas ſurprenant qu'on crut alors que ce Gouvernement ne ſeroit jamais détruit, à moins que ces peuples, venant à décheoir de leur ancienne vertu, ne tournaſſent contre eux-mêmes leurs armes victorieuſes.

Cette ville étoit un Géant qui ne pouvoit mourir que de ſa propre main; ſemblable en cela à Hercule, lorſque par la violence du poiſon, il fut devenu furieux après avoir détruit les Voleurs, les Monſtres, les Tyrans, & n'avoir rien trouvé ſur la terre qui fût capable de lui réſiſter. Les plus ſages d'entre les Anciens, conſidérant la maniere dont ce Héros termina ſa vie, y ont trouvé quelque choſe qui ſurpaſſe la perfection humaine, C'eſt pour cela qu'ils ont crû, ou feint de croire qu'il étoit deſcendu des Dieux, & qu'après ſa mort, il prit place parmi eux ; ce qui ne ſera peut-être pas du goût de Film er qui eſt d'humeur à préférer à ce grand homme quelqu'esclave lâche, foible & efféminé. L'état de la question ne changera pas beaucoup, si nous admettons la comparaison de la *constitution d'Aslète*, dont on a déja parlé ; car tout le mal qui en peut arriver ne procéde que de perfection, & quiconque la désapprouve doit en même temps approuver cette foiblesse & ces vices qui peuvent bien périr, mais qui ne peuvent jamais être changés en aucune chose qui soit pire qu'eux-mêmes, tout ainsi qu'un homme qui est déja tombé par terre n'est point en danger de tomber. Cependant Filmer, à qui la vérité échappe quelquefois malgré lui, dit que cette chûte des Romains fut leur ruïne ; en quoi il semble s'écarter de son principe. En effet, il devoit se ressouvenir que cette chûte n'avoit servi qu'à leur faire recevoir ce Gouvernement qu'il nous recommande, comme établi de Dieu lui-même. C'est autant que s'il disoit qu'ils se virent ruïnés aussi-tôt qu'ils eurent renoncé à ce qui n'étoit que de leur propre invention pour suivre la Loi de Dieu & de la nature, & que le luxe qui fut cause de leur chute, étoit une suite du bonheur dont ils jouïssoient. Il insinue même que les peuples qu'ils avoient soumis à leur domination, ne purent trouver d'autre moyen pour se venger de leurs défaites, que d'engager leurs vainqueurs dans les mêmes vices qui régnoient parmi eux : & voilà ce qui a été la source de leurs guerres civiles. Lorsque cette ville enflée de tant de victoires ne trouva plus de résistance, ses Citoyens devinrent par trop délicats,

—————— *Savior armis*

Lucan. *Luxuria incubuit, victum que ulciscitur orbem.*

On eut peine à supporter une honnête pauvreté, lorsqu'on vit que les honneurs n'étoient que pour ceux qui possédoient des richesses mal acquises. Cette maxime étoit si conforme à ce qui se pratique dans les Monarchies, qu'un Gouvernement qui en étoit infecté, ne pouvoit pas manquer de périr en suivant une coûtume si pernicieuse. Ceux qui avoient consumé toutes leurs richesses dans la débauche ne trouvoient point d'autre moyen de rétablir leurs affaires, qu'en soumettant leur Patrie à un Gouvernement qui favorisoit le vol & la rapine ; & ceux qui

étoient trop vicieux pour pouvoir se
promettre de l'avancement du Sénat
ou du peuple, ne pouvoient pas manquer de faire tous leurs efforts pour
faire tomber l'autorité Souveraine entre les mains d'un homme qui fût d'humeur à conférer les honneurs qui ne
font dûs qu'à la vertu, aux personnes
qui feroient les plus soumises à sa volonté, & les plus zelées pour ses intérêts. Quand une fois cette fureur s'est
emparée de l'esprit des hommes, ils ne
font aucune difficulté de sacrifier le
bien public à leur avantage particulier.
C'est-là la situation où se trouvoit Catilina, comme Salufte le rapporte :
*Luxuria Principi gravis, Paupertas vix
à privato toleranda ;* c'est cela même
qui le jetta dans le désespoir & lui ar-
racha ces paroles de la bouche, *incen-
dium meum ruinâ extinguam.* Comme il
y avoit dans cette ville d'autres personnes qui étoient possédées de la même fureur, il ne lui fut pas difficile
d'en trouver qui voulussent être complices de son énorme attentat. Il n'y a
pas encore long-temps qu'une personne
de la premiere qualité faisant réfléxion
sur l'état où se trouvoit l'Angleterre il y a quelques années, & sur ce-

C 3

lui ou elle a été réduite depuis 1660.,
par le conseil & à l'exemple de la France, comme tout le monde le croit,
ne put s'empêcher de dire, que les
François ne pouvoient pas se venger
plus cruellement de toutes les victoires
que nos ancêtres avoient remportées
sur ceux de leur Nation, qu'en introduisant parmi nous, comme ils avoient
faits, leurs damnables maximes, & en
nous engageant insensiblement à imiter
les vices les plus énormes qui régnent
parmi eux. Ce n'est pas à moi à décider si cette personne avoit raison ou
non ; car je n'ai pas dessein de parler
des affaires de notre Patrie. Mais tous
les Historiens demeurent d'accord
qu'on se servit des moyens dont je
viens de parler pour changer la forme
du Gouvernement de Rome ; & notre
Auteur confessant que ce changement
fut cause de sa ruïne, ce qui est effectivement vrai, je crois pouvoir conclure
avec justice que le renversement de
leurs Coutumes & de leurs Loix leur
auroit été avangeux bien loin de les
ruïner, s'il est vrai ce que dit Filmer,
que ces Loix n'étoient ni bonnes ni
équitables. Je dis aussi que la puissance
qui ruïna leur Gouvernement, pour

s'établir sur ses ruïnes, ne peut pas se
vanter d'avoir eu aucune conformité
avec les Loix de Dieu & de la Nature,
puisque ces Loix n'autorisent & ne
conferent que ce qui est bon, ne dé-
détruisant jamais que ce qui est effectivement mauvais ; je soutiens au contraire que cette puissance étoit directement opposée à tout bien, & encline
à tout mal.

SECTION XVI.

*La meilleure forme de Gouvernement
qu'il y ait eu dans le Monde, est celle
qui a été composée de Monarchie,
d'Aristocratie, & de Démocratie.*

LA chicane que fait notre Auteur
au sujet de je ne sçai quelle opinion vulgaire, que la Démocratie n'a
été établie que pour reprimer la tyrannie, ne mérite aucune réponse ; car il
s'agit de sçavoir si Dieu & la Nature
nous ont prescrit une certaine forme de
Gouvernement, ou s'il a été laissé à
notre propre choix d'établir celle que
nous croyions nous convenir le mieux.

Pour ce qui regarde la Démocratie, qu'il en dife tout ce que bon lui femblera ; pour moi je crois que cette forme de Gouvernement n'eft propre que pour une ville peu confidérable, encore eft-ce par rapport à de certaines circonftances qui font rares. Mais cela ne nous oblige pas à pancher vers l'autre extrémité, d'autant plus qu'entre la Démocratie pure, & la Monarchie abfolue, on trouve prefque une infinité d'autres différentes formes de Gouvernement. Je crois qu'il ne me feroit pas difficile de prouver, fi je voulois l'entreprendre, qu'il n'y a jamais eu de bon Gouvernement dans le monde, qui n'ait été compofé de Monarchie, d'Ariftocratie, & de Démocratie. Toûjours eft-il certain que le Gouvernement des Hébreux établi de Dieu même avoit un Juge, le Grand Sanhédrin, & l'affemblée du peuple, & que par conféquent il étoit compofé de ces trois efpeces. Lacédémone avoit deux Rois, un Sénat de vingt-huit hommes choifis, & les mêmes affemblées : toutes les villes Doriennes étoient gouvernées par un principal Magiftrat, par un Sénat, & par l'affemblée du peuple en de certaines occafions. Celles d'Ionie, auffi bien qu'Athénes avoient leur Archon & leurs

Aréopages, mais c'étoit au peuple à
qui appartenoit le jugement des affaires
les plus importantes, & il n'y avoit que
cette assemblée de la Nation qui fût en
droit d'élire les Magistrats. Rome dans
les commencemens étoit gouvernée par
un Roi, & par un Sénat, cependant
le peuple s'étoit réservé le droit d'élire
ses Rois, & le jugement des affaires
en cas d'appel : les Consuls succéderent
aux Rois, & comme ils représentoient
ces premiers Souverains, ils eurent la
même autorité ; mais on augmenta le
nombre des Sénateurs, & les assemblées du peuple furent plus fréquentes
qu'elles n'avoient encore été. Venise
est aujourd'hui gouvernée par un Duc,
par le Sénat des *Prégadi* & par la
grande assemblée de la Noblesse qui
représente tout le Corps de l'Etat, les
autres habitans de cette grande ville
n'ayant pas la qualité de Citoyens ; &
ceux des autres Pays de la domination
de cette République étant simplement
ses sujets, sans avoir aucune part au
Gouvernement. Les Républiques de
Génes & de Luques sont gouvernées de
la même manière. L'Allemagne est
aujourd'hui gouvernée par un Empereur, par des Princes ou Grands Sei-

gneurs, un chacun dans les terres de
fa dépendance, les villes par leurs
propres Magiftrats, & par les Diétes
générales où réfide tout le pouvoir de
la Nation, & ou l'Empereur, les Princes, la Nobleffe, auffi bien que les
villes ont leur place y prenant féance
en perfonne, ou par leurs Députés.
Toutes les Nations du Nord qui s'emparerent des meilleures Provinces de
l'Empire Romain, lorfque cet Empire
fut ruïné, choifirent la forme de Gouvernement qu'on appelle Gothique:
elles avoient un Roi, des Seigneurs,
des Communes, des Diétes, des affemblées d'Etats, des *Cortez*, & des Parlemens; c'étoit dans ces affemblées que
réfidoit l'autorité Souveraine de la Nation, & c'étoit elles qui l'éxerçoient.
On pratiquoit la même chofe dans les
Royaumes de Hongrie, de Boheme, de
Suéde, de Danemarck auffi bien que
dans celui de Pologne; & fi les chofes
ont changé de face, à cet égard, dans
quelques-uns de ces Etats, depuis un
petit nombre d'années, je ne vois pas
qu'ils ayent gagné au change; de forte
que je ne me crois pas obligé de renoncer à mon opinion, à moins qu'on ne
me faffe voir que ce changement leur a
été plus avantageux que nuifible.

Quelques peuples ne pouvant souffrir le nom de Roi, ont donné à un ou à plusieurs Magistrats la même puissance que les Rois ont en d'autres Etats, & leur ont confié ce précieux dépôt pour un certains temps limité, ou à vie, selon qu'ils l'ont jugé à propos : D'autres Nations approuvant le nom de Roi, en ont rendu la dignité purement élective. Il y en a eu qui dans ces élections ont eu principalement égard à une certaine famille, & en ont tiré leurs Rois tant qu'elle a subsisté : D'autres, au contraire ne considérant que les qualités personnelles, & la capacité de celui qu'ils vouloient élever sur le Trône, se sont réservé la liberté de choisir celui qui leur plaisoit le mieux, sans aucun égard à la famille d'où il tiroit son origine. Il y en a qui ont bien voulu que la Couronne fût héréditaire ; mais ils ont limité l'autorité de leurs Rois & ont établi des Officiers pour prendre garde à leur conduite, & empêcher que les Loix ne soient violées : tels étoient les Ephores de Lacédémone, les Maires du Palais & ensuite les Connétables en France : la *Justicia* dans le Royaume d'Arragon ; *Rijckshofmeister* dans celui de Danne-

C 6

marck, le *Highſtevvard* en Angleterre ,
& dans tous les Royaumes du monde
ces aſſemblées dont j'ai parlé ſous différens noms , qui repréſentoient toute
la Nation , & qui avoient entre leurs
mains l'autorité Souveraine. Quelques-
uns de ces Etats ont gardé pendant un
long-temps la même forme de Gouvernement , & la garderont peut-être
toûjours ; d'autres au contraire l'ont
changée. On a vû des peuples qui ,
irrités contre leurs Rois , ont aboli le
nom de Roi ; c'eſt ce que firent les
Romains indignés du déréglement de
Tarquin , & les Toſcans lorſqu'ils furent las de ſouffrir les cruautés de Me-
zence. Il s'en eſt trouvé d'autres comme les peuples d'Athénes , de Sicion ,
d'Argos , de Corinthe , de Thébes ,
& les Latins , qui n'ont pas attendu
qu'ils fuſſent réduits à cette extrémité ;
mais ils établirent leur Gouvernement ,
lorſqu'ils le jugerent à propos , & par
ce moyen éviterent les malheurs qui
accablent ordinairement les Nations
lorſque leurs Rois dégénerent en tyrans,
& qu'elles ſont obligées d'entreprendre
une guerre où il y a tout à riſquer &
rien à gagner. Les Romains ne ſuivi-
rent pas une maxime ſi ſalutaire ; le

mal étoit devenu bien grand avant
qu'ils s'en apperçuſſent, & qu'ils ſe
miſſent en état d'y remédier. Lorſque
l'orgueil, l'avarice, la cruauté, & la
débauche furent parvenues à un ſi haut
degré qu'elles en étoient devenues
inſupportables, ils ne trouverent point
d'autre moyen d'en arrêter le cours
qu'en prenant les armes : & au lieu que
dans les autres guerres, ils avoient
élargi leur territoire, augmenté leurs
forces, & acquis de la gloire ; dans
celle-ci leur vertu demeura ſans récompenſe, & tout ce qu'ils y profité-
rent fut de ſe délivrer d'une peſte à
qui ils avoient laiſſé imprudemment
prendre racine parmi eux. J'avoue que
c'étoit-là l'avantage le plus conſidérable qu'ils pouvoient ſouhaiter ; car
s'ils avoient été vaincus, leur condition
auroit été beaucoup plus triſte ſous la
domination de Tarquin que ſous celle
de Pirrhus, ou d'Annibal ; & l'on
peut dire véritablement que toute la
proſpérité dont ils jouïrent dans la ſuite
fut un effet de la liberté qu'ils avoient
recouvrée. Mais il auroit beaucoup
mieux valu qu'ils euſſent reformé l'Etat
après la mort d'un de leur bons Rois,
que d'attendre qu'ils fuſſent dans la

nécessité de prendre les armes pour
défendre leurs vies contre la fureur de
cet abominable tyran. L'aversion que
notre Auteur témoigne contre tout ce
qu'il y a de bon & d'équitable, ne lui
permet pas d'approuver ce que je dis ;
& faute de raisons qui puissent justifier
ses sentimens, il a recours à ces termes
injurieux de *faux-fuyant*, de *mutinerie*,
& de *sédition* ; suivant la louable coûtume des imposteurs & des fourbes.
Comme s'il étoit moins raisonnable
qu'un peuple eût la liberté de déposer
ses Rois, lorsqu'ils ne lui font que du
mal & qu'il n'en peut attendre aucun
bien, que de laisser à d'autres qui
esperent que cela leur sera avantageux,
la liberté de prendre un Monarque.
Mais si on veut prendre la peine d'éxaminer la vérité, on trouvera que les
peuples qui ont changé la forme de
leur Gouvernement, déposé leurs Rois,
ou transféré l'autorité Souveraine dans
d'autres familles, ne l'ont fait qu'après
mûre délibération, & pour des raisons
très-importantes. Lorsque les François
furent convaincus que le petit fils de
Pharamond étoit indigne de la Couronne de son ayeul, ils la donnerent à
Mérové qui la méritoit par sa vertu,

Les descendans de ce dernier ayant
dégénéré dans la suite , on les fit descendre du Trône pour y placer Pepin.
Sa postérité y fut assise après lui ; mais
on n'eut aucun égard à la proximité
du Sang ; on a souvent préféré aux
plus proches ceux qui en étoient les
plus éloignés ; on a même quelquefois
choisi les bâtards au préjudice de ceux
qui étoient légitimes ; & enfin cette
race fut rejettée aussi bien que celle de
Mérové. On donna ensuite la Couronne à Hugues Capet, & elle a toûjours
continué dans sa famille , depuis l'ex-
clusion de Charles de Lorraine jusques
à présent. Ce fut ainsi que les Castillans
éleverent sur le Trône Don Sanche
surnommé le Brave , second fils d'Alphonse le Sage , préférablement à Alphonse *el Desheredado* , fils de Ferdinand qui étoit l'aîné. Quoique les femmes ne soient pas excluses de la Couronne dans le Royaume d'Arragon , ces
peuples cependant préférerent Martin
frere de Jean premier , à sa fille Marie
qui avoit épousé le Comte de Foix ; &
cette Couronne est tombée dans la Maison d'Autriche , qui la posséde aujour-
d'hui , par le moyen de Jeanne fille de
Ferdinand. Dans ce Royaume aussi

bien que dans plusieurs autres, on a
souvent préféré les bâtards aux enfans
légitimes. Henri Comte de Tristemare
fils naturel d'Alphose XI. Roi de Castille
fut élevé à la Royauté, en récompense
des bons services qu'il avoit rendus
à sa Patrie en la délivrant de la tyrannie
de Pierre le Cruel son frere ; en cette
occasion on n'eut aucun égard aux droits
de la Maison de la Cerda qui descendoit
en droite ligne d'Alphonse *el Desbere-
dado*, & qui jusques à présent n'a point
possédé de titre plus éclatant que celui
de Duc de Medina Celi. Peu de temps
après les Portugais mécontens de leur
Roi Ferdinand, & de sa fille mariée à
Jean Roi de Castille, l'exclurent de la
Royauté elle & son oncle paternel, &
mirent la Couronne sur la tête de Jean
Chevalier de Calatrava bâtard d'un
oncle de Ferdinand leur Roi. Environ
le commencement de ce Siécle, les
Suédois déposérent Sigismond parce
qu'il étoit Papiste, & éleverent son
oncle Charles sur le Trône. Nous avons
déja fait voir par plusieurs exemples que
la même chose s'est pratiquée en Angleterre. Dans tous les Royaumes où
ces changemens sont arrivés, la Couronne n'a été transférée d'une famille

dans une autre que par un Acte formel
de l'Assemblée des trois Etats, & les
Princes qui gouvernent présentement
tous ces Pays n'ont point d'autre droit
à la Royauté que celui que cette Assemblée leur a conféré en déposant ou en
rejettant ceux qui par leur naissance y
avoient plus de droit qu'eux. Concluons donc que ces Actes sont justes
& valables, & que ceux qui les ont
faits pouvoient légitimement les faire ;
ou bien il faudra demeurer d'accord
que les Princes qui sont assis aujour-
d'hui sur ces Trônes, n'ont aucun titre
qui puisse justifier leur possession.

Si Filmer peut tirer quelque avantage
de la prétendue ressemblance de l'autorité Royale avec la puissance des
Consuls de Rome, ou des Archontes
d'Athénes, je suis content qu'il s'en
serve ; mais je suis bien trompé si cela
même ne sert pas à prouver ce que
j'avance, sçavoir que ces Gouvernemens *étoient composés des trois especes*
simples. Il auroit dû se souvenir que s'il
s'est trouvé quelque peu de Monarchie
dans ces Gouvernemens qu'on a appellés populaires, on a aussi trouvé quelque mélange de Démocratie, & d'A-
ristocratie dans les Monarchies ; ce qui

justifie de part & d'autre ce que je
soutiens , & fait voir qu'on a appellé
un Gouvernement, Monarchie, Demo-
cratie , ou Aristocratie , du nom de
celle de ces trois especes qui y a prévalu.
Car si cela n'étoit pas ainsi , on pourroit
appeller les Gouvernemens de France ,
d'Espagne , & d'Allemagne , Démocratie , & ceux de Rome & d'Athénes
Monarchie ; par ce que dans les premiers , le peuple y a quelque part ,
& que dans les derniers , on y avoit
conservé quelque apparence de Monarchie.

Que si notre Auteur dit que je change
l'état de la question, qu'il éxamine tant
qu'il lui plaira , & je suis sûr qu'il n'y
trouvera point d'autre différence que
celleci, c'est que l'élection des Consuls,
& des Archontes se faisoit réguliérement
par les suffrages du peuple , & que ces
Magistrats résignoient leur autorité lorsque le temps qu'elle devoit durer étoit
expiré ; au lieu que Tarquin, Denis,
Agathocles, Nabis, Phalaris, César &
presque tous ses Successeurs, qui selon
lui ont été des Monarques accomplis,
se sont emparés du Trône par violence ,
par fraude & par corruption, ou bien
avec le secours des plus scélérats dont

ils fe fervoient pour maffacrer les plus
honnêtes gens de l'Empire, & enfin,
lorfqu'une fois la méthode en fut établie, par le meurtre de fon prédécef-
feur, qui, fi l'on en doit croire notre
Auteur étoit le pere de la patrie & par
conféquent le pere de celui qui lui fuc-
cédoit par des voyes fi légitimes. C'eft-
là l'origine & le fondement du feul
Gouvernement qui mérite d'être reçu
parmi les hommes; c'eft cela même
qui a imprimé ce divin caractére de
Souveraineté en la perfonne d'Agathocles, de Denis, & de Céfar, & qui
l'auroit auffi conféré à Manlius, à Marius, & à Catilina, s'ils avoient été affez
heureux pour s'emparer de l'Empire auquel ils afpiroient. Mais je fuis perfuadé
que ceux à qui Dieu a fait la grace de
donner plus de difcernement & plus
d'amour pour la vérité & pour la juftice,
conviendront avec moi que ces Princes
qui fe font attribué une autorité fi fatale aux Pays de leur Domination &
qui y font parvenus par des voyes fi déteftables, y font entrés par une *Porte
de derriere*; & que ces Magiftrats qui
étoient régulierement choifis du confentement du peuple, ont été de véritables
bergers, qui ont entré par la porte de

la bergerie, & qu'on a dû confidérer
comme de véritables ferviteurs de Dieu,
tant qu'ils fe font acquités de leur devoir
en tâchant de procurer le bien des peuples qui étoient commis à leur charge.

SECTION XVII.

*Les bons Gouvernemens peuvent recevoir
quelques changemens dans leur forme,
pendant que les fondemens en demeurent les mêmes.*

S I je vais encore un pas plus avant,
& que je dife que les Romains
changérent quelque chofe dans la forme extérieure de leur Gouvernement, je
puis aflûrer en même temps fans crainte de me tromper qu'ils eurent raifon
d'agir de cette maniere, & que ce changement leur fut avantageux. Lorfqu'on
eût chaflé les Rois, l'autorité réfida principalement en la perfonne des Nobles
qui avoient fervi de Chefs au Peuple
en cette occafion ; mais il fut néceffaire
de les abaiffer, quand on s'apperçût
qu'ils s'en faifoient trop accroire à
caufe des avantages que leur donnoit

leur naiſſance. Et il eſt certain que
Rome ne ſeroit jamais devenue conſidérable, ſi on n'avoit pas voulu recevoir aux charges & aux emplois publics
ceux des familles Populaires, puis que
ces familles compoſoient le Corps de
la Nation, & faiſoient la principale
force des armées Romaines. On ne put
pas faire cela auſſi-tôt qu'on l'auroit
bien voulu: ces perſonnes nouvellement ſorties de l'eſclavage du cruel
Tarquin qui les avoit employés à faire,
ou à nettoyer des égouts, n'étoient pas
propres à remplir les charges de Magiſtrature, ni à commander les Armées;
mais il y auroit eu de l'injuſtice à les
en exclûre lors qu'on trouva dans ce
Corps des hommes qui en valeur & en
prudence n'étoient pas inférieurs aux
plus diſtingués d'entre les Patriciens,
Alors il auroit fallu qu'un homme eût
été fou pour croire ſe deshonorer en
donnant ſa fille en mariage à un Citoyen, qui en qualité de Dictateur ou
de Conſul l'avoit commandé, & dont
peut-être lui-même avoit ſuivi le Char
de Triomphe. Rome étoit ſituée d'une
maniére à ne pouvoir ſe paſſer de la
guerre, elle chercha de s'agrandir par
ce moyen, & n'y auroit jamais réüſſi,

fi le peuple n'avoit pas été éxercé dans la diſcipline Militaire, & qu'on n'eût pas tourné ſon eſprit du côté des conquêtes, en lui perſuadant qu'il y devoit faire conſiſter tout ſon plaiſir, & mépriſer toutes ſortes de fatigues & de dangers lorſqu'il s'agiroit d'acquerir de la gloire. Des perſonnes de ce caractére ne devoient pas être traitées comme des eſclaves, ni abandonées à la cruauté des Uſuriers qui ſont ſans compaſſion. Il étoit bien raiſonnable que ceux qui à la ſueur de leur corps & au prix de leur ſang défendoient l'Etat, & étendoient ſes conquêtes, fuſſent convaincus qu'ils travailloient pour eux-mêmes; & ce n'étoit pas ſans raiſon qu'ils demanderent qu'on créât un Magiſtrat d'entre eux, dont l'autorité fût inviolable afin de le mettre en état par ce moyen, de maintenir leurs priviléges, & de protéger leurs familles, pendant qu'ils ſeroient dans les armées. Ce fut dans cette vûe qu'on leur donna des Tribuns du peuple qui étoient *Sacroſancti*, ou inviolables. La création de ces nouveaux Magiſtrats eſt le changement le plus conſidérable qui ſoit arrivé dans la République juſqu'au temps de Marius qui mit tout en con-

fufion, On doit compter pour rien l'établiffement, ou la caffation des Tribuns
Militaires à qui on avoit donné même
autorité qu'aux Confuls : car il impor-
toit fort peu que cette autorité fût éxer-
cée par deux perfonnes ou par cinq.
La puiffance des Décemvirs ne doit pas
être regardée comme un changement
important dans le Gouvernement ; l'autorité de ces Magiftrats ne devoit durer
qu'un an; & quoi qu'on en créât de
nouveaux pour l'année fuivante, fous
prétexte qu'il n'étoit pas poffible qu'en
fi peu de temps, ils vinffent à bout de
perfectionner les Loix à l'établiffement
defquelles on leur avoit doné ordre de
travailler; cependant on leur ôta bien-
tôt la puiffance qu'on leur avoit confiée
lorfqu'on s'apperçût qu'ils en abu-
foient, & qu'ils vouloient la retenir
plus long-temps que les Loix ne le leur
permettoient. On ne doit pas prendre
pour innovation l'établiffement des
Dictateurs. Dès les commencemens de
la République on avoit créé ces fortes
de Magiftrats en de certaines occafions,
& on n'en a jamais fait que dans des
occafions extraordinaires, jufques à ce
que Jules Céfar ayant renverfé tout le
bon ordre du Gouvernement, & s'étant

emparé par force de cette Souveraine
Magiſtrature uſurpa un droit qui appartenoit à tous les citoyens. Ce fut-
là à la vérité un changement fatal qui
renverſa toutes les Loix, & bouleverſa
tout-à fait ce Gouvernement. Tous les
autres Magiſtrats précédens avoient
été créés par le peuple dans la vûe de
procurer le bien public, & avoient toûjours dépendus de ceux qui les avoient
fait ce qu'ils étoient. Mais Céſar s'étant
emparé de l'autorité par violence,
n'eut pour but que de ſatisfaire ſon
ambition démeſurée ou celle des ſoldats qu'il avoit corrompus, & dont il
s'étoit ſervi pour détruire ſa patrie &
la leur. Ses Succeſſeurs s'étant ſaiſis du
Gouvernement, avec le ſecours des
mêmes ſcélérats, leur laiſſoient impunément ravager toutes les terres de
l'Empire. Mais quelle opinion que l'on
ait des autres changemens qui ont précédé ce dernier, j'oſe affirmer qu'il n'y
a point d'Etat dont l'Hiſtoire nous ſoit
auſſi bien connue que celle de la République Romaine, dans lequel il n'en
ſoit arrivé de plus conſidérables & de
plus funeſtes durant le même eſpace de
temps, qu'il n'en eſt arrivé dans cette
République durant qu'elle a conſervé

ſa

Jura om-
nium in ſe
traxit.
Suet.

fa liberté. Aléxandre ne fut pas plutôt
mort , que l'Empire des Macédoniens
fut incontinent démembré : on croit
que ce Prince périt par le poison ; ſes
propres Capitaines firent mourir ſes
femmes, ſes enfans & ſa mere : les plus
illuſtres d'entre ſes Généraux qui étoient
échappés à ſa fureur ſe firent de ſanglan-
tes guerres , & ne quitterent point les
armes qu'ils ne ſe fuſſent détruits l'un
l'autre. Lorſqu'Antigonus eut corrom-
pû les fameux Argyraſpides pour les
porter à trahir Eumenes, ils les envoya
malicieuſement en Orient pour les y
faire périr par la faim & par la miſere,
dans les temps qu'ils avoient lieu d'attendre la récompenſe de leurs travaux,
& un peu de repos dans leur vieilleſſe.
Les autres Capitaines d'Aléxandre n'eurent pas un meilleur ſort : tout étoit en
confuſion & en déſordre parmi eux, un
chacun prenoit le parti qui lui plaiſoit
le mieux, & tous en général étoient
ſaiſis d'une telle rage, qu'ils ne ceſſerent
point de ſe maſſacrer les uns les autres
juſqu'à ce qu'ils fuſſent tous miſérable-
ment péris ; leurs Royaumes furent
toûjours en guerre entr'eux juſques à
ce qu'enfin ils s'affoiblirent ſi fort qu'il
ne fut pas difficile aux Romains d'en

faire la conquête. Rome éprouva la même deſtinée lorſqu'elle ſe vit réduite ſous la puiſſance des Empereurs ; la trahiſon, les meurtres, & la fureur régnoient dans toutes les Provinces de cet Empire ? On ne reconnoiſſoit point d'autre loi que celle du plus fort ; celui que ſe voyoit en état de corrompre une armée, ſe croyoit aſſez bien fondé pour prétendre au pouvoir Souverain ; de ſorte que ce n'étoit pas une choſe extraordinaire de voir trois ou quatre Empereurs à la fois ; juſques-là qu'il eſt arrivé que trente Compétiteurs différens ont pris ce titre tous en même temps. Il eſt vrai que de ce grand nombre il n'y en eut qu'un qui monta ſur le Trône ; ce fut celui qui eut le bonheur de détruire tous ſes rivaux ; & celui-là régna juſques à ce qu'un autre eût aſſez de hardieſſe pour entreprendre de l'exterminer lui & toute ſa race. Les Romains continuerent dans ce triſte état juſques à ce qu'une multitude de Nations Barbares ſe fut emparée des Provinces déſolées & deſertes. Les Royaumes que ces Nations fonderent ne jouïrent pas d'une paix plus aſſurée ; auſſi leur Gouvernement n'étoit-il pas plus équitable : celui de

France a été souvent divisé en autant
de parties que les Rois des deux premieres races avoient d'enfans. Ces
différentes parties étoient autant de
Royaumes différens comme celui de
Paris, d'Orléans, de Soiffons, d'Arles, de Bourgogne, d'Auftrafie, &
autres. La fureur dénaturée qui animoit
ces freres, ou ces plus proches parens
expofoit ces Royaumes à de cruels
ravages, la Nobleffe & le misérable
peuples étant obligés de répandre leur
fang pour les impertinentes querelles
de leurs Souverains ; & enfin tous ces
Royaumes tomberent fous la domination du plus fort. Il eft vrai que pour
prévenir en quelque façon tous ces
malheurs, on fit une loi du temps de
Hugues Capet, qui défendoit de par-
tager le Royaume, mais les appanages
qu'on donna aux freres des Rois, & les
Duchés & Comtés qu'on érigea en leur
faveur, ou en faveur d'autres Grands,
furent fouvent auffi préjudiciables à
l'Etat que l'avoit été la divifion de la
Monarchie. C'eft ce que l'on peut prouver par les cruelles factions qui déchi-
rerent les peuples partagés entre les
Maifons de Bourgogne & d'Orléans,
d'Armagnac & d'Orléans, de Montmo-

renci & de Guife. A ces defordres fuc-
céderent les malheurs de la *Ligue*, &
enfuite les guerres des Religionnaires.
Ces guerres ne furent pas plutôt finies
par la prife de la Rochelle, qu'il s'en
alluma de nouvelles par les menées du
Duc d'Orléans frere de Louis XIII.,
& de la Reine fa mere ; l'animofité fut
fi grande que ce Prince & fa mere fe
mirent fous la protection de l'Efpagne.
A cela on peut ajoûter que pendant
l'efpace des cinquante dernieres années, les Maifons de Condé, de Soiffons, de Montmorenci, de Guife, de
Vendôme, d'Angoulême, de Bouillon, de Rohan, de Lougueville, de
la Rochefoucaut, d'Epernon, & toutes celles du Royaume qui fe diftin-
guoient par leur Noblelfe, aulfi bien
que les villes de Paris, de Bordeaux &
plufieurs autres fe font rangées du côté
des ennemis mortels de leur Patrie.

Il s'eft aulfi fait plufieurs autres changemens confidérables dans le même
Royaume ; la Couronne a paffé en
quatre familles différentes : on a dépofé cinq Rois en moins de cent cinquante ans après la mort de Charlemagne. On a créé & enfuite abbrogé
les charges de Maires du Palais & de

Connétables. On y a vû établir & supprimer la puissance des Comtes & des Ducs qui étoient comme autant de petits Souverains. Pendant un certain temps le jugement des procès & l'administration de la justice étoit entre les mains des Nobles, de leurs députés, de leurs Sénéchaux; ce qui leur fut ôté dans la suite. On y établit des Parlemens auquels on y pouvoit appeller lorsqu'on croyoit avoir lieu de se plaindre des autres Cours de justice. Ces Parlemens après avoir abaissé la Noblesse furent réduits si bas, que depuis vingt ans, ils n'ont eu d'autre autorité que celle d'enregistrer, & de faire passer en loi les Edits dont on leur lit seulement les titres. Les Assemblées des Etats qui depuis Pepin avoient eu la puissance souveraine de la Nation en leurs mains sont devenues à rien, jusques-là qu'on ne s'en souvient presque plus.

Quoique je rapporte tous ces changemens, il ne faut pas croire que ce soit dans le dessein des les blâmer, car il y en a quelques-uns qui ne le méritent pas; & on doit considérer que la prudence des hommes n'est jamais parfaite, & ne peut par conséquent pré-

voir tout ce qui peut arriver d'un nombre prefques infini d'accidens, qui par
rapport aux circonftances, demandent
néceffairement de nouvelles loix pour
remédier, ou pour prévenir les maux
qui en procédent ou pour procurer un
bien auquel on n'avoit pas penfé lorfqu'on avoit commencé d'établir la focieté. Or comme le plus beau chef-d'œu-
vre de l'efprit humain feroit, s'il étoit
poffible, de fonder un Gouvernement
qui durât toûjours, fans qu'on fût
obligé d'y faire aucun changement ; la
chofe n'étant pas poffible, tout ce que
l'on peut faire, c'eft d'établir des loix
conformes à la néceffité préfente, &
aux befoins qu'on peut prévoir. On
peut dire qu'un homme qui s'opiniâ-
treroit à ne vouloir point s'écarter de
la route dans laquelle il eft entré, &
qui fe mettoit fur le pié de blâmer ceux
qui ne fuivent pas abfolument tous les
réglemens de leurs ancêtres, feroit tout
fon poffible pour perpétuer la plus per-
nicieufe de toutes les erreurs. On ne
peut donc éviter ces fortes de changemens, & tout ce que l'on peut éxiger
de l'efprit humain, c'eft d'établir des
loix qui conviennent autant qu'il eft
poffible à la néceffité préfente, & qui

puiſſent ſervir à tout ce que l'on peut prévoir des beſoins à venir d'un peuple, par rapport à ſa Religion, à ſon intérêt & à celui de ſes voiſins. Et celui qui voudroit obliger toutes les Nations du monde de recevoir en même temps la même forme de Gouvernement, ſeroit auſſi peu ſage qu'un Médecin qui donneroit la même médecine pour toute ſorte de maladies, ou qu'un Architecte qui feroit tous ſes bâtimens de la même grandeur & ſur le même modéle, ſans conſidérer les biens, la qualité, les emplois, ou le nombre des enfans & des ſerviteurs de ceux pour qui il fait les maiſons, & auſſi ſans avoir égard au temps, ou au pays dans lequel ils vivent non plus qu'à d'autres circonſtances qui ſont en trop grand nombre pour en pouvoir parler ici. Ou s'il étoit poſſible de pouſſer la folie plus loin, je dirois qu'un tel homme ſeroit ſemblable à un Général qui voudroit toûjours faire la guerre de la même maniere, & ranger dans toutes ſortes d'occaſions ſon armée de la même façon, ſans éxaminer la nature, le nombre & la force de ſes troupes ni de celle de ſon ennemi, & ſans aucun égard à l'avantage ou au

défavantage du terrain. Mais comme
la Médecine, l'Architecture, & la
Discipline Militaire peuvent avoir de
certaines régles générales dont on ne
doit jamais s'écarter, de même il en a
dans la politique qu'on doit toûjours
obferver ; & les Légiflateurs fages &
prudens s'attachant uniquement à fuivre celles qui font de cette nature, ne
feront aucune difficulté de changer les
autres lorfqu'il en fera befoin pour l'u-
tilité du public. C'eft ce que nous
apprend Moïfe qui pofant pour fondement de la loi donnée aux Ifraëlites,
la juftice, la charité, & la vérité,
attributs qui ne font fujets à aucun
changement puifqu'ils procédent de
Dieu lui-même, leur laiffa la liberté
d'avoir des Juges ou de n'en pas avoir,
de fe choifir des Rois, ou de n'en pas
choifir, & de mettre l'autorité fouve-
raine entre les mains des Souverains
Sacrificateurs ou de leurs Capitaines
comme ils le trouveroient plus avantageux pour eux-mêmes. On ne doit
pas dire que cette liberté accordée aux
Ifraëlites, fut caufe de tous les malheurs qu'ils fouffrirent dans la fuite ;
ce n'eft pas au changement qu'il firent
dans la forme de leur Gouvernement

qu'on les doit attribuer; tous ces maux ne vinrent que de ce qu'ils choisirent ce qui leur convenoit le moins. On peut dire la même chose des révolutions qui sont arrivées dans les autres Etats. Celles qui ont pour but le bien public & qui sçavent trouver les moyens & les plus propres pour le procurer, méritent toutes sortes de louanges; & on ne doit désapprouver que les changemens qui ne tendent qu'à avancer l'intérêt particulier d'une personne ou d'un petit nombre de personnes. Quiconque voudra donc éxaminer les changemens qui sont arrivés dans la République Romaine, trouvera que ce peuple ne s'est proposé que l'utilité publique, lorsqu'il a banni les Tarquins, créé les Consuls, reprimé la violence des usuriers, & ordonné que ceux des familles populaires pourroient s'allier dans celles des Patriciens, & parvenir aux charges de la Magistrature, aussi bien que ces derniers; lorsque ce même peuple a partagé les terres conquises, créé des Tribuns pour défendre ses droits, établi les Décemvirs pour faire des loix, & abbrogé la puissance de ces Magistrats lorsqu'ils ont commencé d'en abuser; on ne peut

D 5

pas dire qu'il fe foit propofé d'autre
but que l'avantage du public. C'étoit
encore pour le bien de toute la Societé que ce peuple créa des Dictateurs,
& des Tribuns Militaires en leur donnant même autorité qu'aux Confuls,
lorfque l'occafion le requeroit. On ne
peu s'empêcher d'approuver tous ces
changemens puifqu'ils ont toûjours
produit des effets conformes à la droiture des intentions de ce peuple. Mais
lorfque l'on commença à agir par d'autres principes, toutes les affaires changerent de face, & ce fut d'une maniere
bien différente : l'utilité publique ne
fut plus qu'une chimere ; tous les deffeins qu'on formoit n'avoient pour
objet qu'un intérêt particulier ; &
pour y réüffir on fe fervoit de voyes
auffi obliques, que le but qu'on fe
propofoit étoit criminel. Si Tarquin,
dans la vûe de fe frayer le chemin au
Trône, ne fit point difficulté d'empoi-
fonner fa premiere femme, & fon propre frere ; s'il ne craignit point de con-
tracter un mariage inceftueux avec fa
feconde femme, après avoir fait mourir fon premier mari, fi ce cruel Tyran
maffacra le pere de cette Princeffe &
les plus honnêtes gens de Rome,

César fit encore pis. Il protégea Catilina & ses maudits Complices ; corrom-
pit les Magiftrats par ſes préſens &
conſpira avec Craſſus & pompée ; il
garda le commandement de l'armée
au-delà du temps preſcrit par les loix ;
& ſe ſervit pour détruire ſa partie, des
armes qu'on lui avoit miſes en main
pour le ſervice de la République. C'eſt
ce que repréſentoit fort naturellement
le ſonge qu'il fit avant que de paſſer le
Rubicon, lorſqu'il lui ſembla en dor-
mant qu'il avoit un commerce charnel,
avec ſa mere. La trahiſon, la mauvaiſe
foi, & la cruauté ne parurent pas
avec moins d'éclat lorſque Octave,
Antoine & Lépide partagerent l'Empire entr'eux ; les guerres qu'ils ſe firent dans la ſuite font bien voir qu'ils
ne ſe piquoient pas de bonne foi. Galba, Othon Vitellius & Veſpaſien s'ou-
vrirent le chemin au Trône par des
voyes auſſi indirectes, puiſque ce fut
en formant des partis dans les différentes Provinces de l'Empire. Dans tous
ces changemens on n'avoit en vûe que
l'élévation d'un particulier, & la récompenſe des ſcélérats qui le ſervoient
dans ſes entrepriſes criminelles. Enfin
après que l'Empire eut été accablé

D 6

d'un nombre presque infini de malheurs par la déposition d'un Souverain
& par l'élévation d'un autre, il auroit
été bien difficile de dire qui étoit le
pire des deux, & on avoit toûjours
lieu de douter si la victoire avoit été
avantageuse ou dommageable à ceux
qui l'avoient remportée. N'y ayant
rien dans le monde qui ne soit sujet
au changement, nous ne devons pas
être surpris que le Gouvernement de
Rome n'en ait pas été éxempt devant,
ni après la perte de sa liberté ; cela ne
suffit pas pour nous porter à l'approuver, ou à le désapprouver ; il s'agit de
sçavoir si le changement que les Empereurs y firent ne procédoit pas uniquement de leur ambition, & s'il n'a
pas été funeste à l'Etat ; au lieu que
ceux dont notre Auteur fait mention,
en parlant de l'établissement des Consuls, des Dictateurs, Décemvirs, des
Tribuns, & des nouvelles loix, ont été
beaucoup plus rares, moins violens,
& ont toûjours eu pour but de procurer le bien public, & méritent par
conséquent toutes sortes de louanges.
J'ai prouvé cette vérité par l'exemple
de ce qui est arrivé dans d'autres Gouvernemens sans en excepter les Mo-

narchies ; & il me feroit facile d'en
rapporter beaucoup davantage fi je ne
craignois d'être trop long, mais je
crois que ce que j'ai déja dit fuffit pour
faire voir que les bons Gouvernemens
peuvent recevoir quelques changemens dans leur forme, lorfqu'il en eft
befoin, pourvû que les fondemens
en demeurent les mêmes.

SECTION XVIII

*Si Xénophon a blâmé les defordres des
Etats Démocratiques, ce n'a pas été
pour favorifer le Monarchique, mais
l'Ariftocratique.*

FILMER nous dit enfuite que Xénophon blâme le Gouvernement
Démocratique : non content de cela il
nous cite l'exemple de Rome & d'A-
thénes, où felon lui, *les plus fcélérats
ont été avancés aux honneurs & aux
Emplois, pendant que les plus honnêtes-
gens y faifoient fort mal leurs affaires.*
Notre Auteurs n'en demeure pas en fi
beau chemin ; il fait un crime aux
Romains d'avoir défendu fur peine de
la vie de *condamner à mort un Citoyen*

Romain, de le bannir, de le faire Escla-
ve, ou de le condamner au fouët. Mais
afin qu'on ne découvre pas sa fourbe,
il allégue fort peu d'exemples de ce
qu'il avance & ne cite précisément les
passages d'aucun auteur. Il ne nous dit
point quelle est cette loi, en quel
temps elle fut faite, & en quel endroit
on la peut trouver; au lieu que j'espere
faire voir évidemment, qu'il y a de la
mauvaise foi dans tout ce qu'il avance
sur ce sujet, & qu'il n'a rien dit qu'il
ne connût très-bien être impertinent
ou faux.

Pour cet effet, il faut premierement
éxaminer si Xénophon parle du Gouvernement populaire, simplement ou
par comparaison avec quelque autre.
Si c'est simplement, il faut demeurer
d'accord que selon lui la Démocratie
n'est bonne que pour les petites villes;
s'il en parle par comparaison avec un
autre Gouvernement, il faut sçavoir à
quoi il la compare: il est constant que
ce n'est pas avec la Mornarchie absolue;
car il n'y avoit rien de tel établi par les
loix chez les Anciens Grecs. Ces petits
Tyrans qui avoient asservi leur Patrie
comme Jason, Phœreus, Phalaris, &
leurs semblables, s'étoient mis au-des-

sus des loix , & on les estimoit à cause
de cela pires que les bêtes les plus fa-
rouches : il n'y avoit que ceux qui leur
ressembloient qui en dissent ou en pen-
sassent du bien. Il ne sera pas difficile
de connoître ce que pensoit Xénophon
sur ce sujet , pour peu qu'on réfléchisse
sur ce qui se passa entre son Maître Platon , & le Tyran de Sicile. On connoîtra encore mieux quelle opinion il pouvoit avoir du Gouvernement Monarchique lorsqu'on se ressouviendra qu'il
avoit vû cette vaste Monarchie des Perses déchirée cruellement par la fureur
de deux freres suivis de plus d'un mil-
lion de soldats qui combattoient pour la
querelle de ces deux Princes sans y
avoir aucun intérêt. Il sçavoit fort bien
qu'au lieu de cet ordre , de cette stabili-
té , & de cette force que Filmer attribue à la Monarchie absolue comme un
effet de la sagesse & de la justice de ce
Gouvernement , on y voyoit régner
toute sorte de desordres qui procédoient de l'orgueil & de la cruauté du
Souverain , source inépuisable de tous
les malheurs & de tous les vices qui accompagnent l'esclavage. Dans cet Empire les hommes vivoient comme les
poissons ; les grands dévoroient les pe-

tits : & les plus scélérats étoient avancés
aux Emplois les plus considérables ,
comme cet illustre Grec l'expérimenta
lorsqu'il eut affaire à Tisapherne , à
Pharnabase & aux autres Ministres de
cette Monarchie : Les Satrapes traitoient leurs inférieurs avec une insolence & une cruauté égale aux devoirs
serviles qu'ils rendoient à leur superbe
Maître. Le luxe , la débauche , & l'avarice régnoient par tout : plusieurs Nations considérables ne vivoient que
pour servir un seul homme, & pour lui
fournir de quoi s'abandonner à toute
sorte de dissolution. Cela engendra de
la foiblesse & de la lâcheté parmi les
sujets ; quelque grand que fût le nombre de ces esclaves , ils n'étoient pas capables de résister à une poignée de
Grecs libres. Personne ne sçavoit cela
mieux que Xénophon , lui qui après la
mort de Cirus le jeune , lorsqu'on eut
fait mourir en trahison Cléarchus &
les autres commandans des Grecs qui
avoient suivi ce Prince dans son expédition , fit sa retraite depuis Babilone jusqu'à l'Hellespont , & passa sur le ventre
à tous ceux qui oserent s'opposer à son
passage. Ce sage Capitaine n'auroit pas
passé sa vie à exciter ses Compatriotes

à entreprendre la conquête de l'Afie, & n'auroit pas perfuadé Agéfilaus de fe faire le chef d'une femblable entreprife, s'il eût cru qu'il y eût eu dans cette Monarchie tant de bon ordre , tant de fermeté & tant de force ; furtout s'il eût été convaincu que les Grecs n'étoient que *des étourdis , qui n'avoient qu'autant de fcience qu'il leur en falloit pour les rendre mutins & féditieux.* Cet homme auffi fage politique que grand Capitaine n'auroit jamais conçu un pareil deffein , s'il n'eût reconnnu par fa propre expérience que la l'berté infpiroit aux Grecs une vertu fi folide , & produifoit parmi eux tant de fermeté, tant de bon ordre & tant de force, qu'avec un petit nombre il ne doutoit pas qu'il ne fût en état de fouler aux pieds la vaine pompe des Barbares , & de s'emparer de leurs Tréfors , quoi qu'il euffent des troupes fi confidérables qu'ils pouvoient oppofer cent des leurs à un feul Grec. Ce projet ayant été interrompu pendant la vie de Xénophon à l'occafion des guerres civiles qui défoloient la Grece, fut éxécuté peu de temps après fa mort, par Aléxandre Roi de Macédoine..

Mais pour mieux sçavoir ce que veut
dire Xénophon, il est bon de considérer, qu'il parle des Gouvernemens qui
étoient alors en usage parmi les Grecs;
qui quoique mixtes, s'appelloient du
nom de l'espece qui l'emportoit par
dessus les autres; de sorte que le Gouvernement des Doriens étoit censé
Aristocratique, parce que ces peuples
avoient mis la principale autorité entre
les mains d'un petit nombre de personnes choisies; au lieu que celui des
Joniens passoit pour Démocratique,
parce que le commun peuple y avoit
plus de puissance, & Xénophon, quoique Jonien de naissance, soit par amitié pour Agésilaus, soit par le commerce qu'il avoit entretenu avec les Lacédémoniens, ou pour d'autres raisons
qui n'étoient connues que de lui, a
bien pu donner la préférence au gouvernement de Lacédémone ou à quelqu'autre qu'il croyoit & souhaitoit
pouvoir établir parmi les Athéniens,
comme on dit que ç'avoit aussi été le
dessein de Timon, de Thucydide, &
de plusieurs autres excellens Capitaines
de cette République. Quand même
j'avouerois que ces grands hommes
avoient raison, & que le Gouvernement

d'Athénes étoit moins stable & sujet à
de plus grands desordres que celui de
Lacédémone, je ne crois pas que notre
Auteur en tirât un grand avantage en
faveur de la Monarchie absolue.

2. Les Athéniens éxilerent quelques
personnes de mérite, & en firent
mourir quelques autres ; mais Filmer
qui à l'exemple du Démon ne dit jamais la vérité, sans la déguiser en
mensonge, agit de mauvaise foi dans
la relation qu'il nous en fait. Ce bannissement qu'on appelloit *Ostracisme*,
n'étoit que pour un temps, & ne faisoit
ni préjudice, ni deshonneur, on ne le
regardoit pas comme un châtiment, &
on ne s'en est jamais servi que pour prévenir les suites dangereuses qu'auroit
pu avoir l'excessive grandeur de quelque particulier. Les personnes illustres
qui y furent condamnées n'y demeure-
rent pas long-temps ; leur rappel fut
toûjours glorieux & honorable. Au-
reste, il ne s'agit pas de sçavoir si cette
raison est suffisante pour justifier l'Ostracisme des Athéniens ; il s'agit ici
d'une proposition générale qui a rapport aux loix divines & naturelles ; &
si les Athéniens, par un caprice qui
leur étoit particulier, ont fait un mau-

vais ufage de leur liberté , cela ne peut
en rien préjudicier aux droits de toutes
les autres Nations du monde. Le pis
qu'on puiffe dire de ce procédé des
Athéniens, c'eft que par cette loi, ils
n'ont fait du mal qu'à eux-mêmes en
fe privant pour un temps des bénéfices
qu'ils pouvoient fe promettre des vertus éclatantes des perfonnes qu'ils con-
damnoient à ce banniffement. S'ils envoyerent Thémiftocles en éxil , on ne
doit pas pour cela les accufer d'injuftice : c'étoit un homme qui à la vérité
avoit beaucoup d'efprit de valeur & de
capacité ; mais dont la fidélité étoit
fort chancelante ; il étoit trop attaché
à fes intérêts, & il entretenoit un commerce fort dangereux avec les Perfes
qui pour lors menaçoient la Grece
d'une ruïne totale. Envieux d'Ariftide
& defireux de s'aggrandir , il ne fit
point difficulté d'exciter de dangereufes factions dans la ville : fommé de
venir rendre compte de fa conduite, il
ne voulut pas fe foumettre au jugement
de fa Patrie, il aima mieux fe retirer
chez fes ennemis , & par cette retraite
criminelle, il mérita la fentence de con-
damnation qui fut prononcée contre
lui. J'avoue que les Athéniens ont injuf-

Plut. in vit. Themeft.

tement condamné quelques perfonnes
à mort ; rien n'étoit plus injufte que le
jugement qu'ils prononcerent contre
Socrate ; mais ce peuple qui trompé
par le rapport des faux témoins, dont
les loix divines & humaines ne nous
mettent point à couvert, l'avoit condamné à mort, témoigna un fi grand
repentir de la faute, lorfqu'il eut re-
connu la vérité, que je ne fçai fi le jugement du monde le plus équitable
auroit mieux fait connoître la droiture
& l'équité de leurs intentions. Rien
n'approche de l'impudence de Filmer,
lorfqu'il attribue la mort de Phocion
au Gouvernement populaire d'Athénes : Les forces de cette République
avoient été entierement défaites en Sicile ; cette ville étoit tombée en la puiffance de Lifander, qui en avoit fait
mourir les principaux habitans : Les
plus confidérables d'entre ceux qui s'é-
toient garantis de fa fureur, avoient
été détruits par les trente Tyrans à qui
il en avoit donné le Gouvernement ; à
peine avoit-elle recouvert fa liberté,
que les Macédoniens l'en priverent, &
pour lors Phocion fut mis à mort par
les pourfuites de Polipercon qui avec
le fecours de foldats étrangers, d'efcla-

ves, de vagabonds & de bannis, s'étoit rendu maître de la Nation.

Il est encore plus facile de justifier la conduite des Romains du temps de leur République : ce fut avec justice qu'il condamnerent Coriolan, il étoit devenu trop superbe, il s'en faisoit trop accroire à cause de sa valeur, & dans Rome même il s'attribuoit une autorité qu'à peine auroit-on voulu lui laisser à Corioles : sa violence & son orgueil effaçoient tout le mérite de ses services ; & c'étoit avec justice qu'on chassoit de la société un homme qui ne vouloit point se soumettre aux loix qui en font le soutien, & sans lesquelles elle ne peut subsister. Quintius ressembloit à Coriolan, & Manlius Capitolinus étoit encore plus criminel que ces deux. On ne devoit plus avoir d'égard à leur vertus, lorsqu'ils y eurent entierement renoncé. On doit avoir égard à la fragilité humaine, & user d'indulgence envers ceux qui commettent quelques fautes, lorsqu'ils ont rendu des services importans à la Patrie, mais un Etat ne peut subsister, lorsque faisant une compensation des bonnes actions avec les mauvaises, il laisse impunis les crimes les plus dangereux en considération des

services précédens, quelques considérables qu'ils puissent être. Celui qui fait
de bonnes actions, s'acquitte de son
devoir, & doit toûjours s'en acquitter :
La prudence & la justice sont d'accord
en ceci ; & c'est une chose aussi juste
qu'avantageuse, de considérer chaque
action en particulier, & de lui assigner
telle récompense, ou telle punition,
qu'elle peut raisonnablement mériter.

Je crois que je viens de dire doit
suffire pour justifier la conduite des Romains par rapport aux trois personnes
ci-dessus mentionnées ; mais s'ils ont
condamné celles - là avec justice, on
ne peut pas dire la même chose du trai-
tement qu'ils firent à Mamercus, à
Livius Salinator, & à Paulus Emilius ;
c'étoient des hommes d'une vertu parfaite, qui furent injustement, condamnés... ais il n'y a rien de surprenant à
cela ; les meilleurs Princes, Sénat, ou
peuple qui ayent jamais été dans le monde, trompez par les faux rapports de gens
mal-intentionnés, ont pu quelquefois
s'écarter du chemin de la justice, &
s'en sont effectivement écartés en de
certaines occasions ; cependant on peut
dire hardiment que de tous les Etats
que nous connoissons, il n'y en a point

qui ait commis moins de crimes, & d'injustices volontaires que celui de la République Romaine; il n'y en a point qui
ait été si peu sujet à se tromper; & il
n'y a jamais eu de peuple qui ait donné
des marques aussi éclatantes de leur
repentir que les Romains lorsqu'après
s'être laissé surprendre, ils venoient à
découvrir leur erreur. C'est ce qui paroît évidemment par la vénération
qu'ils eurent dans la suite pour ces illustres personnes qu'ils avoient injustement condamnées, & par les honneurs
& les emplois ausquels ils les éleverent.
Tit. Liv. Mamercus fut fait Dictateur, pour effa-
cer la note d'infamie dont il avoit été
flétri par les Censeurs Camillus rappellé de son éxil fut revêtu plusieurs fois
de cette souveraine Magistrature ; &
jusques à sa mort, on lui porta plus de
respect qu'on n'en ait jamais porté à
aucun Citoyen Romain Livius senna-
tor fut non seulement créé Consul
après avoir été condamné à l'amende ;
mais le peuple même, comme s'il eût
voulu expier la faute qu'il avoit faite
en le condamnant, souffrit sans mur-
murer que ce Consul lui fît des reproches sanglans, & lui parlât d'une maniere qui auroit pû faire croire à d'au-
tres

tres moins perfuadés de fa vertu & de
la leur, qu'il ne refpiroit que la vengeance, & qu'il étoit prêt de facrifier
fa Patrie pour fe fatisfaire. Les Romains en uferent de même à l'égard de
Paulus Emilius, & réparerent le tort
qu'ils lui avoient fait en le condamnant
injuftement à l'amende. La générofité
qu'ils firent paroître en laiffant les Tribuns feuls, lorfqu'ils avoient commencé d'intenter une accufation contre
Scipion l'Africain, pour le fuivre au Ca-
pitole où il les mena célébrer avec lui
un facrifice annuel en reconnoiffance
de la victoire qu'il avoit remportée fur
Annibal à pareil jour ; cette générofité, dis-je, n'étoit pas moins admirable que la grandeur d'ame de cet illuftre accufé, qui croyoit qu'on devoit
être fi bien perfuadé de fa vertu, qu'on
n'avoit pas lieu d'attendre qu'il rendît
compte de fes actions. C'étoit une erreur qui procédoit à la vérité d'un noble
principe, mais qu'on ne devoit pas
fouffrir dans une République bien poli-
cée. Les loix qui ont pour but le bien public, obligent également tout le monde
fans aucune diftinction de perfonnes ; &
il n'y en a point qui puiffe fe garantir
des peines qu'elles impofent, à moins

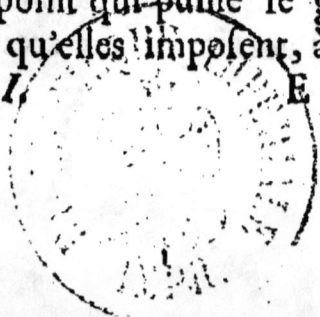

Tome II. E

que de prouver son innocence, ce qui ne se peut faire que par le moyen d'un éxamen : celui qui ne le veut pas subir, détruit l'égalité qui doit être entre les Citoyens, & s'éléve injustement au-dessus des loix, ausquelles personne ne se seroit jamais soumis, sinon à condition qu'aucun ne seroit éxempt d'y obéïr. Scipion étant le premier des Romains qui a ainsi méprisé l'autorité des loix, je ne sçai si le mauvais exemple qu'il a donné à ses concitoyens n'a pas fait plus de mal à cette République, que tous les services qu'il lui avoit rendu ne lui ont fait de bien : néanmmoins le peuple content qu'il se fût retiré en sa maison pour y mener une vie privée, & étant dans la suite convaincu de l'innocence de ce grand homme, l'auroit apparamment rappellé avec tous les honneurs que le destin réservoit à ses cendres, s'il n'étoit pas mort peu de mois après.

Tant que la République a joui d'une entiere liberté, je ne sçache pas qu'il y ait eu aucune autre personne illustre qu'on puisse dire *avoir mal fait ses affaires*; & si ce que j'ai déja dit ne suffit pas pour résoudre cette difficulté, je voudrois bien qu'on me dit le nom de *ces Scélérats qui sont parvenus* aux prémiéres charges de cet Etat, pendant que les honnêtes gens en étoient exclus, Si Filmer appelle *bien faire ses affaires*, d'être souvent élevé aux premieres dignités, & aux emplois les plus considérables du Gouvernement, je ne trouve pas que personne y ait mieux réüſſi que Brutus, Publicola, Quintius Cincinnatus, Capitolinus, les deux Fabius ſurnommés *Maximi*, Corvinus, Torquatus, Camillus & pluſieurs autres : ſi ces gens-là étoient les plus ſcélérats d'entre les Romans de ces temps-là, il faut dire que la ſageſſe, la valeur, & l'adreſſe qu'ils ont fait paroître en ſervant leur Patrie, & l'amour ardent qu'ils lui portoient, ſont de toutes les qualités du monde les plus mauvaiſes. Je crois bien que notre Auteur les conſidére comme telles, parce que effectivement ç'a été autant d'obſtacles invincibles, qui ſe ſont oppoſés à l'introduction de cette divine Monarchie, à laquelle on s'imagine qu'aſpiroient Appius Claudius le Décemvir, Manlius Capitolinus, Spurius Caſſius, Sp. Mélius & quelques autres.

Quoi qu'il en ſoit, on ne doit pas conſidérer ces exemples ſimplement en

E 2

eux-mêmes, mais en les comparant avec ce qui eſt arrivé en d'autres Etats dont le Gouvernement étoit abſolument Monarchique ; car nous ne cherchons pas ce qui eſt parfait, ſçachant fort bien qu'il n'y a rien de tel ici-bas ; nous voudrions ſeulement trouver cette conſtitution de Gouvernement, qui eſt la meilleure, & la moins défectueuſe. Or ſi nous trouvons que dans l'eſpace de trois cent ans que Rome a été gouvernée par le Sénat, par le Peuple, & par des Magiſtrats légitiment établis, on n'y a pas fait mourir un ſeul homme de mérite, qu'on n'y a pas condamné injuſtement plus de cinq ou ſix perſonnes à l'amende, & que le peuple qui s'étoit laiſſé ſurprendre par de faux rappports, a fait à ces illuſtres condamnés la plus honorable réparation qu'on pût jamais faire ; n'aurons nous pas lieu de dire que ce Gouvernement n'étoit pas des plus mauvais, ſur tout ſi nous découvrons que non obſtant toutes les irrégularités dont Filmer l'accuſe, la vertu y a toujours emporté le deſſus, qu'on y a toujours avancé aux premiers Emplois de l'Etat ceux qui avoient le plus de mérite, & que pendant ce temps-là cette République

a produit des hommes bien plus excellens qu'aucun autre Pays du monde.
D'un autre côté, si en éxaminant ce
qui s'est passé sous les Empereurs,
nous trouvons qu'ils ne s'appliquoient
uniquement qu'à détruire tout ce qu'il
y avoit de plus honnêtes gens ; qu'ils
réüssirent si bien dans ce projet qu'il
ne resta personne qui fît profession de
la vertu ; & qu'ils ne manquerent jamais de donner aux plus scélérats les
charges les plus considérables, à moins
qu'il ne leur arrivât ce qui arrivoit
quelque fois à Catherine de Médicis,
dont on dit, qu'elle ne faisoit jamais
bien que lorsqu'elle pensoit faire mal,
ayant toujours dessein de faire du mal.
En un mot si nous trouvons que de
tous ces Empereurs il n'y en a eu que
très-peu qui ayent été meilleurs qu'on
ne se le promettoit, cela ne suffira-t-il
pas pour démontrer que rien n'est plus
faux que ce que notre Auteur avance.
Le témoignage de Tacite est le plus
autentique que nous puissions souhaiter,
& nous n'avons pas besoin d'en chercher d'autre. On ne peut justement
attribuer qu'à cette Monarchie absolue,
qui s'établissoit alors, les proscriptions
& les guerres civiles dont il nous fait

une si terrible peinture. En effet la République ayant perdu sa liberté, toutes ces guerres & ces proscriptions ne se faisoient que pour sçavoir qui seroit le Monarque ; & si par hazard quelque personne de mérite échappoit à la fureur des soldats ou des bourreaux, c'étoit bien contre la volonté de ceux qui avoient usurpé la puissance Souveraine. Cet Auteur avoue que ses Ouvrages ne sont proprement qu'une relation du massacre des personnes les plus distinguées de l'Etat, & que dans le temps qu'il écrivoit, tout homme qui faisoit profession de la vertu attiroit sur lui une ruïne certaine. Après la mort de Germanicus & de ses fils aînés, Valerius Asiaticus, Séneque, Corbulon & un grand nombre d'autres, qu'on croyoit leur ressembler le mieux, éprouverent aux dépens de leurs vies qu'il n'étoit pas sûr d'être vertueux : Neron pour ne pas s'écarter de la route des tyrans qui l'avoient précédé, fit mourir Helvidius & Thraséas, afin de *déraciner tout-à-fait la vertu :* Domitien n'a jamais épargné volontairement aucun homme qui eût de la vertu, ou de la réputation ; & quoique Trajan & peut-être quelques

Ipsam exscindere virtutem. Tacit.

autres ayent vêcu du temps de cet Empereur dans des Provinces éloignées de Rome, toujours est il certain que de toutes les personnes distinguées qui vinrent à sa connoissance, il n'y en eut pas une qui pût éviter sa fureur. Pendant que ces grands hommes dont je viens de parler qu'on estimoit les plus honnêtes gens de l'Empire Romain étoient exposés à tous ces malheurs, l'autorité & les Emplois étoient entre les mains de Séjan, de Macron, d'Icellus, de Vinnius, de Lacon, & de leurs semblables. Il faut donc que tous les hommes du monde se soient trompés jusques à présent dans l'idée qu'ils se sont formée du *Bien* & du *Mal*, & que ceux qu'on avoit toujours regardé comme des scélérats, ayent été de très-honnêtes gens, au lieu que les autres qu'on avoit toujours cru très-bons & très-vertueux, ont été la peste du genre-humain : ou bien il faut demeurer d'accord que tant que les Romains ont conservé leur liberté, ils ont toujours conféré les emplois aux plus vertueux de leurs citoyens ; que dans cette République on n'a jamais fait d'injustice à ceux qui faisoient profession de la vertu, à moins que ce ne soit dans de

certaines occaſions où le peuple bien
intentionné s'eſt laiſſé ſurprendre aux
faux rapports des Calomniateurs ; &
qu'au contraire la liberté ne fut pas
plutôt détruite que les plus ſcélélats
parvinrent aux premieres dignités de
l'Etat pendant que les bons en furent
exclus. Les plus honnêtes gens de l'Empire étoient expoſés à tant de piéges &
d'embuches , qu'on regardoit comme
une eſpece de miracle de voir mourir
une perſonne vertueuſe d'une mort
naturelle ; & ſi on éxaminoit bien toutes choſes , je crois qu'on trouveroit
qu'un chacun des Empereurs qui ont
précédé Tite a répandu plus de ſang
illuſtre & innocent , que Rome &
toutes les Républiques du monde enſemble pendant tout le temps qu'elles
ont conſervé leur liberté. Mais ſi quelqu'un , en faveur de Filmer , cherche
à diminuer cette vaſte diſproportion
qu'il y a entre le Gouvernement Ré-
publicain & la Monarchie abſolue , &
que dans cette vûe il impute au Gouvernement populaire les déſordres qui
arriverent du temps des Gracques &
de quelques autres , lorſque Rome
étoit aux priſes avec ceux qui en
vouloient à ſa liberté , il trouvera

qu'il n'y a non plus de comparaiſon entre ces deſordres & ceux qui arriverent dans la ſuite, qu'il y en a entre les invectives que fit un Tribun ſéditieux contre le Sénat, & les cruautés énormes qui ravagerent & déſolerent toutes les Provinces de l'Empire depuis l'Ecoſſe juſqu'à l'Euphrates. Et au lieu que le Sénat, du temps de la liberté Romaine a toujours facilement appaiſé toute ſorte de deſordres, & s'eſt acquis plus de puiſſance & de gloire qu'auparavant, même après les guerres de Marius & de Sylla; on verra au contraire qu'après la perte de ſa liberté Rome fut toujours dans un état languiſſant, s'affoibliſſant de plus en plus, juſques à ce qu'enfin cette Capitale du monde auſſi bien que tout l'Empire devint la proye des Nations Barbares.

3. Notre Auteur fait bien voir qu'il a autant de Mémoire que de Jugement, lorſqu'après nous avoir repréſenté Rome du temps de ſa liberté, comme une véritable boucherie, il blâme un moment après la clémence de ſes Loix, puiſqu'il eſt abſolument impoſſible qu'une même ville puiſſe tomber au même temps dans ces deux extrêmes; & qu'il n'eſt pas moins certain que

E 5

Rome a toujours tenu un milieu entre une trop grande rigueur & une trop grande clémence. Il semble que ce qu'il avance soit fondé sur la harangue de César, rapportée par Salluste, en faveur de Lentulus & de Céthégus compagnons de Catilina; mais quoiqu'il se servît de toute son éloquence pour rendre leur cause meilleure, cependant tout son discours ne tendit qu'à prouver qu'on ne pouvoit pas faire mourir un Citoyen Romain, sans l'avoir oüi auparavant en public; Loi qui ne déplaira à personne excepté à ceux qui n'ont pas plus de jugement ni plus d'intégrité que Filmer & ses Disciples. Il faut être fou pour prétendre que César ait voulu dire autre chose; car il est facile de démontrer que les Magistrats ont toujours eu le pouvoir de faire mourir les Citoyens, & qu'ils ont éxercé cette autorité lorsqu'il en a été besoin. Les Loix Romaines ont toujours été les mêmes du temps des Rois & sous les Consuls; on n'y a jamais fait d'autres changemens que ceux dont nous avons parlé. Celle qui s'appelloit *Lex perduellionis*, dont Tite-Live fait mention au sujet d'Horace qui tua sa sœur, subsista

Salluft. Bell. Catilin.

dans toute fa force depuis la fondation
jufques à la fin de cette République :
cette Loi condamnoit les coupables à
la mort : voici les termes de la fentence
qu'elle prononçoit contre eux : *caput* *Tit. Liv.*
obnubito, infelici arbore refte fufpendito ; *lib. I.*
verberato intra Pomærium vel extra Po-
mærium. Horace fut appellé en juftice
en vertu de cette Loi, après que fon
pere en eut appellé au peuple, & s'il
fut abfous, ce fut *admiratione màgis*
virtutis quam jure caufæ ; ce qui auroit
été impoffible, s'il y avoit eu une Loi
qui eût défendu de punir de mort un
Citoyen Romain. Les fils de Brutus
furent condamnés publiquement à la
mort, & furent éxécutés avec les Aqui-
lius qui avoient été complices de leur
conjuration : Manlius Capitolinus fut
condamné à mort par le jugement du
peuple, & fut enfuite éxécuté : Titus
Manlius fubit le même fupplice par
ordre de fon pere Torquatus, pour
avoir combattu contre la défenfe qu'il
lui en avoit faite : Appius Claudius
décima deux Legions : Spurius Mélius
refufant de comparoître devant le Dictateur fut tué par Servilius Bala Général
de la cavalerie, & on déclara *illum*
fuiffe jure cæfum : Quintus Fabius fut

E 6

condamné à mort par le Dictateur
Papirius , & il ne put se garantir du
supplice que par l'intercession & l'autorité du peuple. Si cela n'est pas ainsi,
je voudrois bien qu'on m'apprît ce
que vouloit dire le Sénat Romain lorsqu'en condamnant Néron , il ordonna
qu'on le fît mourir *more Majorum*,
suivant la coûtume de leurs Ancêtres :
s'il est vrai que suivant cette coûtume
il n'étoit pas permis de faire mourir un
Citoyen Romain , je voudrois bien
qu'on me dit pourquoi les Consuls , les
Dictateurs , les Tribuns Militaires , &
& les Décemvirs faisoient porter des
verges & des haches devant eux dans
la ville , & hors la ville , s'il ne leur
étoit pas permis de s'en servir pour
punir les coupables. Etoit-ce seulement
de vaines marques d'une autorité qu'il
ne leur étoit pas permis d'éxercer ?
Ou sur quelles personnes signifioient-
elles que ces Magistrats devoient éxercer l'autorité Souveraine dedans l'en-
ceinte de la ville & hors la ville , si les
Citoyens n'y étoient pas sujets ? C'est
une chose surprenante qu'un homme
qui a lû quelques livres qui ont rapport
aux affaires de la République Romaine , ait pû se mettre de pareilles

imaginations dans l'efprit ; ou qu'il
ait pû former le deffein d'en impofer
au public s'il a fçu que ces penfées
étoient fauffes & abfurdes. Mais de
toutes les ftupidités dont un homme
eft capable, je ne crois pas qu'il y en
ait qui approche de celle que notre
Auteur fait paroître, lorfque dans la
même propofition où il foutient qu'il
n'étoit pas permis de faire mourir ou
de bannir un Citoyen Romain, il ne
fait point difficulté de dire que cela
étoit défendu aux Magiftrats fur peine
de la vie ; car fi on pouvoit mettre à
mort un Magiftrat pour avoir fait éxécuter un Citoyen ou pour l'avoir condamné au banniffement, il s'enfuit
qu'on pouvoit faire mourir un Citoyen ;
puifque les Magiftrats n'étoient pas
étrangers, mais Citoyens. Si cela n'é-
toit pas ainfi, il faut que Filmer fe
foit imaginé qu'il n'y avoit point de
crime capital, excepté le châtiment
des crimes qui méritoient la mort ;
ou que perfonne n'étoit fujet à l'autorité Souveraine, fi ce n'eft celui qui
étoit établi pour éxercer cette autorité.
Or quand cela feroit véritable, on
n'en pourroit retirer aucun avantage ;
car la loi qui condamneroit le Magif-

trat à la mort ne pourroit avoir aucun
effet, s'il n'y avoit personne pour la
mettre à éxécution ; & il ne s'en trouveroit point si la loi le défendoit, sur
peine de la vie. Et ainsi cela iroit à
l'infini ; car si un Magistrat ne pouvoit
pas faire mourir un Citoyen, je ne
crois pas qu'un Citoyen pût faire mourir un Magistrat, car un Magistrat est
aussi Citoyen. De sorte que de tous les
raisonnemens que fait notre Auteur sur
ce sujet, nous pouvons conclure que
la malice est aveugle, & que le crime
est une rage & une folie. Il seroit difficile de faire mieux l'éloge du Gouvernement populaire qu'il le fait lui-
même en tâchant de le décrier : ses
reproches sont des louanges, & ses
louanges des reproches. Comme les
Gouvernemens ont été établis pour la
conservation de ceux qui y sont soumis,
les Romains épargnoient le sang de
leurs sujets ; & Tite-Live a raison de
louer cette Maxime : *Nulli unquam
Populo mitiores placuere pœnæ* ; & je ne
crois pas qu'il se trouve personne qui
désaprouve la douceur de ce Gouvernement, si ce n'est ceux qui ne trouvent
rien de si louable que la fureur de ces
Monstres qui, après avoir detruit la

meilleure partie du genre - humain,
ufurperent la domination de cette fa-
meufe ville. Mais fi les Romains pu-
niffoient les offenfes avec beaucoup de
modération, ils n'étoient pas moins
foigneux de prévenir tout ce qui pouvoit porter leurs fujets à commettre des
crimes. La bonté de leur difcipline
portoit la jeuneffe à la vertu, & les
honneurs qu'on conféroit à ceux qui
en faifoient profeffion, fervoient à les
fortifier dans fa pratique. Par ce moyen
plufieurs d'entr'eux vinrent jufqu'à ce
degré de perfection qu'ils fe fervoient
de loi à eux-mêmes ; & ceux qui n'é-
toient pas les plus vertueux étoient
toujours affez bien inftruits, pour avoir
de la vénération pour ceux aufquels
ils ne pouvoient pas s'égaler. Cela les
excitoit non feulement à faire leur
devoir un chacun felon les talens qu'il
avoit reçu, mais les détournoit encore
de faire de mauvaifes actions, ne re-
doutant pas moins la mauvaife opinion que les honnêtes gens pourroient
avoir d'eux, que les peines dont les
Loix les menaçoient. Cette pureté de
mœurs rendit, pour ainfi dire, les
Loix inutiles : & parce qu'il fembloit
que ces Loix dormoient, les ignorans

se sont imaginés qu'il n'y en avoit point. Mais la prospérité ayant corrompu la discipline des Romains, les vices se glissèrent parmi eux, & frayèrent le chemin à la Monarchie ; & le crime étant placé sur le Trône, il n'y eut plus de sûreté que pour ceux qui étoient animés du même esprit, & enfin l'Empire fut entièrement ruïné.

SECTION XIX.

La corruption & la vénalité qui est si commune dans les Cours des Princes Souverains & dans leurs Etats, se trouve rarement dans les Républiques & dans les Gouvernemens mixtes.

FILMER fait ensuite tous ses efforts pour nous persuader avec la modestie & la sincérité qui lui est naturelle, que la corruption & la vénalité est fort commune dans les Républiques. Il sçait de science certaine que les Monarchies en sont éxemptes : il est redevable de la découverte de cette vérité à l'intégrité qui régne dans les Cours d'Angleterre, de France & d'Es-

pagne ; & il a été confirmé dans cette
pensée en considérant la pureté de
mœurs & le désintéressement dont on
faisoit profession dans les Cours des
Empereurs Romains , & des Rois de
Perse. Mais après avoir rapporté plusieurs faits évidemment faux , & dé-
guisé ceux qui étoient véritables , il
fait voir que la corruption , la vénalité,
& la violence qu'il blâme , ne sont pas
des suites de la liberté , avec laquelle
au contraire elles sont incompatibles ,
comme il l'avoue lui-même ; il y a
apparence que Cnéïus Manlius qui
avec son armée d'Asie introduisit parmi les Romains le luxe qui produisit ensuite ces désordres , ne fit que
suivre en cela son tempérament déré-
glé : toujours est il certain que les plus
sages Citoyens de ce temps-là prévirent
dès le commencement que ce luxe seroit la ruïne de la République , à
moins qu'on n'en arrêtât le Cours ;
mais ceux qui avoient vû des Rois
prosternés à leurs pieds , ne pouvant
plus se contenter de cette égalité , qui
est si nécessaire parmi des Citoyens,
le fomenterent de toutes leurs forces ,
persuadés que c'étoit-là le plus sûr
moyen de venir à bout de leurs desseins

ambitieux. Quoique Marius fût d'un
naturel auftére, & que l'avarice, ni la
volupté n'euffent point d'attraits pour
lui, cependant il favorifoit ces vices
dans les autres, & on dit que c'eft le
premier des Romains qui a fçû s'en
fervir avantageufement. Catilina étoit
un des plus grands débauchés qu'il y
eût dans le monde, & le feul moyen
de venir à bout de fes pernicieux deffeins, étoit de rendre les autres auffi
méchans que lui. Céfar n'établit fa tyrannie qu'après avoir porté la corruption plus loin que les autres n'avoient
pu faire ; & quoique lui, Caligula, &
quelques-uns de fes Succeffeurs ayent
été maffacrés, cependant les plus honnêtes gens de l'Empire trouverent qu'il
étoit auffi impoffible de redonner la
liberté à la République, tant que la
corruption feroit fi générale parmi les
Citoyens, qu'il l'avoit été aux plus
fcélérats d'y établir la tyrannie, pendant que l'intégrité y régnoit. Les hommes fe portent naturellement à toutes
fortes d'excès, lorfque l'abondance de
toutes chofes femble les y inviter, &
qu'il n'y a point de puiffance qui les
retienne en bride. Les Empereurs qui
vinrent dans la fuite connoiffoient fort

bien ce penchant de l'esprit humain,
& sçachant que leur propre sûreté en
dépendoit, ils se crurent obligés, tant
pour leur intérêt que par inclination,
de récompenser le vice en élevant aux
honneurs & aux dignités les plus vicieux de la Nation. Et quoiqu'on ne,
doive pas prendre à la rigueur ce qui
se dit communément, que tous les
sujets suivent l'exemple de leur Roi,
toujours est il certain que cet exemple
est d'un grands poids. En effet si l'on
trouve dans un Etat des personnes qui
sont si naturellement portées au bien,
que rien n'est capable de les pervertir,
il y en a d'autres qui ont tant de penchant au mal, qu'il n'est pas possible
de les corriger; & il est constant que
le plus grand nombre suit toujours le
chemin qu'il croit le devoir conduire
aux récompenses; & que la plûpart
des sujets panchent volontiers du côté
du vice, lorsqu'ils voyent que le Souverain s'en déclare le Protecteur. Il ne
faut pas douter qu'il n'y eût des Ido-
lâtres parmi les Juifs du temps de David
& d'Ezéchias; mais ils devinrent bien
plus puissans sous Jeroboam, & Achab;
il n'y avoit que trop de Papistes en
Angleterre du temps de la Reine Eliza-

beth ; mais ils se rendirent bien plus
considérables & firent bien mieux leurs
affaires sous le régne de la furieuse
Marie. Les faux témoins & les délateurs faisoient bien mieux valoir leur
talent sous l'Empire de Tibere qui les
appelloit *Custodes Legum*, que sous celui
de Trajan qui les avoit en horreur.
Les P... les Comédiens & les joueurs
d'instrumens étoient en bien plus grand
nombre sous le régne de Néron qui en
faisoit ses délices, que sous celui d'Antonin & de Marc Aurele qui les mé-
prisoit souverainement. Or comme
on connoissoit l'inclination de ces Souverains par le caractére des personnes
qu'ils favorisoient, ou qu'ils punis-
soient, & qu'on ne peut juger d'un
homme que par ses principes ou par
ses actions, quiconque voudra sçavoir
qui de la Monarchie ou du Gouvernement mixte fomente ou punit plus rigoureusement la corruption & la vénalité, doit éxaminer les principes &
la pratique de l'un & de l'autre, pour
les comparer ensuite ensemble.

Quand au principe, les vices dont
j'ai parlé ci-dessus peuvent être avantageux à des particuliers, mais ils ne
peuvent être d'aucune utilité à un

Gouvernement, si c'est un Gouvernement populaire, ou mixte ; les qualités qui rendent les hommes lâches & efféminés n'ont jamais fait de bien à un peuple ; & des Magistrats créés légitimement qui gouvernent du consentement de la Nation, n'ont point d'autre intérêt que celui du Public, & ne cherchent pas à diminuer les forces du peuple, puisqu'en lui faisant du mal, ils s'en feroient à eux-mêmes, leur force particuliere étant inséparable de celle de ce peuple. D'un autre côté, un Monarque absolu qui gouverne pour lui-même, & qui a principalement en vûe sa propre conservation, regarde la force & la bravoure de ses sujets comme le principe de tout ce qu'il a de plus dangereux à craindre, & souhaite ordinairement de les rendre lâches, efféminés, corrompus, & infidéles les uns aux autres, afin qu'ils n'osent entreprendre de sécouer le joug qu'il leur impose, & que se défiant les uns des autres, ils ne puissent pas s'unir ensemble pour recouvrer leur liberté. De sorte que cette corruption qui fait la sûreté du Prince, ne serviroit qu'à affoiblir un peuple, & le ruïneroit peut-être entierement.

Deplus, toutes les choses du monde se gouvernent par un principe conforme à leur origine : la corruption a été le fondement & le principe de toutes les tyrannies. Les Histoires de Grece, de Sicile, & d'Italie nous apprennent que tous les tyrans qui se sont élevés dans ces différens endroits, ne l'ont fait qu'avec le secours des plus scélérats, & par le massacre des gens de bien ; ces tyrans n'ignoroient pas que tant que les hommes conserveroient leur intégrité, ils ne seroient pas d'humeur à favoriser leur injuste ambition ; c'est pourquoi ils ne manquoient pas de perdre tous ceux qu'ils ne pouvoient corrompre. Il n'est donc pas surprenant qu'ils fassent tous leurs efforts pour maintenir, ou pour augmenter cette corruption qui les a fait ce qu'ils sont : s'ils manquent à cela, il faut néçessairement qu'ils périssent, comme Tarquin, Pisistrate, & plusieurs autres ; mais s'ils ont assez d'adresse pour réüssir, en sorte que le nombre des personnes vicieuses & corrompues soit plus considérable que celui des gens vertueux, le Gouvernement est en sûreté, quoique le Souverain ne soit pas tout-à-fait éxempt de danger. Il

arrive auſſi que la même choſe contribue beaucoup à ſa ſûreté perſon-
nelle : car ordinairement les auteurs
des grandes révolutions , n'étant pas
tant animés par la haine qu'ils portent
au tyran , que par le deſir de procurer
l'avantage du public , conſpirent rarement contre le Souverain , à moins
que ce ne ſoit un homme tout-à-fait
déteſtable & inſupportable , s'ils n'y
ſont portés par l'eſpérance de renverſer
la tyrannie.

On voit tout le contraire dans les
Démocraties , auſſi bien que dans les
Gouvernemens mixtes : comme il n'y
a que des perſonnes de ſageſſe & de
probité qui ſoient capables de les établir , auſſi ne ſe peuvent-ils ſoutenir
que par la pratique de la vertu ; les
plus méchans conſpirant toujours leur
ruïne , ils ne pourroient l'éviter , ſi les
honnêtes gens n'avoient pas aſſez de
puiſſance pour les conſerver. Il eſt donc
certain que lorſqu'un peuple eſt gouverné de cette maniere , ſes Magiſtrats
prennent toutes les précautions imaginables pour empêcher l'introduction
des vices qui contribuent autant à la
ruïne de leurs perſonnes & de leur
Gouvernement, qu'à la conſervation

du tyran & de fon autorité. C'eſt ce
que l'expérience nous apprend. Il ſeroit difficile de nommer un Monarque
qui ait eu un ſi grand nombre de bonnes qualités , qu'en avoit Jules Céſar,
avant qu'elles euſſent été détruites par
ſon ambition , qui étoit incompatible
avec elles : Ce Prince n'ignoroit pas
que de la corruption du peuple dépendoit ſa ſûreté , & qu'il ne pourroit
jamais venir à bout de ſes deſſeins s'il
ne tâchoit d'augmenter cette corruption. Il ne recherchoit pas l'amitié des
gens de bien , mais il attiroit à ſoi tous
ceux qu'il croyoit pouvoir mettre dans
ſes intérêts ; & ne penſoit pas qu'on pût
les embraſſer avec aſſez de chaleur , à
moins qu'on ne fût prêt à commettre
toutes ſortes de crimes , lorſqu'il le
commanderoit : celui-là étoit un ſol-
dat ſelon le cœur de Céſar, qui diſoit :

Pectore ſi fratris gladium , juguloque
  Parentis
Condere me jubeas , gravidave in viſ-
  viſcera partu
Conjugis , invita peragam tamen om-
  nia dextra. Lucan.

Et afin que ceux qui lui étoient
entierement dévoués ne vinſſent à ſe
relâcher

relâcher dans la pratique des crimes les plus énormes, il avoit l'adresse d'enflammer leur fureur :

—*Vult omnia Cefar*
A fe fæva peti, vult præmia Martis
amari. Lucan.

Lorſqu'il eut répandu ce poiſon parmi les ſoldats, il ſe ſervit de toute ſorte de moyens pour corrompre les Tribuns, perſuadé que s'il en pouvoit venir à bout, ces Magiſtats employeroient à la ruïne du peuple l'autorité qui leur avoit été confiée pour veiller à ſa conſervation. Dans ce deſſein, il donna à Curion les tréſors immenſes qu'il avoit amaſſés par ſes extorſions dans les Gaules ; & d'un homme qui avoit été un zélé défenſeur des loix, il en fit par ce moyen le perturbateur du repos public. Quoique l'on ait toujours crû qu'il auroit été bien aiſe d'avoir la gloire de ſauver Caton, & qu'il fît même paroître du chagrin de ce que ce grand homme aima mieux perdre la vie que de lui être redevable de ſon ſalut ; cependant le ſoupçon qu'il eut de la fidélité de Brutus & de Caſſius ſuffit pour faire voir qu'il ne

Tome II. F

croyoit pas que des hommes vertueux qui aimoient leur Patrie puſſent être ſes véritables amis. Ceux qui dans l'éxécution de pareils projets ſe conduiſent avec moins de valeur, d'aſlreſſe, & de grandeur d'ame que Céſar, ne manquent jamais d'exterminer tout ce qu'il y a de perſonnes vertueuſes dans un Etat, ſçachant très-bien que la laideur de leurs vices ne paroît jamais mieux que lorſqu'on les compare avec les bonnes qualités de ceux dont la conduite eſt bien différente de la leur. D'ailleurs ces tyrans n'ignorent pas qu'il leur eſt impoſſible de ſe garantir du mépris & de la haine que leurs vices attirent ſur leurs perſonnes, à moins que par les récompenſes qu'ils donnent aux ſcélérats pour fomenter le crime, ils ne trouvent le moyen d'infecter un aſſez grand nombre de gens pour tenir le reſte du peuple en ſujettion.

La même choſe arrive dans toutes les uſurpations, quoique tous uſurpateurs ne ſoient pas auſſi violens qu'Agathocles, que Denis le tyran, ou le dernier Roi de Dannemarck qui en un ſeul jour, aſſiſté d'une troupe de ſoldats mercénaires, renver-

fa toutes les Loix de fa Patrie ; & même
un Magiftrat légitimement établi , eft
contraint de fuivre la même route dès
qu'il commence d'afpirer à une autorité que les Loix ne lui ont pas con-
férée. Plût à Dieu que nous puffions
dire que le nombre de ces derniers eft
fort petit ; mais l'expérience ne nous
fait que trop connoître qu'on trouve
rarement affez de fageffe , affez de
modération , & affez de juftice dans
un Souverain Magiftrat , pour qu'il
veuille fe contenter d'un pouvoir limité. L'homme naturellement ne fe con-
tente jamais de fa condition ; afpirant
toujours plus haut , il n'a que trop de
penchant à s'eftimer au-delà de ce qu'il
vaut ; ceux qui font tant foit peu élévés
au-deffus de leurs freres , fouhaitent
de s'élever encore davantage ; & fi une
fois ils parviennent au Trône , ils
croyent qu'on leur fait tort , & que
c'eft les dégrader de la Royauté que
de ne leur pas laiffer faire tout ce qu'il
leur plaît.

——— *Sanctitas , Pietas , fides ,*
Privata bona funt : Qua juvat Reges Seneci
    eant. Thy.st.

F 2

Ils n'ont point besoin de maîtres pour leur enseigner ces maximes ; & moins leur pouvoir est limité par les Loix, & plus ardemment souhaitent - ils de renverser tout ce qui s'y oppose. Lorsqu'ils sont une fois possédés de cette fureur, ils ne manquent jamais de choisir des Ministres qui soient d'humeur à les seconder dans tous leurs desseins, & à se soumettre aveuglément à toutes leurs volontés. C'est une vérité si constante qu'il n'y a que des personnes de ce caractére qui ayent accès auprès d'eux. Leur intérêt autant que leur inclination les porte à faire tous leurs efforts pour engager leurs sujets à suivre leur exemple, c'est-à-dire à s'abandonner à tous les déréglemens dont la nature humaine est capable. En effet, c'est le moyen le plus éfficace qu'ils puissent employer pour corrompre les peuples, comme cela ne paroît que trop par les funestes effets que nous en voyons dans notre Patrie, & dans les Royaumes voisins.

On me dira peut-être qu'il y a des Princes si bons, & si vertueux, qu'ils ne souhaitent point d'étendre leur autorité au delà des bornes que la Loi prescrit, & que par conséquent rien ne les engage à choifir de méchans Miniftres, parce qu'ils n'ont aucun deffein de faire du mal. Cela peut être, & il s'en trouve quelquefois de ce caractére : Le peuple eft heureux, lorf-qu'il a un pareil Souverain ; mais la difficulté eft de le trouver & il n'y a point de puiffance humaine qui foit capable de le retenir dans un fi bon chemin. Ses propres paffions s'éléve-ront toujours avec violence contre lui : femmes, enfans, domeftiques, tout fe joindra à ces ennemis qu'il porte dans fon fein pour le pervertir ; s'il a quel-que foible, s'il lui refte encore quelque paffion à dompter, ils remporteront infailliblement la victoire. Ce n'eft pas connoître la nature humaine que de s'imaginer qu'un homme qui eft ainfi attaqué de tous côtés puiffe réfifter : il n'y a que le pouvoir miraculeux d'une grace immédiate & divine qui puiffe l'empêcher de tomber dans une fem-blable occafion ; & il eft inutile de dire que cela ne lui manquera pas, à moins qu'on ne foit en état de prouver que tous les Princes du monde font tou-jours foutenus de ce don célefte, ou que Dieu l'a promis à eux & à leurs Succeffeurs à jamais, fans égard aux moyens dont ils se sont servis pour monter sur le Trône.

. Je suis très-éloigné de vouloir sortir des bornes du respect qui est dû aux têtes couronnées, & après avoir éxaminé ce que l'histoire, & l'éxpérience nous apprennent des vertus & des Religions dont les Monarques se sont déclarés les Protecteurs depuis la création du monde, & des Maximes qu'ils ont suivies depuis qu'ils se font appeller Chretiens ; après avoir considéré avec attention leurs vertus Théologales & Morales ; en un mot après avoir médité sur ce que l'Ecriture nous dit de ceux qui aux derniers jours seront les plus fermes appuis du Trône de l'Antechrist : je me flate qu'il n'y a point de personne raisonnable qui m'accuse de parler en des termes peu respectueux des Rois, si je proteste que je ne puis me persuader, que par une grace extraordinaire du Ciel, ils soient, généralement parlant, moins sujets que les autres hommes aux vices & aux foiblesses qui sont l'appanage de la nature humaine. Si on ne peut me faire voir que je suis dans l'erreur à cet égard ; je puis hardiment conclure, que comme les Monarques sont plus exposés qu'aucuns autres, aux tentations & aux embuches, ils sont aussi plus en danger d'être corrompus, & de servir d'instrument à corrompre les autres s'ils ne sont pas mieux défendus que les autres hommes.

Les choses étant telles de part & d'autre, il est facile de voir que tout les Gouvernemens du monde sont sujets à la corruption; mais avec cette différence, que la Monarchie absolue y est sujette par son principe & dès son origine; au lieu que les Gouvernemens mixtes & populaires ne se corrompent que par accident. Comme le pouvoir arbitraire ne peut subsister à moins que la plus considérabl e partie du peuple né soit corrompue; aussi faut-il de toute nécessité que le Gouvernement mixte ou populaire périsse, à moins qu'on n'en ferme l'entrée à la plûpart des vices. Et si l'on demande pourquoi il y a eu, & il y a encore dans le monde plus de Monarchies que de Gouvernemens populaires, je crois que la meilleure raison q'on en puisse donner est, qu'il est plus facile de corrompre les peuples que de les défendre contre la corruption: je crois même que si l'on peut dire que

les hommes ont un penchant naturel
pour la Monarchie, comme Filmer le
prétend, ce n'est uniquement que parce
que leur nature corrompue les porte
ordinairement à choifir ce qu'il y a de
plus mauvais.

Pour éviter des difputes inutiles,
j'appelle Gouvernemens populaires les
Gouvernemens de Rome, d'Athénes,
de Lacédémone, & plufieurs autres de
cette nature, quoiqu'improprement, fi
ce n'eft qu'on veuille auffi donner ce
nom à plufieurs Gouvernemens qu'on
appelle ordinairement Monarchies ; ce
que l'on pourroit faire fans crainte de
fe tromper, puifqu'on n'ufe point de
violence ni dans les uns, ni dans les
autres. En effet dans ces fortes de Gouvernemens, les Principaux Magistrats
tiennent leur autorité du libre confentement du peuple, qui en retient telle
partie qu'il juge à propos, pour l'éxercer dans fes Affemblées générales ; &
c'eft à cet égard qu'il femble que notre Auteur ait pris à tâche de les décrier. Quant au Gouvernement populaire, qui dans le fens le moins
étendu fignifie une pure Démocratie,
où le peuple en foi-même & par foi-
même fait toutes les fonctions du Gou-

vernement, je n'en connois point de
pareil dans le monde ; & s'il s'en trouve quelqu'un, je ne prétens point parler en fa faveur. En défendant cette
liberté générale que je fuppofe que Dieu
a accordée à tous les hommes, je ne nie
point qu'un certain nombre de perfonnes, qui jugent à propos de former une
focieté, ne puiffent fe démettre de telle
partie de leur autorité qu'il leur plaît,
en faveur d'un feul homme, ou de plufieurs, pour un temps, ou pour toûjours,
& la faire paffer à leurs héritiers à de
certaines conditions qu'elles ont trouvé
bon de leur prefcrire ; & je n'approuve
pas non plus les defordres qui ne manqueroient pas d'arriver dans la focieté, fi tous les particuliers qui la com-
pofent, vouloient garder toute l'autorité entre leurs mains. En confidérant
les différens Gouvernemens, qui fous
différentes formes & noms différens,
ont été régulierement établis par les
Nations, comme des témoignages inconteftables que cela feroit avantageux
à elles & leur poftérité, je conclus, que
comme il n'y a perfonne qui n'aimât
mieux être gouverné par des Magiftrats
juftes, diligens, courageux & fages,
que par des hommes méchans, paref-

F 5

feux, lâches & fous ; & qui ne choisit
plutôt de vivre dans une Societé composée de personnes sages & vertueuses,
que sous un Gouvernement où l'on est
toujours prêt à commettre toutes sortes
de crimes, & ou l'on manque de l'expérience, de la force & du courage
qui est nécessaire pour repousser les injures que les autres pourroient faire :
aussi il n'y a point de Societé qui en établissant un Gouvernement ne fasse tous
ses efforts à proportion des lumieres
qu'elle a reçues, pour mettre l'autorité
entre les mains de ceux qu'elle croit les
plus vertueux, & pour prévenir l'introduction des vices qui rendent la foi des
Magistrats suspecte, & qui les mettent
hors d'état de s'acquitter de leur devoir,
& de donner les ordres nécessaires pour
l'éxécution de la justice, aussi bien que
pour la défense de l'Etat contre les attaques des ennemis Domestiques ou étrangers. Car comme il n'y a personne de bon
sens qui voulût confier la conduite d'un
troupeau à un misérable qui n'a ni capacité ni adresse ni courage pour le défendre, & qui au contraire seroit gagné
pour exterminer malicieusement ce troupeau : comme il n'y a dis-je personne de
bon sens qui en voulût confier le soin à

un tel homme préférablemant à un berger robuste, fidéle, courageux & prudent; il est encore bien moins concevable
que les membres d'une Societé voulussent
commettre une semblable faute, dans
un affaire où il s'agit de leur propre intérêt, de celui de leurs enfans, & tout
ce qu'ils ont de plus cher au monde.

On peut dire la même chose de tout
le corps de la Nation : car puisque le
Magistrat, quelque parfait qu'il soit
dans son espece, ne peut s'acquitter de
son devoir, si le peuple est si efféminé,
si vicieux & si lâche, qu'il ne soit pas
en état de seconder les bonnes intentions de son Magistrat; ceux qui atten-
dent du bien de lui, ne souhaiteront
jamais que leurs compagnons qui doivent concourir avec lui, deviennent
assez corrompus, pour le mettre hors
d'état de s'acquitter des fonctions de
sa charge. Quoi que je n'aye pas de
peine à croire qu'il y a toujours eu
des scélérats parmi toutes les Nations
du monde, je doute pourtant qu'il y
en ait jamais eu à Rome excepté César,
ou Catilina, qui avoient formé le dessein de se faire les tyrans de leur Patrie,
qui n'eussent mieux aimé que le peuple eût toujours été aussi brave & aussi

vertueux, qu'il l'étoit du temps des guerres de Carthage, que de le voir aussi lâche & aussi vicieux qu'il le fut sous les régnes de Néron & de Domitien. Mais il faut être fou & enragé pour croire, que tout le corps de la Nation n'eût pas mieux aimé d'être en l'état où elle étoit, lorsque faisant profession de la vertu, rien n'étoit capable de résister à sa puissance, qui de se voir reduite à une condition misérable, servile & lâche, qui l'exposoit à être foulée aux pieds de tous ceux qui vouloient l'envahir, & à devenir la proye du plus fort. Cela suffit pour faire voir qu'un peuple qui est en liberté d'agir selon sa volonté, n'éleve jamais aux emplois des sujets qui ne les méritent pas, à moins que ce ne soit par erreur, & qu'il ne souffre pas volontairement l'introduction des vices : au lieu que les Monarques absolus avancent toujours aux premieres dignités de l'Etat les plus scélérats d'entre ceux qui s'attachent à leurs intérêts & ne peuvent conserver leur autorité, à moins que le plus grand nombre du peuple ne soit lâche & vicieux.

Si l'on dit que ces Gouvernemen où la Démocratie prévaut, se trompen

plus fouvent que ceux où l'Ariftocratie a le deffus, dans le choix des Magiftrats, & des moyens qu'il faut employer pour conferver cette pureté de
mœurs qui eft fi néceffaire pour faire le
bonheur des peuples : je l'avouerai de
bonne foi, & conviendrai même que
dans les Républiques de Rome & d'A-
thénes, les meilleures auffi bien que
les plus fages perfonnes ont toujours
panché du côté de l'Ariftocratie. Je
mets dans ce rang Xénophon, Platon,
Ariftote, Thucidide, Tite-Live, Tacite, Ciceron avec plufieurs autres ;
mais fi Filmer cherche parmi ces anciens Grecs ou Romains des Avocats
pour défendre la caufe de la Monarchie abfolue, il n'en trouvera point
d'autres que Phalaris, Agathocles, Denis, Catilina, Céthégus & Lentulus,
avec la maudite cabale des fcélérats
mercenaires qui les éleverent fur le
Trône, ou qui entreprirent de les y élever. Ce font ces gens-là, *quibus ex ho-
nefto nulla eft fpes* ; ils ont en horreur
l'autorité des Loix, parce qu'elles repri-
ment leurs vices, mais ils fe font un plaifir d'obéïr à un homme qui favorife les
vices, & ne font point difficulté d'être
les Miniftres de fes débauches, affurés

qu'il les laissera vivre dans leur déréglement. La conformité d'intérêt, de
mœurs & de desseins, est ce qui fait
le lien de leur union : les uns & les autres sont les ennemis déclarés des Gouvernemens populaires ou mixtes; & ces
Gouvernemens sont leurs ennemis, &
s'opposent à eux en tâchant de conserver leur vertu & leur intégrité ; n'ignorant pas que sans cela eux & leur Gouvernement ne manqueroient pas de
périr.

SECTION XX.

La raison étant aussi naturelle à l'homme
que l'amour de la liberté, la premiere
peut tempérer l'autre, & la tenir dans
de justes bornes.

POUR faire voir que l'Ouvrage de
Filmer n'est qu'un tissu de choses
incompatibles & contradictoires, je
crois qu'il ne sera pas mauvais d'ajouter à ce qu'on a déja remarqué, qu'a-
près avoir enseigné que la Monarchie
absolue *est l'unique Gouvernement natu-*
rel, il dit dans la suite, *que la nature de*

tous les hommes du monde est de souhaiter une liberté sans bornes. Mais si cette Monarchie est de tous les Gouvernemens celui qui laisse le moins de liberté, puisqu'elle assujettit toute la Nation à la volonté d'un seul; c'est autant que s'il disoit que tous les peuples de la terre souhaitent ce qui est tout à fait opposé à la nature; & c'est proprement, par une extravagance qui ne se peut comprendre, avancer des propositions directement opposées, & qui ne sont pas moins fausses qu'absurdes. Car comme nous l'avons déja prouvé, Dieu & la nature n'ayant point prescrit aux hommes une certaine forme de Gouvernement, il est manifeste que l'homme étant une créature raisonnable, il ne peut avoir rien de naturel en lui, qui ne soit en même temps raisonnable. Il est vrai que cette liberté sans bornes étant incompatible avec toutes sortes de Gouvernemens, & avec le bien que l'homme souhaite naturellement pour lui, pour ses enfans, & pour ses amis, nous ne trouvons aucun pays dans le monde, dont les habitans n'ayent formé quelque espece de Societé ou de Gouvernement pour tempérer cette liberté; & c'est une ab-

furdité de dire que tous les hommes
fouhaitent une liberté fans bornes,
dans le temps qu'on démontre que tous
les hommes cherchent à lui en donner.
La raifon qui eft le caractére effentiel
de l'homme lui dicte qu'il faut tempérer fa liberté naturelle, & la tenir
dans de juftes bornes. Il n'y a perfonne qui ne foit convaincu qu'il lui eft
impoffible de vivre dans la folitude,
ni en focieté, à moins qu'on n'éta-
bliffe quelque loi à laquelle tous foient
obligés d'obéïr. Cette foumiffion aux
loix, eft ce que nous appellons
donner des bornes à la liberté ; mais
afin qu'elle puiffe procurer le bien
qu'on s'en promet, il faut qu'elle foit
générale ; & elle ne peut être générale
à moins qu'elle ne foit naturelle. Tous
les hommes du monde étant nés également libres, il ne faut pas s'imaginer
que les uns foient d'humeur à réfigner
ce qui leur appartient, fi les autres
ne veulent pas faire la même chofe.
Ce confentement général des hommes
qui d'un commun accord fe dépouil-
lent de telle partie de leur liberté qu'ils
jugent à propos pour le bien public,
eft la voix de la nature ; c'eft en cela
qu'ils font voir qu'ils agiffent confor-

mément aux lumieres de la raison naturelle, en cherchant leur propre avantage : s'il ne suivent pas tous le même
chemin , & qu'ils ne choisissent pas la
même forme de Gouvernement, c'est
une preuve incontestable que la nature
leur en a laissé le choix ; mais comme
un petit nombre, ou un grand nombre
de personnes peuvent s'unir ensemble
pour former de petites , ou de grandes
societés, aussi dépend-il d'elles d'établir tel ordre , ou telle forme de Gouvernement qu'elles le jugent à propos ;
& pourvû qu'on obtienne ce que l'on
se propose dans l'établissement des Societés , c'est toûjours suivre la voix de
la nature quel que soit le Gouvernement que l'on a choisi.

De-plus : si l'homme étoit si naturellement porté à vouloir jouïr d'une liberté sans bornes , il faudroit que ce
penchant fût raisonnable ; & l'établissement de la Monarchie absolue qui là
détruit entierement , seroit directement opposé à la raison , quand même
les peuples consentiroient à cet établissement , puisqu'ils n'y peuvent con-
sentir sans renoncer à leur propre nature. On ne peut usurper cette autorité
absolue sans violer de la maniere du

monde la plus abominable & la plus
criante les loix des Nations. Je dis
bien plus, on ne le peut faire fans en-
freindre en même temps les loix Divines : & de tous les Gouvernemens, il
femble que le plus jufte, le plus raifonnable & le plus naturel foit le Gouvernement populaire, puifque c'eft le
plus libre, chaque particulier partici-
pant également à l'autorité Souveraine. Cependant notre Auteur nous le re-
préfente comme une fource inépuifable
de defordre, de confufion & de vices.
On n'en pourroit pas difconvenir, fi
ce qu'il dit étoit véritable ; mais comme il m'arrive fouvent d'être d'un fentiment oppofé au fien, j'efpere qu'on
me pardonnera fi je me déclare encore contre lui en cette occafion, & fi je
foutiens qu'il n'y a que les préceptes
fimples & certains de la raifon qu'on
puiffe appliquer en général à tous les
hommes en qualité de loix naturelles ;
& ceux - là les obfervent éxactement,
qui fuivant leurs lumieres, tâchent de
pourvoir à leur avantage & à celui de
leur poftérité, quelque forme de Gouvernement qu'ils choififfent. Quiconque voudra éxaminer les chofes avec
plus d'exactitude, trouvera que la rai-

ſon enjoint à chaque particulier de ne
prétendre pas plus pour lui qu'il ne
voudroit accorder aux autres, & de ne
pas garder une liberté qui lui ſeroit
préjudiciable : la même raiſon lui enſeigne qu'il ne doit pas ſe promettre
que les autres ſoient d'humeur à ſe
dépouiller de leur liberté, pendant
que lui ſeul, à leur préjudice, voudroit jouïr de cette liberté que la nature a accordée à tous les hommes en
naiſſant. Celui qui veut ſe tirer de pair
doit montrer auparavant quelle raiſon il a pour vouloir s'élever au-deſſus
de ſes frères ; & s'il n'en a point, il ſe
déclare leur ennemi en voulant uſurper
ce qui ne lui appartient pas. Ce procédé n'eſt pas populaire, mais tyrannique, & on dit des tyrans, *eos exuiſſe
hominem*, qu'ils ont dépouillé l'hu-
manité, parce qu'ils s'attribuent avec
auſſi peu de juſtice que de raiſon,
des choſes qui ſont incompatibles avec
la fragilité de la nature humaine, &
qu'ils ont pour but un intérêt particulier oppoſé à celui de leurs égaux,
dont ils doivent rechercher l'avantage
avec autant d'ardeur que leur propre
utilité. Ceux qui les favoriſent, ne
valent pas mieux qu'eux ; il n'y a point

de tyrannie qui ne ſoit redevable de ſon
établiſſement aux plus ſcélérats, & toutes
celles qui ont été détruites, l'ont été
par les plus honnêtes-gens de la Nation.
Agathocles, Denis, Hieronymus Hip-
pocrates & Epicides établirent le ſiége
de leur tyrannie à Siracuſe avec le ſecours d'une troupe de mercénaires infames & débauchés ; Timoleon, Dion,
Théodorus, & quelques autres dont
on honorera la mémoire & la vertu
dans tous les ſiécles, rétablirent la liberté dans cet Etat, & en chaſſerent
les tyrans. Ceux-ci, & leurs ſemblables ne ſouhaitoient pas de jouïr d'une
liberté ſans bornes, ils vouloient ſeulement une liberté tempérée par les
loix qui ont pour objet l'avancement
du bien public ; afin que tous les
Citoyens fuſſent en état d'y concourir
également chacun ſelon ſa capacité,
& qu'on pût réprimer les deſirs ambitieux de ceux qui aſpiroient à des honneurs & à des emplois dont ils étoient
indignes.

On a vû arriver la même choſe à
Rome ; lorſque Brutus, Valerius, &
quelques autres Citoyens vertueux
eurent chaſſé les abominables Tarquins, ces premiers ſe repoſerent en-

tierement sur leur innocence , & sur
l'opinion qu'on avoit conçûe de leur
mérite ; se croyant en sûreté sous la
protection des loix , il se contente-
rent des honneurs dont leurs Citoyens
les jugerent dignes. Cela n'auroit pas
satisfait les compagnons de débauche
des Tarquins. *Sodales adolescentium Tar-*
quinorum assueti more Regio vivere, eam
tum æquato jurge omnium licentiam quæ-
rentes, libertatem aliorum in suam vertisse
servitutem conquerebantur. Regem homi-
nem esse à quo impetres ubi jus , ubi inju-
ria opus sit. Esse gratiæ locum , esse benefi-
cio : & irasci & ignoscere posse. Leges rem
surdam esse & inexorabilem , salubriorem
tam inopi quam potenti : nihil laxamenti
nec venia habere, si modum excesseris : pe-
riculosum esse in tot humanis erroribus solâ
innocentiâ vivere. Je ne puis pas dire
que ni les uns ni les autres souhaitas-
sent de jouïr d'une liberté sans bornes;
car les vertueux vouloient bien être
soumis aux loix, & les vicieux ne demandoient pas mieux que de se soumettre à la volonté d'un homme, afin
de pouvoir commettre toute sorte de
crimes impunément. Mais si nous devons en croire notre Auteur, la conduite furieuse & déréglée de ces jeu-

nes débauchés qui firent tous leurs
efforts pour renverfer la conftitution
du Gouvernement de leur Patrie, afin
d'obtenir l'impunité de leurs crimes,
auroit été plus naturelle, c'eft-à-dire,
plus raifonnable, que la conduite ré-
glée de ces hommes vertueux, qui
fouhaitoient que la loi de leur pays fût
la régle de : .rs actions. Je laiffe à pen-
fer fi ce fentiment eft raifonnaale.

De tout temps, les fcélérats ont
toujours tâché de mettre l'autorité
Souveraine entre les mains d'un feul
homme qui fût capable de les protéger
dans leur mauvaifes actions & de leur
donner des richeffes & des emplois.
dont ils font indignes ; les gens ver-
eux, au contraire, fe confiant fur leur
innocence , & ne fouhaitant point
d'autres richeffes ni d'autres dignités
que celles dont leurs égaux les eftime-
roient dignes, étoient contens de jouïr
d'une liberté raifonnable fous la protection des loix. Si je voulois rapporter ici toutes les preuves que nous
avons de cette vérité, il me faudroit
tranfcrire toutes les hiftoires qui nous
reftent, ou au moins tout ce qu'elles
nous apprennent de l'établiffement &
du renverfement des tyrannies. Mais

sans m'arrêter à un si long détail, j'aime mieux m'approcher de mon sujet, qui n'est pas de comparer la Démocratie avec la Monarchie, mais bien le Gouvernement mixte avec cette Monarchie absolue, qui fait tout dépendre de la volonté d'un homme, d'une femme, ou d'un enfant né dans la famille régnante, sans que les mauvaises qualités de cet héritier puissent lui faire perdre son droit. Je laisse aux personnes qui aiment la vérité, à juger si les hommes du monde les meilleurs & les plus braves n'ont pas un penchant naturel à aimer un Gouvernement qui les met à couvert des injures qu'on leur pourroit faire, surtout leur dessein étant de n'en faire à personne? Que ces personnes me disent, si ceux qui ne desirent point de s'élever injustement au-dessus de leurs freres, n'aimeroient pas mieux qu'un peuple, où un Sénat, tel que le fut celui de Rome depuis le bannissement de Tarquin jusqu'au temps de César, décidât de leur mérite, que d'en laisser le jugement à Tarquin, à César, ou à ses Successeurs? Que ceux qui aiment la vérité considérent si les Bandes Prétoriennes débauchées & corrompues;

si Macron , Séjan, Tigellin & leurs
semblables, qui étoient à la tête de ce
Corps, ne seront pas toûjours de l'humeur des fils de Brutus, qui ne pouvoient penser sans horreur au pouvoir
inéxorable des loix, & à la nécessité
où ils se voyoient réduits de ne compter que sur l'innocence de leur vie?
Qu'ils me disent de bonne foi, si des
gens de ce caractére ne seront pas
toûjours disposés à embrasser avec chaleur l'intérêt des Princes qui les ont
élevés aux honeurs & aux dignités,
quelques vicieux que puissent être ces
bienfaiteurs? Si cela ne suffit pas encore, qu'on prenne la peine de faire
réfléxion à ce qui se passe parmi nous,
& qu'on voye si Hyde, Clifford, Fal-
mouth, Arlington, & Dandy auroient
pu prétendre aux premiers emplois de
l'Etat, si ces emplois eussent été en la
disposition d'un Parlement libre, &
bien réglé? Qu'on éxamine avec attention la conduite de ces bons Anglois,
& qu'on me dise après cela s'ils ne res-
semblent pas beaucoup mieux à Narcisse, à Pallas, à Icellus, Lacon, Vinnius,
& aux autres Ministres de ce caractére, qu'aux Brutus, aux Valérius, aux
Fabius , aux Quintus, aux Cornelius ,
&c.

&c. ? Qu'on fasse de sérieuses réfléxions sur ce qui se passe parmi les hommes, & l'on verra si les bons aussi bien que les méchans ne se rangent pas toujours du parti qui les favorise eux & leurs semblables. L'on verra si la Cléveland, la Portsmouth & les autres femmes qui menent la même vie, sont parvenues aux honneurs, & aux richesses dont elles jouïssent, par les grands services qu'elles ont rendu à l'Etat; & l'on devinera aisément quels emplois on auroit donné à Chiffinch, à Fox & à Jenkins si notre Gouvernement avoit été tel que les gens de bien le souhaitent. Pour peu de réfléxion qu'on veuille faire, il ne sera pas difficile de connoître, si les pernicieuses maximes de la vieille Cour par le moyen desquelles on se mettoit en possession du bien de son prochain sous prétexte qu'il étoit Lunatique, si le Larcin & le Maquerelage, qui y avoient la vogue, & si le nouveau métier des Délateurs conduisent plus sûrement aux honneurs sous le régne d'un Monarque qui peut être foible & vicieux, & qui est toûjours exposé aux tromperies des flateurs, que sous le Gouvernement d'un Sénat, où d'un peuple éxact & intégre. En un mot l'on connoîtra si des gens qui ne vivent que de ces infames métiers, & qui n'en sçavent point d'autres, ne seront pas toûjours disposés à favoriser un Gouvernement sous lequel ils possédent, ou peuvent esperer de posseder un jour les premiers emplois, & à s'opposer à celui sous le quel ils ne peuvent attendre que toute sorte de mépris, & le châtiment de leurs crimes. Cela étant une fois déterminé, on n'aura pas beaucoup de peine à voir pourquoi les scélérats se sont toûjours déclarés en faveur du Gouvernement mixte; & qui des uns ou des autres ont souhaité de joüir d'une entiere liberté de faire le mal.

SECTION XXI.

Les Gouvernemens Mixtes, & Populaires sont plus en état de maintenir la Paix, & de bien conduire une guerre, que les Monarchies absolues.

JE n'ai aucun intérêt qui m'engage à entreprendre la défense de la Démocratie: d'ailleurs, j'ai fait voir que lorsque Xénophon, Thucydide, & quelques autres parmi les Anciens ont parlé contre la trop grande puissance du commun peuple, ce n'a été que dans la vûe de donner la préférence au Gouvernement Aristocratique, dont ils étoient partisans, & non pas à la Monarchie absolue, dont ils ne parloient jamais qu'en termes de mépris & d'horreur, la regardant comme très-mauvaise en elle-même, & croyant qu'il n'y avoit que des peuples lâches ou barbares qui en pussent supporter le joug. C'est une vérité que je crois avoir prouvée invinciblement; je ne m'y arrêterai donc pas davantage, & laisserai notre Chevalier, comme un autre Don Quixote, combattre les fantômes qui se forment dans son cerveau, lui permettant de dire tout ce qu'il lui plaira, contre des Gouvernemens qui n'ont jamais été, si ce n'est dans une Place à-peu-près comme St. Marin proche de Sinigaglia en Italie, où cent Paysans gouvernent une misérable roche que personne ne se met en peine d'attaquer, & qui n'a aucun rapport avec l'affaire dont il s'agit ici. Si la Doctrine de Filmer est véritable, la Monarchie, dont il fait l'éloge, est non seulement préférable à la Démocratie, & au Gouvernement mixte, mais est l'unique forme de

G 2

Gouvernement qu'on doit recevoir, si
l'on ne veut pas attirer sur soi les peines
que méritent ceux qui violent les Loix
de Dieu & de la Nature. Mais comme
je crois avoir prouvé évidemment que
Dieu n'a point institué ce gouvernement, & qu'il ne nous a point ordonné
de l'établir , ni approuvé un pareil
établissement ; que les hommes n'y ont
aucun penchant naturel , & que bien
loin de cela , tout ce qu'il y a eu de
gens sages & vertueux dans le monde
l'ont toûjours eu en horreur; qu'il n'y
a eu que les Nations les plus barbares,
& les plus stupides qui ayent pû s'en
accommoder ; & que si quelques autres
peuples s'y sont soumis ce n'a été que
par force , par violence , par fraude &
après avoir été entierement corrompus:
ayant dis-je , prouvé tout cela d'une
maniere fort claire, il ne me reste plus
qu'à faire voir que le progrès de cette
Monarchie absolue a été à tous égards,
semblable à son commencement.

Pour cet effet, il faut éxaminer les
paroles de notre Auteur. *Ainsi*, dit-il,
*ils nous peignent au naturel cette bête à
plusieurs têtes : qu'on me permette de dé-
chiffrer la forme de leur Gouvernement.
Comme il est redevable de son origine à la*

sédition, aussi ne subsiste-t-il que par des crimes: il ne peut se maintenir que par la guerre, soit qu'ils la fassent avec des ennemis étrangers, ou avec leurs amis dans leur propre Patrie. Pour répondre à ce que dit ici notre Auteur, je ne m'arrê-terai pas à critiquer ces paroles, quoi-qu'on puisse avec raison appeller véri-table Galimatias, ce qu'il appelle *dé-chiffrer* la forme du Gouvernement, & ce qu'il dit d'une guerre avec des amis; mais entrant dans l'éxamen de ce qu'il avance, que les gouvernemens popu-laires ou mixtes tirent leur origine des séditions, & sont toûjours le Théâtre des guerres civiles ou étrangeres, je prendrai la liberté de lui répondre, que puisque Dieu & la Nature ne nous ont point prescrit une certaine forme de Gouvernement plutôt qu'une autre, on ne peut reconnoître pour Gouverne-mens légitimes que ceux qui sont fon-dés sur le consentement des peuples. Il dépend de ces peuples d'établir dès le commencement des Gouvernemens po-pulaires, ou de le faire dans la suite, sans qu'on puisse les accuser de sédi-tion, s'ils viennent à s'appercevoir que le premier qu'ils avoient reçu parmi eux, leur est désavantageux, ou préju-

diciable. Les Nations qui ont suivi
cette maxime, ont fait paroître plus de
justice dans leur Gouvernement en
temps de aix, & lors qu'il a été néceffaire de prendre les armes, elles ont fait
la guerre avec plus de valeur & de
fuccès, qu'aucune Monarchie abfolue.
Filmer prétend *que dans les gouvernemens*
Populaires les particuliers ne fongent qu'à
leur propre intérêt, fans fe mettre beaucoup
en peine de celui du public; dans ces Gou-
vernemens, ajoûte-t-il, *on regarde les*
dangers qui menacent l'Etat, comme un
coup de tonnerre, dont un chacun fouhaite
de n'être point atteint. Mais moi je foutiens qu'on ne peut engager les particuliers à s'intéreffer fortement au bien
public, qu'en leur donnant au Gouvernement la part que les Monarchies abfolues leur refufent; car autrement, ils
ne peuvent s'affurer pour eux-mêmes,
pour leur poftérité, & pour leurs amis
du bien qu'ils fouhaitent; ce qui eft
néanmoins le principal motif qui porte
les hommes à s'expofer aux travaux, &
aux dangers. C'eft une folie de s'imaginer que la vigilance, & la fageffe du
Monarque puiffe fuppléer au peu de foin
des particuliers; car nous fçavons par
une funefte expérience qu'il n'y a jamais

eu de perfonnes dans le monde plus
denuées de ces deux qualités & des
autres vertus néceffaires pour un ouvrage fi important, que plufieurs de ces
Monarques : & ce qui eft encore bien
pis, c'eft que la force & le bonheur
du Peuple faifant fouvent ombrage à
ces Souverains, ils ne cherchent pas à
le rendre plus puiffant ni plus heureux;
il y en a même qui font tous leurs
efforts pour affoiblir leurs fujets & les
rendre miférables. Les Monarchies des
fiécles paffés ne nous fourniffent que
trop d'exemples de cette nature; & fi
nous cofidérons celles de France & de
Turquie, qui font ls deux Etats qui
ont paru les plus floriffans dans ce fiécle, les Peuples y font fi miférables,
qu'ils n'appréhendent point le changement de Maître ou de Gouvernement.
Si l'on en excepte un petit nombre de
Miniftres, on y tient tous les fujets fi
éloignés de la connoiffance & de la
conduite des affaires, que quand même
quelqu'un d'entre eux s'imagineroit
que leur condition pourroit encore em-
pirer, ou qu'il appercevroit quelque
jour à la rendre meilleure, il lui feroit
impoffible de prévenir les nouveaux
malheurs dont il feroit menacé, & de

G 4

trouver les moyens de se rendre plus
heureux. Tacite remarque que de son
temps, personne n'étoit capable d'écrire l'Histoire, *Inscitia Reipublicæ, ut*
aliena. Ils négligeoient les affaires publiques, parce qu'ils n'avoient aucune
part à leur administration. On a dit
du peuple Romain, que tant qu'il
combattit pour ses propres intérêts, il
fut invincible : mais que dès qu'il fut
devenu esclave sous des maîtres absolus, il devint lâche & sans courage, il
ne demanda plus que du pain, & des
spectacles, *Panem & Circenses* ; la force des armées Romaines ne consista
presque que dans des étrangers ; l'esprit abattu par la servitude, les Romains
n'eurent ni le courage de se défendre,
ni l'inclination de combattre pour des
Maîtres vicieux ; ils n'avoient garde
d'entreprendre de nouvelles conquêtes,
ç'auroit été le moyen d'augmenter une
puissance qui étoit la ruine du peuple.
Dans tous les pays où la servitude régne, elle y produit les mêmes effets.
Quoique la Turquie possede de vastes
Provinces qui produisent naturellement d'aussi bons soldats que les autres
lieux du monde, toutes les forces du
Turc ne consistent pourtant que dans

Tacit. An.
l. 1.

des enfans, qui ne sçavent pas qui est leur pere ; & dont le nombre est si petit, que s'il venoit à être défait dans quelques batailles , ce grand Empire se verroit fort près de sa perte , les malheureux peuples qui vivent sous ce Gouvernement tyrannique, n'ayant ni le courage, ni le pouvoir, ni la volonté de le défendre. Telle fut la destinée des Mamelucs. Ils avoient exercé leur tyrannie , pendant près de deux cent ans, dans le Royaume d'Egypte, & dans une partie considérable de l'Asie ; mais leurs sujets devenus lâches , & étant d'ailleurs mécontens de leur Gouvernement, ils ne pûrent jamais rétablir leurs affaires lorsqu'ils eurent été défaits, proche de Tripoli , par Selim , qui profitant de sa victoire s'empara en peu de mois de leur Royaume.

Malgré le nombre & l'inclination guerriere du peuple de France, la bravoure de la Noblesse, l'étendue du Royaume, les avantages de sa situation & les grands revenus du Souverain, cet Etat doit principalement ce haut degré de puissance auquel il se voit éleve à la mauvaise conduite de l'Angleterre, à la valeur des troupes qu'elle

lui a fournies, & aux soldats étrangers
qui composent la meilleure partie de
ses armées; ce qui est un appui si peu
assuré que plusieurs personnes fort
versées dans les affaires de cette nature,
ne font point difficulté de croire que ce
Gouvernement ne se soutient pas tant
par le moyen de ses propres armées,
que par mille artifices dont il se sert
pour corrompre les Ministres des Cours
étrangeres. Ces personnes éclairées se
persuadent aisément que si on chan-
geoit de conduite dans les Cours voisines de France, cela suffiroit pour
abaisser cette grandeur qui s'est rendue
si formidable à toute l'Europe; la misere où le Souverain de cette puissante
Monarchie a réduit ses sujets, étant si
grande que dans une révolution ils ne
seroient pas plus en état de le défendre,
qu'ils ont été en état de défendre leurs
priviléges & leurs droits contre son
autorité absolue.

On ne doit pas s'imaginer que cela
procéde d'un défaut particulier au
Gouvernement François; il a cela de
commun avec toutes les Monarchies
absolues. Il n'y a point de Gouvernemens fermes & assurés, excepté ceux
qui ont des forces suffisantes pour se

défendre sans être obligés de se servir
de troupes étrangeres. Des soldats
mercénaires trahissent souvent leur
maître, lorsque ses affaires prennent
un mauvais train, & ne font jamais
paroître tant de courage ni d'adresse,
que ceux qui combattent pour eux-
mêmes, & qui doivent participer aux
avantages de la victoire. Ces troupes
mercénaires ne pensent qu'à s'acquitter
de leur devoir autant qu'il est nécessaire pour se conserver leurs emplois,
& pour en faire leur profit ; mais cela
ne suffit pas pour animer l'esprit des
hommes à demeurer ferme, lorsqu'ils
se voyent exposés à de grands dangers.
Le berger mercénaire s'enfuit à l'approche du loup ; & ce secours étranger
venant à manquer, tout ce qu'un Prince peut raisonnablement attendre de
ses peuples opprimés & mécontens,
c'est que, pendant sa prospérité, ils
supportent avec patience le joug qu'il
leur a imposé ; mais si la fortune se
déclare contre lui, il doit être persuadé qu'ils ne lui donneront aucune
assistance, & même qu'ils se rangeront
du côté de ses ennemis pour se venger
des maux qu'il leur a faits. C'est ainsi
que périrent Alphonse & Ferdinand

G 6

Rois de Naples, auſſi bien que Louis
Sforce Duc de Milan, du temps de
Charles VIII. & de Louis XII. Rois de
France. Les deux premiers étoient
fourbes, violens & cruels; il n'y avoit
perſonne dans leur Royaume qui fût
capable de s'oppoſer à leur fureur;
mais lorſqu'ils furent attaqués par
une puiſſance étrangere, ils perdirent
tous leurs Etats, *ſans rompre une Lanœ,*
comme le rapporte Guichardin, &
Sforce fut livré entre les mains de ſes
ennemis par ſes ſoldats mercénaires.

Je crois qu'il ſeroit difficile de citer
l'exemple d'un Gouvernement qui,
ayant ſuivi les mêmes maximes, ait eu
un meilleur ſort: mais s'il arrivoit par
hazard qu'un peuple ſoumis à une
Monarchie abſolue, ſoit par coûtume,
ſoit par crainte de pis, ſuppoſé toutefois qu'il y ait condition au monde pire
que celle-là; s'il arrivoit, dis-je, par
hazard qu'un peuples retenu par ces
deux motifs fût non ſeulement d'humeur à ſouffrir avec patience, mais
encore qu'il voulût défendre un pareil
Gouvernement; ni la Nobleſſe, ni le
commun peuple ne pourroient pas réüſſir dans ce deſſein. Exclus de l'adminiſtration des affaires, ils ne s'intéreſſent

point à ce qui regarde le public : tout
eſt gouverné par un ſeul, ou par un petit
nombre de perſonnes, & tous les autres
n'entrent point dans le Conſeil, &
ignorent par conſéquent les meſures
qu'on doit prendre. Filmer nous dira
ſans doute que cela n'eſt pas une affaire ;
& que le Souverain par ſa prudence
pourvoira à tout. Mais ſi ce Souverain
eſt un enfant, un fou, un enragé, ou
qu'il ſoit ſi avancé en âge qu'il ne puiſſe
plus vaquer aux affaires, & que ſa
vieilleſſe lui ait fait perdre l'uſage de la
raiſon ; ou bien s'il n'a aucun de ces
défauts, & qu'au contraire, il ait autant
d'eſprit, d'adreſſe & de courage qu'on
en voit ordinairement dans les autres
hommes ; comment s'acquittera-t-il
d'un emploi qui demande une prudence
conſommée, & où l'on n'a pas moins beſoin de valeur & d'expérience, que de
ſageſſe ? On ne gagneroit rien à dire que
les fautes que le Prince pourroit faire
peuvent être réparées ou prévenues par
la ſage direction de ſon Conſeil ; car nous
ne voyons pas encore comment il lui ſeroit poſſible d'avoir des Miniſtres ſages
& prudens, ni qui pourroit l'obliger à
ſuivre les avis qu'ils lui donneroient ?
S'il dépend de lui de faire ce qui lui

plaît, quand même on lui donneroit
de bons conseils, son jugement étant
dépravé, il ne manquera jamais de
suivre le pire : s'il est obligé de se conduire suivant les avis de son Conseil, il
n'est plus ce Monarque absolu dont
nous parlons, & le Gouvernement n'est
pas Monarchique, mais Aristocratique.
Ceci ressemble parfaitement bien aux
feuilles dont nos premiers parens tâchoient de couvrir leur nudité. Il auroit
été fort inutile de donner de bons conseils à Sardanapale ; & il n'y avoit
personne qui fût capable de défendre
l'Empire d'Assirie, pendant que ce
Prince enfermé avec ses P… ne son-
geoit qu'à assouvir son impudicité, &
à se plonger dans toutes sortes de débauches. Il n'y avoit personne qui pût
défendre Rome, dans le temps que
Domitien ne s'occupoit qu'à tuer des
mouches, & qu'Honorius donnoit tous
ses soins à ses poules. La Monarchie
de France auroit infailliblement péri
sous les Rois fainéans, si on n'avoit pas
arraché le Sceptre de ces mains indignes
de le porter. Le monde n'est que trop
rempli d'exemples de cette nature. Lorsqu'il plaît à Dieu, par un effet singulier
de sa faveur, de donner à un peuple un

Roi juste, sage & vaillant, c'est une bénédiction passagere, ses vertus finissent avec lui; & comme Dieu ne nous a jamais promis, & que rien ne nous oblige de croire que ses Successeurs seront revêtus des mêmes qualités, on ne peut compter là-dessus; & ce seroit en vain qu'on nous diroit que la chose n'est pas impossible.

D'un autre côté dans les Gouvernemens populaires ou mixtes, tous les particuliers s'intéressent au bien public: tous ont part à l'administration des affaires, un chacun selon sa qualité ou son mérite; & par conséquent, il ne pourroit arriver de révolution dans l'Etat, qu'elle ne fût préjudiciable à tous: il n'y a point de particulier qui ne puisse proposer dans le Conseil ou au Magistrat, tout ce qu'il croit être utile au public: la défense de la Nation consiste dans ses propres forces, n'y ayant personne qui ne soit armé & discipliné: un chacun participe aux avantages des bons succès, & il n'y en a point qui n'ait part aux pertes que l'on fait. C'est-là ce qui rend les personnes habiles & généreuses, c'est ce qui leur inspire un amour ardent pour la Patrie: cet amour, & le desir d'acquerir des louan-

Amor Patriæ laudisque immensa Cupido. Virgil.

ges, qui eſt la récompenſe de la vertu, a élevé les Romains au-deſſus de tout les autres peuples de la terre ; & par tout où l'on ſuivra les mêmes maximes, elles produiront à-peu-près les mêmes effets. Par ce moyen Rome eut autant de ſoldats qu'elle avoit de Citoyens. Tant qu'ils eurent affaire aux Nations libres de l'Italie, de la Grece, de l'Afrique ou de l'Eſpagne, ils ne purent jamais ſe rendre maîtres d'aucun Pays, qu'ils n'euſſent auparavant épuiſé toutes les forces de ſes Habitans : mais lorſqu'ils eurent affaire à des Monarques, le gain d'une bataille ſuffiſoit pour les mettre en poſſeſſion de tout un Royaume. L'armée d'Antiochus ayant été miſe en deſordre à Thermopile, par Acilius, ce Prince lui abandonna tout ce qu'il poſſedoit en Grece ; & lorſqu'il eut été défait par Scipion Naſica, il laiſſa à ſa diſcrétion tous les Royaumes & Terri- toires de l'Aſie en - deçà du Mont- Taurus. Il ne fallut qu'un ſeul combat à Paulus Emilius pour conquerir le Royaume de Macédoine ſur Perſée. On eut encore moins de peine à ſubjuguer Syphax, Gentius, Tigranes, Ptolomée, & pluſieurs autres Monarques. Les trou- pes mercénaires ſur leſquelles ces Prin-

ces comptoient beaucoup étant défaites,
les Provinces & les Villes se souciant
fort peu de l'intérêt de leurs Maîtres, se
soumettoient sans résistance à ceux qui
avoient plus de vertu & de bonheur. Si
la Puissance Romaine n'avoit pas été
appuyée sur des fondement plus sûrs,
elle n'auroit pû subsister. Malgré leur
courage & leur valeur, les Romains
ont été souvent battus, mais ils répa-
roient bien-tôt leur perte par le moyen
de leur admirable discipline. Lorsqu'Annibal eut gagné les batailles de
Trebie, de Ticinum, de Thrasimene,
& de Cannes ; lorsqu'il eut défait les
Romains en plusieurs autres occasions,
& qu'il leur eut tué plus de deux cent
mille hommes, avec Paulus Emilius,
Caïus Servilius, Sempronius Gracchus,
Quintius, Marcellus, & plusieurs autres
grands Capitaines ; lorsque à-peu-près
dans le même temps les deux braves
Scipions eurent été taillés en piéces
avec leurs armées en Espagne, outre
plusieurs pertes considérables qu'ils
firent sur mer, & dans la Sicile, personne n'auroit jamais crû que Rome
eût été en état de résister à ses ennemis ; mais la vertu de ses Citoyens,
l'amour qu'ils portoient à leur Patrie,

& l'excellence du Gouvernement ;
augmentoient les forces de cette République au milieu de toutes ces calami-
tés ; & enfin elle surmonta tout. Plus
Annibal s'approchoit de leurs murailles, & plus les Romains faisoient paroître de vigueur dans leur résistance. Quoi
qu'ils eussent perdu plus de grands
Capitaines qu'on n'en a jamais vû dans
aucune République, ils en trouvoient
tous les jours d'autres pour les mettre
en leur place, qui les surpassoient en
toute sorte de vertus. Je ne sçai si cette
Maitresse du monde a jamais eu tant de
Citoyens capables d'éxécuter les plus
hautes entreprises, qu'elle en avoit à la
fin de cette cruelle guerre qui en avoit
fait périr un si grand nombre ; mais il me
semble que les victoires qu'ils remporterent, ne sont pas de trop bonnes preuves de ce que notre Auteur avance,
qu'ils ne se mettoient pas fort en peine de
veiller à la conservation du bien public,
& qu'ils ne songeoient qu'à leur salut
particulier. Il n'y a jamais eu parmi les
Romains que le seul Cécilius Metellus
qui après la bataille de Cannes fut assez
lâche pour former le dessein de se mettre
à couvert de la ruïne de sa Patrie ; mais
Scipion, qui fut depuis surnommé

l'Africain, menaçant de faire mourir quiconque ne voudroit pas promettre avec serment de n'abandonner jamais sa Patrie, lui fit changer de résolution. On peut attribuer tout cela en général à la bonté de leur Gouvernement & à l'excellence de leur discipline, dont tous les Citoyens étoient tellement imbus dès leur enfance qu'ils n'avoient point de passion plus ardente que l'amour de la Patrie, ayant pris une ferme résolution de mourir pour elle, ou de ne survivre point à sa ruine. Mais pour ce qui est des moyens qu'ils employerent pour venir à bout de leurs glorieux desseins, & pour trouver des hommes qui éxécuterent des entreprises plus hautes que toutes les précédentes, on ne peut l'attribuer qu'à ce qu'ils choisissoient tous les ans de nouveaux Magistrats; ce qui faisoit que plusieurs Citoyens qui parvenoient aux premieres charges de l'Etat, se voyant élevés aux honneurs & aux dignités, souhaitoient avec passion de s'en rendre dignes.

Je n'insisterois pas beaucoup sur tout ceci, si c'étoit quelque chose de particulier au Gouvernement des Romains. Mais quoiqu'il semble que leur discipline ait été la plus parfaite & la mieux

obfervée, & qu'elle ait produit des
vertus qui ont furpaffé toutes celles des
autres Nations ; je foutiens pourtant
que tous les peuples du monde qui
ont joui de la liberté, & qui ont eu
affez de part au Gouvernement pour
devoir s'intéreffer à fa confervation, ont
éprouvé à-peu-près le même fort. On
a vû les mêmes effets du bon Gouvernement chez toutes les Nations d'Italie.
Les Sabins , les Volfques , les Æques
les Tofcans, les Samnites & plufieurs
autres ne purent jamais être domptés,
tant qu'il leur refta des perfonnes capables de porter les armes. Les Samnites
feuls, qui habitoient une Province peu
confidérable & ftérile donnerent plus
de combats , avant que de vouloir
fe foumettre, que tous les Royaumes
de Numidie, d'Egypte, de Macédoine
& d'Afie ; & comme nous l'apprenons
par l'Ambaffade qu'ils envoyerent à
Annibal, ils ne céderent que lorfque
de toutes les puiffantes armées qu'ils
oppoferent aux Romains, & par le
moyen defquelles ils remporterent plufieurs victoires fur eux, il ne leur en fut
pas refté affez pour pouvoir réfifter à
une feule Légion. Parmi les Lacédémoniens , nous en trouvons peu qui

n'ayent volontiers exposé leur vie pour le service de leur Patrie; les femmes mêmes étoient tellement animées de la même passion, qu'elles refusoient de porter le deuil de leurs maris & de leurs enfans qui mouroient pour la défense de l'Etat. Lorsque le brave Brasidas eut été tué, quelques personnes de distinction furent chez sa mere pour la consoler sur la perte qu'elle venoit de faire, lui disant qu'on avoit perdu le plus vaillant homme de Lacédémone; cette mere leur répondit qu'à la vérité son fils étoit brave, & qu'il étoit mort en faisant son devoir, mais que graces aux Dieux, il en restoit encore plusieurs aussi vaillans que celui.

Lorsque Xerxès envahit la Grece, il ne se trouva pas un seul Athénien capable de porter les armes qui ne laissât à sa femme & à ses enfans le soin de chercher un azile dans les villes voisines, & qui ne consentît à brûler sa maison, pour s'embarquer avec Thémistocle; ces braves Athéniens ne songerent ni à leurs familles, ni à la perte qu'ils avoient faite de leurs maisons, que lorsqu'ils eurent défait les Barbares par mer & par terre à Salamine, & à Platée. Lorsqu'on a le soin

d'encourager ainſi les eſprits, on trouve
toujours des perſonnes douées de qualités excellentes : & comme l'on n'en a
jamais vû qui ayent ſurpaſſé en toutes
ſortes de vertus morales, militaires &
civiles celles qui avoient été nourries
ſous cette diſcipline; auſſi ces pays, où
elles étoient en plus grand nombre,
n'ont produit aucun homme illuſtre
depuis la perte de leur liberté, qui
en étoit comme la mere & la nourrice.

Quand même je remplirois un volu-
me d'exemples de cette nature, ce qui
me ſeroit fort facile, les perſonnes du
caractére de Filmer, me diroient toûjours que, dans les Gouvernemens populaires, les particuliers regardent *les
dangers dont l'Etat eſt menacé, comme
une eſpece de foudre, & ſouhaitent ſeulement de n'en être point atteint.* Tout ce
que je pourrois leur dire ſeroit fort
inutile ; c'eſt pourquoi mépriſant &
déteſtant leur folie & leur inpudence
autant qu'elle le mérite, je conclus
cette Section par les paroles que Tra-
jano Boccalini met dans la bouche
d'Apollon pour réponſe aux plaintes
que les Princes lui faiſoient de ce que
leurs ſujets n'avoient plus pour leur
Patrie autant d'amour qu'ils en avoient

autrefois., & que ceux qui vivoient
fous les Républiques en avoient actuel-
lement ; ce Dieu leur dit que leur mauvais Gouvernement en étoit la caufe, &
que le tort qu'ils s'étoient fait à eux-
mêmes par leur violence, par leurs ex-
torfions, & par leur fraude, ne fe
pouvoit réparer que par leur libéralité,
par leur juftice, & que par le foin
qu'ils fe donneroient pour rendre leurs
fujets heureux.

SECTION XXII.

*Les Républiques s'appliquent à faire la
guerre ou à entretenir la paix fuivant la
diverfité de leur conftitution.*

SI j'ai jufques ici, parlé en général
des Gouvernemens populaires ou
mixtes comme tirant tous leur origine
du même principe, ç'a été feulement
parce que Filmer les a tous blâmé en
général fans aucune diftinction, &
leur a imputé à tous en général des défauts qu'on n'a peut-être jamais remarqué dans aucun, mais qui au moins
font directement oppofés à la conftitu-

tion de plusieurs de ces Gouvernemens,
Comme il est également ignorant & de
mauvaise foi, il n'est pas aisé de déterminer par lequel de ces deux principes
il agit en nous représentant les choses
tout autrement qu'elles ne sont. Mais
afin qu'il n'en puisse imposer à personne, il est bon de remarquer que la constitution du Gouvernement des Républiques a été si diverse, suivant la différence du tempérament des peuples,
& par rapport aux différentes circonstances du temps, que s'il y en a quelques-unes dont la constitution semble
demander la guerre, il y en a d'autres
au contraire qui semblent ne s'être proposé que d'entretenir la paix ; & il y
en a eu plusieurs qui ayant pris un certain milieu entre ces deux extrêmes,
qui au sentiment de quelques-uns, n'est
pas le plus mauvais chemin, ont tellement tempéré l'inclination qu'elles
avoient pour la paix, qu'elles n'ont pas
laissé de faire tous leurs efforts pour tenir leurs sujets en état de faire la guerre
lorsqu'elle seroit absolument nécessaire.
Or comme chacune de ces Républiques
a pris une route différente, se propo-
sant un différent but, il faut les éxaminer chacune en particulier.

Les

Les villes de Rome, de Lacédémone, de Thébes, & toutes les Communautés des Etoliens, des Achéens,
des Sabins, des Latins, des Samnites,
& plusieurs autres de la Grece & de l'I-
talie, semblent ne s'être point proposé
d'autre but que de conserver leur liberté dans leurs pays, & de faire la guerre
aux étrangers. Toutes les Nations d'Espagne, d'Allemagne, & des Gaules
avoient en vûe la même chose. On s'y
appliquoit principalement à rendre les
peuples vaillans, obéïssans à leurs Généraux, à leur inspirer l'amour de la
Patrie, & à les disposer à être toujours
prêts à combattre pour son service. Ce
fut pour cette raison que les Sénateurs
ayant tué Romulus, persuaderent à Ju-
lius Proculus de déclarer qu'il avoit vû
ce Prince montant au Ciel environné
d'une gloire éclatante, qui promettoit
de grandes choses à la ville : *Proinde
rem militarem colant.* Les Athéniens n'a-
voient pas moins d'inclination pour la
guerre, mais ils s'appliquoient aussi au
négoce, croyant que c'étoit le vrai
moyen d'être en état de la faire avec
succès, parceque le négoce augmente le
nombre du peuple en attirant quantité

d'étrangers dans le pays, & qu'il sert
à amasser de grandes richesses qui sont
le nerf de la guerre. Les villes de Phe-
nicie, dont Carthage étoit la plus considérable suivoient la même méthode ;
mais sçachant que les richesses ne sont
pas capables de se garder elles-mêmes,
ou dédaignant de jouïr dans la mollesse
du gain qu'ils avoient dans le négoce,
ces peuples s'appliquerent tellement à
la guerre, qu'ils s'éleverent à un si haut
degré de puissance, qu'ils auroient été
invincibles s'ils n'avoient jamais eu affaire aux Romains. Il semble que les
Républiques de Venise, de Florence,
de Genes, de Lucques, & quelques autres villes d'Italie ayant principalement
eu en vûe de rendre le négoce florissant,
& que confiant le soin de leur salut à la
protection d'Etats plus puissans, elles
n'ayent jamais entré en guerre que lorsqu'elles y ont été contraintes, sur tout
lorsqu'il a été question de la faire par
terre ; & lorsqu'elles y ont été obligées,
elles se sont servi de troupes mercenaires.

D'ailleurs, parmi ces Républiques
qui se sont proposé de faire la guerre,
les unes ont eu en vûe de faire des con-

quêtes pour aggrandir leur Domination ; & les autres au contraire de se
défendre seulement pour maintenir leur
liberté. Rome doit être mise entre celles qui vouloient étendre leurs conquêtes. Les habitans de cette ville persuadés
qu'ils ne pouvoient réüssir dans ce dessein sans un grand nombre de soldats,
recevoient volontiers parmi eux, dans
le Sénat & dans les charges de la Magistrature, les étrangers qui vouloient
bien se joindre à eux. Numa étoit Sa-
bin : Tarquinius Priscus étoit fils d'un
Grec : on reçut dans le Sénat cent des
Sabins que Tatius avoit amenés avec
lui : Appius Claudius de la même Nation vint à Rome, fut mis au nombre
des Sénateurs, & créé Consul. Ils dé-
molirent plusieurs villes & en transpor-
terent les habitans chez eux, donnerent
le droit de Borgeoisie à plusieurs autres, quelquefois même à des villes &
à des Provinces entieres ; & quelque
considérable que fût le nombre de ceux
qu'ils recevoient dans leur ville, ils ne
s'en mettoient point en peine, pourvû
qu'ils pussent leur inspirer les mêmes
intérêts, les mêmes principes, la même
discipline, & les conformer aux mœurs

des anciens habitans de cette Capitale
du monde. Les Lacédémoniens au contraire ne souhaitant que de conserver
leur liberté, leur vertu, & la jouïssance
de ce qu'ils possédoient, & se croyant
assez forts pour se défendre, établirent
parmi eux une discipline si sévere, qu'il
se trouva peu d'étrangers qui voulussent s'y soumettre. Ils bannirent tous les
métiers superflus & inutiles ; défendirent l'entrée de l'or & de l'argent; laisserent aux Ilotes le soin de cultiver les
terres & d'éxercer les Arts nécessaires
aux choses de la vie; ils ne donnoient le
droit de Bourgeoisie à aucun de ces Esclaves, & enfin ils n'élevoient leurs an-
fans que dans les éxercices qui avoient
rapport à l'Art militaire. Je ne prétens
pas décider si ceci procédoit d'une modération d'esprit qui faisoit consister le
bonheur d'un peuple dans la jouïssance
assurée d'une liberté parfaite, dans l'intégrité, la vertu, & dans la possession
de ce qui lui appartient, plutôt que
dans les richesses, dans la puissance,
& dans le desir d'assujettir les autres. Je
ne prétens pas non plus déterminer laquelle de ces deux méthodes est la plus
louable & la plus avantageuse : mais

toûjours eft-il certain que l'une & l'autre réüffit fuivant l'intention des fondateurs de ces Républiques.

Rome conquit la plus grande partie de l'Univers & ne manqua jamais de troupes pour défendre fes conquêtes : Lacédémone jouït d'une fi grande profpérité, & acquit tant de réputation, que pendant l'efpace de huit cent ans, jufqu'au temps d'Epaminondas qui fit une irruption fur fes terres, aucun des habitans de cette ville n'avoit jamais entendu les trompettes des ennemis de deſſus les murailles : ils ne firent aucune perte confidérable, jufqu'à ce que s'écartant du but que leurs Ancêtres s'étoient propofé, ils s'énorgueillirent tellement de leurs profpérités, qu'il voulurent foumettre à leur domination les autres Républiques de la Grèce, & entreprirent des guerres où il étoit befoin d'argent, & d'un plus grand nombre de foldats, qu'une petite ville comme la leur n'en pouvoit fournir ; de forte qu'ils fe virent obligés de demander du fecours aux Barbares, pour lefquels ils avoient témoigné tant de haine & de mépris auparavant ; c'eft ce que l'on peut voir dans les Hiftoires de Callicratidas, de Lizander & d'A-

géfilaus ; & enfin ils fouffrirent des pertes dont ils ne purent jamais fe relever.

On a remarqué la même diverfité
dans la conftitution du Gouvernement
de ces Nations du Nord qui envahirent
l'Empire Romain ; car quoique toutes
ces Nations ne refpiraffent que la guerre, & qu'elles ne reconnuffent pour
membres de leurs Républiques, que
ceux qui fuivoient la profeffion des armes lorfqu'il étoit befoin de défendre le
Gouvernement, cependant il y en eut
quelques-unes qui s'incorporerent incontinent avec les habitans des pays
qu'elles avoient conquis. On doit mettre en ce rang les les Francs qui s'étant
bien-tôt affociés avec les Gaulois ne
firent plus qu'une Nation avec eux ; il
y en eut d'autres qui firent un corps à
part, comme les Saxons qui vécurent
toûjours féparés des Bretons : & les
Goths qui pendant trois cent ans qu'ils
régnerent en Efpagne ne s'unirent jamais par mariage ou autrement avec les
Efpagnols, & continuerent de cette maniere jufques à ce que leur Royaume
fut détruit par les Maures.

Après avoir mûrement éxaminé ces
chofes & plufieurs autres de même nature, il s'eft trouvé bien des perfonnes

qui ont douté s'il étoit plus avantageux
à une République de se proposer pour
but de faire la guerre, ou de rendre le
négoce florissant; & si de ces Gouvernemens populaires qui ont pris le parti
de la guerre, on doit plus estimer ceux
qui ne la font que pour défendre leur
pays, ou bien ceux qui l'entreprennent
dans la vûe de s'aggrandir par leurs
conquêtes. Ces personnes n'ont pas été
moins embarassées à l'égard des Républiques qui ont pris le parti du négoce:
elles n'ont pû se résoudre à déterminer
lesquelles on doit préférer, ou de celles qui se proposent pour derniere fin
l'acquisition des richesses, & qui con-
fient la défense de leur Gouvernement
à des troupes étrangeres & mercenaires,
ou de celles qui ne regardent l'acquisition des richesses que comme un moyen
nécessaire pour soutenir les guerres où
elles pourroient souvent se trouver en-
gagées. Il ne seroit peut-être pas fort
difficile de se déterminer là-dessus, si
les hommes étoient d'humeur à laisser
vivre en repos ceux qui ne cherchent
point à faire du mal à personne; ou
que les peuples qui ont assez d'argent
pour acheter des troupes, lorsqu'ils en
ont besoin, fussent assurés d'en trouver

H 4

qui les défendissent avec courage & fidélité, pendant qu'ils s'appliqueroient
entierement à leur négoce. Mais l'expérience nous apprenant qu'il n'y a que
ceux qui sont forts qui se puissent croire
en sûreté; & que jamais peuples n'ont
été bien défendus excepté ceux qui ont
combattu pour eux-mêmes; les plus
grands politiques ont toûjours donné
la préférence aux Républiques qui se
proposent pour but de faire la guerre,
& qui ne regardent leur négoce que
comme un moyen de la faire avec succès. Ces politiques croyent aussi qu'il
est plus avantageux à un Gouvernement
de tâcher de s'aggrandir par ses conquêtes, que de se tenir simplement sur la
défensive; puisque celui qui perd tout
s'il vient à être vaincu, combat avec
bien du desavantage; & s'il remporte la
victoire, il ne gagne rien, si ce n'est
qu'il évite pour le présent le danger qui
le ménaçoit.

On se confirme dans cette pensée,
lorsque l'on fait réfléxion que les Romains prospererent beaucoup plus que
ne firent les Lacédémoniens; & que les
Carthaginois qui ne s'appliquerent au
négoce que pour pouvoir faire la guere
avec plus de vigueur, rendirent par ce

moyen Carthage une des plus puiſſan-
tes villes du monde : au lieu que les
Vénitiens s'appliquant uniquement au
négoce, & ſe ſervant de troupes étrangeres, ſont toujours obligés de faire
trop de fonds ſur les Potentas étrangers ;
d'acheter ſouvent la paix à des conditions ignominieuſes & préjudiciables ;
& même de craindre quelquefois autant l'infidélité de leurs Généraux que
la puiſſance de leurs ennemis. Mais ce
qu'on doit le plus conſidérer en fait de
ſageſſe & de juſtice, c'eſt que le Gouvernement que Dieu établit parmi les
Hébreux, & les loix qu'il leur donna
les diſpoſoient principalement à la guerre & aux conquêtes. Moyſe les diviſa
ſous pluſieurs Capitaines, en milliers,
centaines, cinquantaines, & dixaines :
c'étoit-là une ordonnance perpétuelle
entre eux : lorſqu'on faiſoit le dénombrement du peuple, on comptoit ſeulement ceux qui étoient capables de
porter les armes : perſonne n'étoit
éxempt d'aller à la guerre excepté les
nouveaux mariés, ou quelques autres
qui en de certaines occaſions particulieres, en étoient diſpenſés pour un
certain temps ; & nous voyons par toute
la ſuite de l'Hiſtoire Sacrée qu'ils

H 5

avoient toujours parmi eux autant de combattans pour défendre leur Patrie, qu'ils avoient de perfonnes en état de porter les armes. Si on prend ceci *pour un Tableau d'un monftre à plufieurs têtes qui ne fe plaît que dans le fang, engendré par la fédition, & qui ne fe nourrit que de crimes*; il faut dire en même temps que c'eft Dieu qui nous a peint ce tableau.

Dans cette diverfité de conftitutions qu'on remarque parmi les Républiques, & dans les différens effets que cette diverfité de conftitutions a produits, je ne vois rien qu'on puiffe leur attribuer avec plus de juftice à toutes en général, que cet amour ardent pour la Patrie, que Filmer foutient impudemment leur avoir manqué à toutes. A tous autres égards les maximes qu'elles fuivent font non feulement différentes, mais elles font encore directement oppofées les unes aux autres : cependant on ne peut pas dire qu'il y ait eu aucun Gouvernement dans le monde qui ait joui d'une paix auffi tranquille & auffi longue, que quelques Républiques en ont joui. Lorfque l'on confidére la conftitution du Gouvernement des Vénitiens, on ne peut s'empêcher de reconnoître

que le trop grand penchant qu'ils ont
pour la paix leur eſt très-préjudiciable,
& d'une très-dangereuſe conſéquence ;
cependant ils n'ont pas été moins éxemps
de ſéditions domeſtiques que de guerres
étrangeres. Les conſpirations des *Falerii*
& des *Tiépoli* furent éteintes dans le
ſang de ces conſpirateurs, & celle de
la Cuéva fut étouffée dans le berceau.
Génes n'a pas été tout-à-fait ſi heureuſe :
les factions des Guelphes & des Gibelins
qui ſe répandirent par toute l'Italie,
infecterent auſſi cette ville ; les François & les Eſpagnols par leurs artifices
en exciterent d'autres du temps des
Frégoſes & des *Adornes*; mais ces factions
étant une fois appaiſées, il ont jouï
d'une parfaite tranquillité pendant plus
de cent cinquante ans.

Il y a une autre eſpece de Républiqu\e
compoſée de pluſieurs villes aſſociées
enſemble, qui ſe gouvernent *æquo jure*,
chacune de ces villes retenant en ſoi,
& éxerçant dans l'étendue de ſon reſſort
la puiſſance Souveraine, excepté en de
certains cas ſpécifiés dans l'Acte d'union
ou d'alliance qu'elles ont faite enſemble.
J'avoue qu'il eſt plus mal-aiſé de maintenir la paix dans cette ſorte de Gouvernement. Il peut naître parmi ces

H 6

villes des différends au sujet de leurs
limites, jurisdictions, & autres choses
semblables. Elles ne peuvent pas·tou-
jours avoir les mêmes intérêts à tous
égards. Le tort que l'on fait à quelques-
unes ne touche pas également toutes les
autres. Leurs voisins ne manquent pas
de semer de la division entre elles ; &
n'ayant point de Capitale qui soit en
droit de décider par son autorité de
leur différend, elles se trouvent souvent
exposées à des querelles, sur tout si
elles font profession du Christianisme.
En effet la Religion Chrétienne ayant
été partagée en différens sentimens dès
le commencement de la prédication
de l'Evangile, & les Papistes ayant
toujours traité fort cruellement ceux
qui ne suivent pas leur doctrine, il n'y
a personne qui ne croye que le seul
moyen de se mettre à couvert de leur
violence, est de se servir des mêmes
voyes dont ils se servent ; ce qui fait
que presque tous les hommes du monde
s'imaginent qu'il est de leur devoir de
faire tout leur possible pour obliger les
autres à embrasser leur croyance, persuadés, que l'excès de leur violence
à cet égard, est le témoignage le plus
éclatant qu'ils puissent donner de leur

zélé. Néanmoins les Suisses, quoique
d'ailleurs dans des circonstances les plus
dangereuses qu'on se puisse imaginer,
leur Gouvernement étant composé de
treize Cantons, indépendans les uns
des autres, gouvernés tout-à-fait popu-
lairement, professant la Religion Chrétienne, mais différant en des points
très-essentiels ; les Jésuites étant tout
puissans dans huit de ces Cantons qui
sont continuellement sollicités à faire
la guerre à leurs freres, par les puissantes Couronnes de France & d'Espagne ;
néanmoins, dis-je, ces peuples depuis
qu'ils ont secoué le joug insupportable
des Comtes de Haps-bourg, ont joui
d'une paix plus assurée qu'aucun autre
Etat de l'Europe, & de la plus méprisable de toutes les Nations, se sont
élevés à un si haut degré de puissance,
que les plus grands Monarques du
monde recherchent avec empressement
leur Alliance. Aucun Prince n'a osé
entreprendre d'envahir leur pays depuis
Charles Duc de Bourgogne qui périt
dans une semblable entreprise ; ce
Prince qui pendant un long-temps avoit
été la terreur d'un Roi de France qui
n'étoit pas moins dangereux par ses
artifices que par sa puissance, fit voir à

toute la terre par la perte de trois
armées & de sa propre vie, qu'il y
avoit eu de la témérité à lui, d'attaquer un peuple libre & vaillant, quoique pauvre, qui ne lui demandoit
rien, & qui ne combattoit que pour
se défendre. Commines nous a laissé
une relation fort éxacte de cette guerre;
mais pour en mieux connoître le succès, il ne faut que voir les monceaux
d'os qui sont encore aujourd'hui à
Morat avec cette inscription *Caroli for-
tissimi Burgundiorum Ducis exercitus
Muretum obsidens ab Helvetiis cæsus,
hoc sui Monumentum reliquit.* Depuis ce
temps-là, les plus grandes guerres
qu'ils ayent faites, ont été pour la défense du Duché de Milan; s'ils en ont
eu d'autres ça été sous les Enseignes de
la France & de l'Espagne, afin d'entretenir leurs sujets dans l'éxercice des
armes, d'animer de plus en plus leur
courage, & de conserver par ce moyen
la réputation & l'expérience dont ils ont
besoin pour la défense de leur propre
pays. Jamais Gouvernement n'a été
moins sujet aux séditions populaires
que celui-là; les révoltes de leurs sujets
ont été en petit nombre, fort peu considérables, & ils n'ont pas eu beaucoup

de peine à faire rentrer les rebelles dans
le devoir ; les troubles que les Jésuites
firent naître entre les Cantons de Zurich
& de Lucerne furent aussi-tôt appaisés
que la révolte du Pays de Vaux contre
le Canton de Berne ; & le petit nombre
de séditions qui se sont élevées parmi
eux , ont eu le même succès ; de sorte
que Mr. de Thou dans l'Histoire de
son temps, qui comprend l'espace d'environ cinquante ans , nous décrivant
les horribles guerres civiles & étrangeres qui avoient ravagé l'Allemagne , la
France , l'Espagne, l'Italie, la Flandres,
l'Angleterre , l'Ecosse , la Pologne , le
Dannemarc , la Suede , la Hongrie , la
Transilvanie, la Moscovie, la Turquie,
l'Afrique , & plusieurs autres Etats ,
dit seulement à l'égard des Suisses ,
qu'on avoit inutilement employé tous
les artifices imaginables pour troubler
le repos dont ils jouïssoient & auquel
tout le monde portoit envie. Mais si
les subtilités & les artifices des Ambassadeurs de France & d'Espagne , non plus
que les ruses malicieuses des Jésuites
n'ont pas été capables de faire prendre
de fausses mesures , & de troubler la
tranquillité d'un peuple qui a toujours
fait paroître tant de modération , de

sagesse, de justice, & de force dans les affaires du Gouvernement, nous pouvons conclure en toute assurance que leur Etat est aussi bien constitué qu'aucune chose du monde le puisse être, & nous ne craindrons pas de dire que nous ne voyons rien qui puisse interrompre le bonheur & la paix dont cette Nation jouït. On en pourroit dire autant de la Societé des villes Anséatiques si elles étoient absolument Souveraines chez elles ; mais les villes des Provinces-Unies étant toutes Souveraines, quoi qu'en grand nombre, & ayant toujours persévéré dans leur union, malgré tous les efforts qu'on a faits pour les diviser, cela est une preuve incontestable de la fermeté de leur Gouvernement tant dans les principes que dans la pratique. Il seroit difficile d'en trouver un autre dans le monde qui pût lui être comparé ; & cette union qui est demeurée indissoluble nonobstant tous les artifices de leurs ennemis, prouve incontestablement que la constitution de cette République est directement opposée à ce que notre Auteur impute à tous les Gouvernemens populaires. Si pour une preuve que dans les Républiques les honnêtes gens

y font maltraités , & les fcélérats avancés aux honneurs , on m'allégue la mort
de Barnevelt , & la fin tragique de Mr,
de Wit , ou les emplois confidérables
qu'on a donné à des perfonnes d'un
caractére infiniment au-deffous de ces
deux grands hommes , j'efpere qu'on
voudra bien me permettre d'attribuer
ces violences à un principe qui n'a rien
de commun avec les maximes du Gouvernement populaire ; & c'eft-là tout
ce que je répondrai à cette objection,
ne jugeant pas à propos de m'expliquer
davantage fur ce fujet.

Si ces chofes ne font pas claires en
elles-même , qu'on prenne la peine de
les comparer avec ce qui s'eft paffé entre les Princes , qui depuis le commencement du monde ont fait alliance
enfemble , foit qu'ils fuffent de même
Nation , ou non. Qu'on me cite un
exemple de fix Rois ou Princes, de
treize, ou d'un plus grand nombre ,
qui ayent fait alliance enfemble , &
qui l'ayent obfervée inviolablement
pendant un fiécle ou plus , fans qu'ils
ayent jamais eu aucun différend entr'eux
fur l'explication & le fens de ces
alliances. Qu'on compare les Cantons
des Suiffes & Grifons, ou les Etats

des Provinces-Unies avec la Monarchie Françoise, du temps qu'on la
partageoit entre deux, trois, & quatre
freres comme cela est arrivé quelquefois
fous les deux premieres races ; qu'on
compare ces heureuses Républiques
avec * *L'Heptarchie* d'Angleterre, avec
les Royaumes de Léon, d'Arragon,
de Navarre, de Castille & de Portugal,
qui étoient fous la domination des
Princes Chrétiens d'Espagne, ou avec
ceux de Cordouë, de Sevile, de Malaga,
de Grenade & les autres qui étoient en
la puissance des Maures : après cela on
verra manifestement que les Etats populaires se sont toujours distingué par le
maintien de la paix entr'eux, par une
perpétuelle persévérance dans leur
union, & par une fidélité inviolable
à observer les alliances qu'ils avoient
contractées. Au lieu que les Monarchies dont je viens de parler, & toutes
les autres qui ont fait de pareilles
ligues, & qui nous font connues, ont
toujours été sujettes à des révoltes & à
des querelles domestiques procédant
de l'ambition des Princes, de forte

* *L'Etat de la Grand'Bretagne, lorsqu'elle
étoit autrefois divisée en sept petits Royaumes.*

que quelque précaution que l'on eût
prife en traitant alliance avec eux, ils
ne manquoient jamais de prétexte pour
rompre les Traités, & il ny en avoit
point de fi facré ni de fi folemnel qu'ils
ne violaffent en peu de temps. Si l'on
ne trouve pas que cela foit, j'avouerai
de bonne foi que les Monarchies ont
été quelquefois auffi éxemptes de troubles domeftiques, que les Républiques, & que les Princes ont obfervé
auffi religieufement & auffi conftam-
ment les alliances qu'ils avoient traitées
entr'eux, qu'aucun Gouvernement populaire l'ait jamais fait. Mais s'il n'y a
jamais rien eu de tel dans le monde,
& que perfonne ne prétende le foutenir
excepté ceux qui s'arment d'impudence
& d'ignorance ; je crois qu'il me fera
permis de conclure, que quoique chaque République agiffe conformément à
la conftitution de fon Gouvernement,
& que plufieurs villes ou Provinces
affociées enfemble ne foient pas fi
éxemptes de troubles que celles qui
dépendent de l'autorité d'une ville
Capitale, nous ne connoiffons pourtant
point de Gouvernement populaire qui
n'ait été mieux réglé & plus paifible,
qu'aucune Monarchie ou Principauté.

& pour ce qui eſt des guerres étrangeres, ces Républiques les entreprennent, ou les évitent ſuivant les buts différents qu'elles ſe ſont propoſés, ou de rendre le négoce floriſſant, ou de faire des conquêtes.

SECTION XXIII.

Le meilleur de tous les Gouvernemens, eſt celui qui pourvoit le mieux aux affaires de la guerre.

FILMER ayant confondu enſemble, ſans aucune diſtinction tous les Gouvernemens mixtes & populaires, je me ſuis vû contraint en quelque façon de faire voir la diverſité qui ſe rencontre dans leur conſtitution, & les différens Principes ſur leſquels ils ſont fondés : mais comme la ſageſſe d'un Pere ſe connoit non ſeulement en ce qu'il a ſoin de pourvoir à la ſubſiſtance de ſes enfans, & à l'augmentation de ſon Patrimoine, mais encore en ce qu'il prend toutes les précautions imaginables pour leur en aſſurer la poſſeſſion ; auſſi le meilleur de tous les Gou-

vernemens, est constamment celui qui
tend à augmenter le nombre , la force
& les richesses du peuple ; & qui par
les meilleures Loix dirige le tout à
l'avantage du Public. Ceci comprend
tout ce qui contribue à l'administration de la justice , au maintien de la
paix parmi les Citoyens , & à l'augmentation du commerce , afin que les
sujets contens de leur condition présente , soient remplis d'un amour ardent pour leur Patrie , & soient toujours disposés à combatre courageuse-
ment pour la cause publique qui est
aussi la leur. Et comme les hommes
se joignent volontiers à ceux qui sont
dans la prospérité , ce sera là le vrai
moyen d'engager les étrangers à fixer
leur demeure dans une semblable ville,
& de recevoir les mêmes principes.
Cela est très-nécessaire pour plusieurs
raisons ; mais j'insisterai principalement sur celle-ci , qui est que toutes
choses ont des commencemens fort
foibles : Le lionceau nouveau né n'a
ni force ni cruauté. Celui qui bâtit
une ville , & qui n'a pas dessein qu'elle
s'aggrandisse , est aussi ridicule qu'un
homme qui souhaiteroit que son enfant demeurât toujours aussi foible

qu'il l'étoit au moment de sa naissance.
Si une ville ne s'aggrandit pas, il faut
qu'elle déchoïe & périsse à la fin ; car
il n'y a rien de permanent dans le
monde ; ce qui ne devient pas meilleur, deviendra infailliblement pire.
Il faut qu'un Etat augmente en force
à proportion qu'il augmente en richesses, autrement cet accroissement lui seroit inutile, & peut-être préjudiciable ; puisqu'il n'est personne qui ne
soit en état de s'emparer d'un trésor
mal gardé. La terreur qui saisit la ville
de Londres, lors qu'un petit nombre
de vaisseaux Hollandois s'avancerent
jusques à Chattam, fait assez voir que
la multitude d'un peuple, quelque brave qu'il soit naturellement, ne sert de
rien qu'à augmenter la confusion, à
moins qu'il ne soit bien armé, bien
discipliné & bien commandé. Les richesses ne servent qu'à augmenter la
peur de ceux qui les possedent lorsqu'ils les voyent sur le point de devenir la proye de leurs ennemis ; & une
Nation qui seroit capable de conquerir
une grande partie de l'Univers, si elle
étoit bien disciplinée & bien commandée, n'ose pas seulement songer à se
défendre, lorsqu'elle se sent destituée

de ce qui feul pourroit la mettre en état de repouffer les infultes de ceux qui l'attaquent.

Si l'on me dit que ce fage Pere dont j'ai parlé tâche d'affurer la poffeffion de fon Patrimoine à fes enfans par l'autorité des Loix, & non pas par la force, je répons à cela que toutes fortes de défenfes fe terminent enfin en force; & fi un particulier ne fe prépare pas à défendre fon bien par la force, c'eft parce qu'il vit fous la protection des Loix, & qu'il fe promet que l'autorité du Magiftrat lui tiendra lieu de fûreté. Mais les Royaumes & les Républiques, ne reconnoiffant que Dieu feul pour leur Supérieur, ne peuvent attendre raifonnablement leur protection que de lui feul; il les protégera s'ils fe fervent avec adreffe & courage des moyens qu'il leur a mis en main pour fe défendre. Dieu aide ceux qui s'aident eux-mêmes; & par plufieurs raifons on peut porter les hommes à fecourir une Nation brave & opprimée; on peut, par exemple, leur faire comprendre qu'il y va de leur intérêt puifqu'ils pourront s'en fervir dans la fuite pour arrêter le torrent d'une puiffance qui leur fait ombrage : mais

ceux qui négligent les moyens de
travailler à leur falut périffent toujours
ignominieufement. On ne peut s'affurer
fur aucune alliance ; un Etat qui a
recours à un Prince pour le défendre
contre les attaques d'un autre Prince,
devient efclave de fon Protecteur : des
troupes mercénaires font toujours lâches, ou infidéles, & bien fouvent
l'un & l'autre. Si elles ne fe laiffent
pas corrompre, ou battre par l'ennemi,
elles fe mettent en pofture de commander à leurs Maîtres. * Ce font des
foldats fans foi & fans pieté, qui préférent toujours leur profit au droit &
à la juftice. Des gens qui font trafic
de leur fang, le vendront toujours à
ceux qui leur en offriront le plus, & ils
ne manqueront jamais de prétexte pour
fuivre leur intérêt.

De-plus, les familles particulieres
peuvent augmenter leurs richeffes par
le moyen de plufieurs Arts, à proportion qu'elles augmentent en nombre de
perfonnes ; mais lorfqu'un peuple fe
multiplie, comme cela arrive toujours
fous un bon climat, & fous un bon
Gouvernement, ce n'eft que par le
moyen

* *Ibi fas ubi maxima merces.* Lucan.

moyen de la guerre qu'on peut acquerir une étendue de terres suffisante pour
sa subsistance. Les Nations du Nord
qui envahirent l'Empire Romain n'ignoroient pas cette vérité; mais faute
d'avoir de bons réglemens qui tendis-
sent à augmenter leurs forces & leur
valeur, en dirigeant le tout à l'avantage du public, elles ne tirerent pas un
grand avantage de toutes leurs conquêtes: se trouvant trop chargées de monde, elles envoyerent un grand nombre
de leurs habitans chercher fortune ailleurs; ils conquirent à la vérité des
Provinces considérables, & s'y établi
rent, mais cet établissement ne fut
d'aucune utilité aux Pays qu'ils avoient
quittés. Pendant que les Goths, Vanda-
les, Francs & Normands possedoient
les plus délicieuses & les plus riches
Provinces de l'Univers, leurs peres
restoient dans l'obscurité sous leurs
climats glacés. Ce sont de semblables
raisons & un semblable défaut de bons
réglemens qui obligent les Suisses à
servir les Princes étrangers; & à employer souvent à l'aggrandissement de
leurs voisins, cette valeur & ces forces
dont ils pourroient se servir si avanta-
geusement pour s'aggrandir eux-

Tome II. I

mêmes. Genes, Lucques, Geneve, & les autres petites Républiques, n'ayant point de guerre ne peuvent faire subsister leurs habitans; mais envoyant leurs enfans dans les Pays étrangers pour y chercher fortune, à peine la troisiéme partie de ceux qui sont nés parmi eux retourne-t-elle mourir dans sa Patrie, & si ces Républiques ne prenoient pas ce chemin elles seroient obligées de faire comme les peuples qui habitent le long du fleuve Niger, qui vendent leurs enfans, comme ils vendroient le superflu de leur bétail.

Ceci ne regarde pas moins les Monarchies que les Républiques, ni les Gouvernemens absolus moins que les Gouvernemens mixtes : Les uns & les autres sans aucune exception, ont bien, ou mal réüssi, se sont rendus glorieux ou méprisables, à proportion que leurs peuples ont été bien ou mal armés, disciplinés & commandés. Sous le régne de Nabuchodonosor, il n'y avoit point de Puissance qui fût capable de résister à la valeur des Assyriens; mais sous son petit-fils Belshazer Prince lâche & efféminé, cette Nation tomba dans la derniere bassesse : Les Perses qui sous Cirus s'étoient rendus maî-

tres de l'Asie se laisserent massacrer
comme des pourceaux , lorsque leur
discipline fut corrompue, & qu'ils furent sous le commandement des Successeurs de ce Prince, qui bien loin
de lui ressembler, étoient des monstres d'orgueil , de cruauté & de lâcheté. L'armée des Macédoniens que Paulus Emilius vainquit, n'étoit pas moins
nombreuse que celle dont Aléxandre
se servit pour faire la conquête de
l'Empire d'Orient ; & peut être ne lui
auroit-elle pas été inférieure en valeur,
si elle avoit eu d'aussi bons Généraux
pour la commander. Plusieurs Nations
fort peu considérables , ou pour mieux
dire , presqu'inconnues, ont été élevées à un si haut degré de gloire par
la bravoure de leurs Princes , que cela
me donne .oit du penchant à croire que
le Gouvernement de ces Souverains est
aussi propre à bien discipliner un peuple , pour le mettre en état de faire la
guerre avec succès , qu'aucun autre
Gouvernement qu'il y ait au monde,
si on pouvoit s'assurer que leurs vertus
continuassent dans leurs familles , &
fussent transmises à leurs Successeurs.
La chose étant impossible, il n'y faut
faut pas penser ; & on ne doit pas

compter fur un bien qui.eft toujours
incertain , & dont on jouït rarement.
Les Monarchies abfolues ne font pas
feules fujettes à cet inconvénient ; les
autres Gouvernemens où l'on a quelque égard à la proximité du Sang ,
n'en font pas plus éxempts , quelques
précautions que l'on prenne pour limi-
ter le plus qu'il eft poffible l'autorité
des Souverains. Toutes les victoires
remportées par Edouard I. Edouard III.
& Henri V. Rois d'Angleterre devinrent inutiles à leur Patrie par la baffeffe
& la lâcheté de leurs Succeffeurs : la
gloire que nous avions acquife par
nos armes tourna à notre confufion ;
& par la perte de nos biens , de notre
fang & de nos Etats , nous portâmes
la peine de leurs vices. Le changement d'inclination des Princes ne produit pas toujours des effets également
funeftes ; mais ils font fréquens , & ne
manquent jamais d'arriver auffi fouvent que l'occafion s'en préfente. Louis
XIII. n'étoit pas capable de pourfuivre
les grands deffeins d'Henri IV. Chrif-
tine Reine de Suede n'étoit pas d'un
caractére à remplir dignement la Place de fon brave pere : & le Roi d'a-
préfent étant encore enfant n'étoit pas

en état d'achever les glorieuses entreprises du Grand Gustave ; le seul remede qu'on puisse apporter à cette maladie mortelle , c'est de mettre l'autorité Souveraine entre les mains de personnes qui soient capables de l'éxercer,
& de ne pas laisser une affaire de cette
importance en la disposition de l'aveugle fortune. Lorsqu'on confie la Puissance Royale à des Magistrats pour un
an , ou pour un plus long espace de
temps, & que ces Magistrats sont légitimement élûs , les qualités excellentes
de ces Souverains sont d'une grande utilité à l'Etat ; mais tous ses bons succès
ne dépendent pas absolument de leurs
personnes : l'un finit ce que l'autre avoit
commencé ; & lorsque plusieurs se rendent capables par la pratique des mêmes
choses, il est facile de réparer la perte de
l'un d'entr'eux, par l'élection d'un autre. Lorsqu'une fois on a semé de bons
principes , ils ne meurent pas avec celui qui les a introduits ; & les bonnes
Loix subsistent après la mort des Lé-
gislateurs. Rome ne retomba pas dans
l'esclavage après que son Libérateur
Brutus eut été tué : d'autres Citoyens
semblables à lui suivirent ses traces,
n'ayant point d'autre but que celui

qu'il s'étoit proposé ; & nonobstant la perte de tant de grands Généraux qui périrent dans les guerres presque continuelles que les Romains eurent à soutenir, ils ne manquerent jamais de personnes capables d'éxécuter tous leurs nobles projets. Un Etat bien gouverné est aussi fertile en bien que le serpent à sept têtes étoit fertile en mal; lorsqu'une tête est coupée, il en renaît plusieurs autres à la place ; lorsqu'une fois on a établi un bon ordre dans le Gouvernement, les sujets se portent à la vertu, & tant que ce bon ordre subsistera, on ne manquera jamais de remplir dignement les plus grands emplois. Ce fut par ce moyen que les Romains se mirent en état de n'être jamais surpris : tous les Rois & tous les Généraux qui les ont attaqués se sont toujours trouvé en tête d'excellens Commandans qui les ont empêché de faire aucun progrès ; au lieu que ces mêmes Romains conquirent sans peine des Royaumes très considérables, & qui avoient été fondés par de très vaillans Princes, dont les Successeurs n'imitant pas les vertus, ne purent résister aux armes de leurs légions.

Mais si ce que dit notre Auteur est

véritable, il n'eſt pas avantageux à un
Etat d'avoir des ſujets ornés de qualités excellentes ; ſi l'on l'en croit, *tous
les peuples du monde ſont dans la néceſſité de conférer les charges aux plus ſcélérats, par cela même qu'ils ſont les plus
ſcélérats, & par conſéquent ſemblables à
eux ; de peur que ſi les gens de bien parvenoient aux emplois, ils ne les empêchaſ-
ſent d'être vicieux & méchans, &c. des
gens ſages s'empareroient de l'autorité Souveraine, & l'ôteroient au peuple.* Pour
bien entendre ces paroles il faut éxaminer ſi on les doit prendre ſimplement, comme devant être appliquées
au diable & à quelques-uns de ſes ſup-
pots, ou relativement au ſujet en queſtion : ſi on les doit entendre ſimplement, il faudra dire que Valerius,
Brutus, Cincinnatus, Capitolinus, Mamercus, Paulus Emilius, Naſica & leurs
ſemblables ont été non ſeulement les
plus ſcélérats d'entre les Romais ; mais
auſſi qu'on ne les a auſſi ſouvent élevé
aux premieres charges de l'Etat, que
parce qu'ils étoient des ſcélérats. Si
au contraire on doit entendre ce que
dit Filmer par rapport à la Magiſtra-
re.& au commandement des armées,
les plus ſcélérats ſont les plus igno-

I 4

rans , les plus infidéles , les plus fainéans & les plus lâches ; & s'il veut
prouver ce qu'il avance , il faut qu'il
nous faſſe voir clairement que lorſque
les habitans de Rome , de Carthage ,
d'Athenes & de pluſieurs autres Républiques ayant le privilége de choiſir
pour Magiſtrats ceux qu'ils jugeoient
à propos , ont choiſi Camillus , Corvinus , Torquatus , Fabius , Rullus ,
Scipion , Amilcar , Hannibal , Aſdru-
bal , Pélopidas , Epaminondas , Péricles,
Ariſtide , Thémiſtocle Phocion , Al-
cibiade , & pluſieurs autres qui étoient
auſſi ignorans , auſſi infidéles & auſſi
lâches que ceux-là , ils ne l'ont fait
qu'en conſidération de leurs mauvaiſes
qualités & parce qu'ils reſſembloient
parfaitement bien à cet égard à ceux
qui les choiſiſſoient. Mais ſi ceux que
je viens de nommer ont été les plus
ſcélérats d'entre ces peuples , je voudrois bien ſçavoir qui pourroit jamais
être aſſez éloquent , pour nous donner
une idée qui pût nous faire comprendre l'excellence des vertus des plus
honnêtes gens d'entr'eux ; ou qui pût
nous faire concevoir les merveilles de
cette diſcipline qui avoit porté ces
peuples à un ſi haut degré de perfec-

tion, qu'on ne pouvoit trouver parmi eux de plus malhonnêtes gens que ces grands hommes dont je viens de parler ? Or si bien loin d'avoir été des scélérats, leur vertu, leur sagesse & leur valeur a fait l'admiration des siècles suivans ; on ne peut rejetter avec trop de mépris & de haine ce que Filmer avance avec tant d'imprudence, de fausseté & de malice.

Mais si on doit louer ou blâmer tous les Gouvernemens Monarchiques, ou populaires, absolus, ou limités, selon qu'ils sont bien ou mal constitués pour faire la guerre, & s'il est vrai que les moyens de bien réüssir, & d'arriver à ce but dépendent absolument des qualités des Commandans, aussi bien que de la force, du courage, du nombre, de l'affection, & du tempéramment du peuple dont on compose les armées ; il faut nécessairement que ces Gouvernemens soient les meilleurs, qui prennent le plus de soin de mettre les armées sous la conduite des meilleurs Commandans ; qui dirigent si bien toutes choses pour le bien du peuple, qu'il augmente tous les jours en nombre de personnes, en courage & en force, & qui le rendant si content de sa condi-

I 5

tion présente qu'il ne craint rien tant
que de changer de Maître ; font qu'il
est toujours disposé à combattre pour
l'avancement de l'intérêt public , comme s'il s'agissoit de son intérêt particulier : Nous avons déja vû que dans
les Monarchies héréditaires on n'a aucun soin de mettre le commandement
entre les mains du plus capable : on n'y
choisit point le Commandant, il y vient
par hazard ; & il arrive bien souvent
qu'il lui manque non seulement des
qualités dont il a besoin pour un tel
emploi , mais ce qui est bien pis , ordinairement il est tout à-fait incapa-
ble de s'acquitter des fonctions de sa
charge ; au lieu que dans les Gouvernemens populaires on choisit presque
toujours des personnes d'un mérite distingué ; & qu'il y en a un si grand
nombre , que si l'on en perd quelques-
unes , il est facile d'en trouver d'autres pour mettre en leur place. Je crois
avoir suffisamment montré dans toute
la suite de ce discours que les Gouvernemens populaires sont plus propres
à augmenter le courage , le nombre,
& la force d'une Nation dont on tire
des armées ; que ces Gouvernemens
sçavent mieux disposer les sujets à s'ac-

quitter de leur devoir que les Monarchies abſolues , & que l'avantage des
Républiques à cet égard eſt autant au-
deſſus de celui des Gouvernemens ab-
ſolus , que la prudence qui nous détermine à faire un bon choix , eſt au-
deſſus des accidens de la naiſſance. Cela étant , on ne peut nier qu'à ces
deux égards , on ne réüſſiſſe beaucoup
mieux dans tout ce qui a rapport à
la guerre dans les Républiques , que
dans les Monarchies.

Ce que la raiſon nous fait croire,
l'expérience nous le confirme: nous
voyons par tout la différence qu'il y a
entre le courage de ceux qui combattent
pour eux-mêmes & pour leur poſtérité,
& la valeur de ceux qui combattent
pour les intérêts d'un Maître dont la
proſpérité ne ſert qu'à aggraver leur
joug. Il n'y a point de Monarque qui
puiſſe ſe vanter d'avoir détruit aucune
République tant ſoit peu conſidérable,
à moins qu'elle ne fût partagée en différentes factions; ou qu'elle ne fût affoiblie par les guerres qu'elle avoit été
obligée de ſoutenir avec des peuples
libres ; telle étoit la condition des Républiques Grecques, lorſque les Macédoniens les attaquerent. Les Républi-

I 6

ques, au contraire , ont renverfé les
plus grandes Monarchies fans beaucoup
de peine ; & ces Gouvernemens populaires ont perdu toute leur force & leur
valeur après la perte de leur liberté &
le changement de leurs loix. La puiffance & la valeur des Italiens commença, s'accrut & finit avec leur liberté.
Lorfque ces peuples étoient divifés en
plufieurs Républiques, il n'y avoit
aucune de ces Républiques qui ne fût
capable d'entretenir de puiffantes armées, & pour s'en rendre Maître, il
falloit les défaire en plufieurs combats ;
les vieillards, les femmes & les enfans
ouvroient les portes de leurs villes aux
victorieux, lorfqu'ils n'avoient plus
perfonne à leur oppofer, tous ceux
qui étoient capables de porter les armes
étant péris dans les combats. Enfin
lorfque ces Gouvernemens populaires
eurent été unis à celui des Romains,
foit en qualité d'alliés, ou de fujets,
ils formerent la puiffance la plus redoutable qui ait jamais été dans le
monde.

Alexandre Roi d'Epire étoit auffi
vaillant qu'Aléxandre de Macédoine,
& fes forces n'étoient guéres moins
confidérables que celles de ce Prince ;

mais ayant eu le malheur d'avoir affaire à un peuple libre, qui avoit appris à souffrir tout plutôt que de se laisser dépouiller de sa liberté, & qui croyoit que Dieu ne lui avoit donné des mains & des armes que pour la défendre, il périt dans son entreprise, au lieu qu'Aléxandre n'ayant eu en tête que des Nations esclaves commandées par de cruels & orgueilleux tyrans, qui pour la plùpart ignoroient le métier de la guerre, se rendit en peu de temps Maître de l'Asie.

Il ne paroit pas que Pirrhus ait été inférieur en rien, aux deux Princes dont nous venons de parler; mais les victoires qu'il remporta par une valeur & une conduite admirable, lui coûtérent si cher, qu'il s'estima trop heureux de pouvoir faire la paix avec des ennemis, qu'on pouvoit bien défaire quelque fois, mais qu'il n'étoit pas possible d'assujetir.

Hannibal moins prudent que Pirrhus, perdit tout le fruit de ses victoires; chassé de l'Italie où il s'étoit établi, il succomba sous les armes de ceux dont il avoit défait, ou tué les peres, & mourut banni de sa Patrie qui étoit déja soumise aux loix des vainqueurs.

La ville de Rome étant encore fort peu confidérable, les Gaulois la mirent à deux doits de fa perte ; mais ils y laïfferent leurs cadavres pour payement des maux qu'ils lui avoient fait fouffrir ; & toutes les irruptions qu'ils y firent dans la fuite, n'y furent confidérées que comme quelques tumultes paffagers, & non pas comme de véritables guerres.

Les Allemands étoient peut être en plus grand nombre, & plus forts que les Gaulois, cependant ils ne reuffirent pas mieux qu'eux, dans toutes les. entreprifes qu'ils formerent contre les Romains durant leur liberté. Ils entrerent fouvent en Italie, mais ils n'y refterent pas long-temps, ou s'ils y reftoient c'étoit pour y porter des chaînes. Ces Nations au contraire, attaquant ce Pays ou quelques autres Provinces de l'Empire, fous le régne des Empereurs, n'eurent point d'autres difficultés à furmonter que celles qui s'élevoient entre elles, pour fçavoir à qui reftéroient les conquêtes qu'on avoit faites. Ces peuples ne trouverent ni vertu, ni vigueur, ni difcipline parmi les Italiens : ceux qui les gouvernoient, fe repofoient entierement fur leurs arti-

fices, & leur subtilité ; n'étant pas en
état de se défendre eux-mêmes, ils,
engageoient à force d'argent quelques-
unes de ces Nations barbares à prendre leur parti, & à soutenir leur querelle contre celles qui les attaquoient. Ces
artifices ne pouvoient pas leur servir
long-temps : tout le monde n'étoit pas
d'humeur à se laisser prendre à cette
amorce. les Goths dédaignant de dépendre de ceux qui leur étoient tout-
à-fait inférieurs en force & en valeur ,
s'emparerent de la Capitale du monde, pendant qu'Honorius uniquement
occupé du soin de ses poules n'avoit pas.
le temps de songer à sa défense. Arcadius eut le bonheur de ne pas perdre
la Capitale de ses Etats; mais ne songeant
qu'à se divertir parmi des Joüeurs d'instrumens, des Comédiens, des Ennu-
ques , des Cuisiniers , des Danseurs &
des Bouffons ; il laissa piller & saccager
les Provinces, en toute liberté, à des
Nations qui ne sont connues que par les
victoires qu'elles remporterent sur lui.

Il ne serviroit de rien d'attribuer
tous ces malheurs à la fatale corruption
de ce siécle-là; car cette corruption étoit
un effet du Gouvernement, & toutes
ces désolations en étoient une suite iné-

vitable Or comme le même desordre
dans le Gouvernement a toujours ré
gné depuis ce temps-là en Grece, aussi
bien que dans la plus considérable partie de l'Italie, ces pays qui par leurs
étendue, par leurs richesses, par l'a
vantage de leur situation, & par le
nombre de leurs habitans, ne sont en
rien inférieurs aux meilleures Provinces du monde, & qu'on pourroit
peu-être avec justice préférer à tous les
autres, pour l'esprit, le courage &
l'industrie de ses Peuples, ont toujours
été, depuis ce temps-là, la proye du
premier qui a voulu s'en emparer.
Guichardin, & quelques autres Historiens nous représentent Charles VIII.
Roi de France comme un Prince également foible de corps, & d'esprit,
dont les finances & les forces étoient
fort peu considérables, mais comme
on dit ordinairement *qu'un méchant
lièvre fait un bon chien,* ce Prince conquit la meilleure partie de l'Italie sans
rompre seulement une lance. Ferdinand
& Alphonse d'Arragon Rois de Naples n'avoient employé dans le Gouvernement que des Déclateurs, des faux
témoins, des Juges corrompus, des
soldats mercenaires, & d'autres Mi-

niſtres d'iniquité ; mais des gens de ce
caractére n'étoient pas capables de les
garantir d'une invaſion ; & la nobleſſe
opprimée ni le peuple accablé d'un
joug inſupportable ne s'intéreſſant
point dans la querelle, ces Princes qui
avoient traité leurs pauvres ſujets avec
tant d'orgueil & de cruauté, n'eurent
jamais le courage de regarder leur
ennemi en face ; le pere étant mort de
de chagrin & de frayeur, le fils ſe vit
contraint de fuïr honteuſement d'un
Royaume qu'il avoit ſi mal gouverné.

On a vû arriver la même choſe en
Eſpagne. Jamais peuple ne s'eſt défendu avec plus d'opiniâtreté & de valeur,
que le firent les Eſpagnols contre les
Romains & les Cartaginois qui les ſur-
paſſoient en richeſſes & en capacité.
Tite Live les appelle *Gentem ad bella*
gerenda & reparanda natam ; ordinairement ils ſe tuoient eux-mêmes lorſqu'ils ſe voyoient vaincus & déſarmés.
Nullam ſine armis vitam eſſe rati. Mais
quoique le ſang Romain qui ſe mêla
dans la ſuite avec le leur par de fréquentes alliances, n'eût en rien dimi-
nué la nobleſſe ni le courage dont ils
avoient hérité de leurs Ancêtres , &
que leur union avec les Goths n'eût

servi qu'à augmenter leurs forces ; cependant la bassesse & la lâcheté de deux Tyrans Witza & Rodrigo, qui n'avoient que du mépris pour les loix & qui vouloient tout gouverner à leur volonté, ne fut que trop suffisante pour renverser toute leur puissance. Les Maures peuples abjets & à demi désarmés assujettirent par une légere escarmouche ceux qui avoient résisté aux Romains pendant plus de deux cent ans ; & jusqu'à présent on n'a jamais sçû ce que devint ce Roi qui attira tous ces malheurs sur eux. Ce Royaume après plusieurs révolutions est tombé avec plusieurs autres sous la domination de la Maison d'Autriche, qui posséde par ce moyen tous les trésors du monde ; ce qui a fait croire à bien des gens qu'elle aspiroit à la Monarchie Universelle. *Sed ut levia sunt Aulicorum ingenia*, cette pensée n'étoit fondée que sur la vanité de ces Princes ; ils étoient politiques & adroits, l'argent ne leur manquoit pas ; mais destitués de cette vertu solide, & de cette force qu'il faut avoir pour faire & pour conserver des conquêtes, la seule qu'ils ayent jamais faite, ou gardée est celle du Duché de Milan, tous les autres Etats

dont ils font en poffeffion leur étant
venus par mariage ; & quoique ces
Rois d'Efpagne de la Maifon d'Autriche n'ayent pas fait des pertes extraordinaires dans les guerres qu'ils ont
eues à foutenir , cependant ils ne font
que languir , ils fe confument peu - à -
peu par le défaut de leur Gouvernement , & font contraints d'implorer
l'affiftance de ceux qui étoient autrefois leurs ennemis mortels , & qu'ils
ne regardoient qu'avec le dernier mépris. C'eft-là la feule reffource qu'ils
ont dans les Pays étrangers , & l'unique fecours qu'ils peuvent en efpérer;
le feul ennemi qu'un Ufurpateur a à
craindre dans leurs Provinces défolées,
c'eft la difette & la famine , preuves
inconteftables du bon ordre , de la force , & de la fermeté qui régnent dans
ce divin Gouvernement Monarchique
dont Filmer fait fon Idole , témoignage autentique de la prudence confom-
mée de leurs Rois qui ont trouvé avec
tant d'adreffe un fi bon moyen de défendre leur Pays. Ne devons-nous pas
croire après cela que ces Princes ont
un foin tout-à-fait paternel du bien de
leurs fujets , & que de bons & fidéles
Miniftres fuffifent pour pourvoir à la

sûreté auffi bien qu'au bonheur d'une
Nation, en fuppléant par leur prudence à tout ce qu'il peut y avoir de défectueux en la perfonne du Souverain.

Ce que nous avons déja dit fuffit pour
prévenir toutes les objections qu'on
pourroit nous faire au fujet de la profpérité de la Monarchie Françoife ; la
beauté de ce Gouvernement eft une
beauté fauffe & fardée. Cet Etat eft
gouverné par un Roi opulent & hau-
tain qui a le bonheur d'avoir des voifins qui, felon toutes les apparences
ne traverferont pas fes deffeins, & qui
n'a rien à craindre de fes miférables
fujets ; mais tout le corps de cette Monarchie eft couvert d'ulcéres & de
playes ; elle n'a point de véritable force,
& il n'y a rien de folide en elle. Ses
peuples le fervent avec tant de répugnance, qu'on affure qu'il a fait mourir, dans l'efpace de quinze ans, plus
de quatre-vingt mille de fes propres
foldats pour avoir déferté ; & fi on l'at-
taquoit vigoureufement, il n'auroit pas
grand fecours à attendre de la Nobleffe qu'il a mécontentée, & d'un peuple
qu'il a mis au défefpoir en le réduifant
dans la derniere indigence. Si pour
détruire la force de ces raifons & de

ces exemples, on me dit qu'en l'espace de deux ou trois mille ans, toutes
chofes changent ; que l'ancienne vertu
du genre humain eſt éteinte ; & que le
foin de l'intérêt particulier a pris la
place de l'amour qu'on avoit autrefois pour la Patrie : à cela je réponds
que le temps ne change rien à cet
égard, & que les changemens que nous
voyons aujourd'hui, ne procédent que
du changement qui eſt arrivé dans les
Gouvernemens. Les peuples qui ont
vécu ſous des Gouvernemens arbitrai-
res ont toujours été expoſés au mêmes
malheurs, & ſujets aux mêmes vices ;
ce qui eſt auſſi naturel qu'il eſt naturel
aux animaux de produire des animaux
ſelon leur eſpece & aux fruits d'avoir
la nature des racines & des ſemences
dont ils ſont produits. Le même ordre
qui dans les premiers ſiécles inſpiroit
aux hommes la valeur & l'adreſſe qu'ils
témoignoient pour la défenſe de la Patrie, produiroit aujourd'hui les mêmes
effets, s'il ſubſiſtoit encore. Pour preuve de cette vérité, il ne faut que ré-
fléchir ſur ce que nous avons vû parmi
nous ; en peu d'années une bonne diſcipline, & les juſtes récompenſes qu'on
donnoit à ceux qui s'acquittoient di-

gnement de leur devoir, ont produit
plus d'exemples d'une vertu pure, incorruptible, invincible & parfaite, qu'il
n'y en a jamais eu parmi les Grecs ou
les Romains. Si cela ne suffit pas pour
convaincre nos adversaires, ils n'au-
ront pas de peine à en trouver un grand
nombre d'autres, chez les Suisses, chez
les Hollandois & chez les autres Nations libres ; mais il n'est pas besoin
d'allumer un flambeau en plein midi.

SECTION XXIV.

*Les Gouvernemens populaires sont moins
sujets aux troubles domestiques, & aux
guerres civiles que les Monarchiques,
& quand ils arrivent, ils peuvent mieux
y apporter du remede, & remettre les
choses en bon état.*

IL seroit inutile de chercher un Gouvernement dont la constitution soit
telle qu'on puisse s'assurer qu'il ne sera
jamais exposé à des guerres civiles, à
des troubles domestiques, ou à quelque
sédition, c'est une félicité qui nous est
refusée en cette vie, & dont nous ne
jouïrons que dans l'autre. Mais si ce

font-là les plus grands malheurs qui puiſſent arriver à un peuple, nous connoîtrons aiſément quel eſt le meilleur de tous les Gouvernemens, ſi nous prenons la peine d'éxaminer qui ſont ceux qui y ſont le moins ou le plus ſujets. Cet éxamen ſe peut faire de deux manieres.

I. En recherchant les cauſes ordinaires de ces troubles, & de ces guerres civiles.

II. En éxaminant qu'elle ſorte de Gouvernement en a reçu le plus de préjudice, & y a été le plus ſujet.

Premierement, ces ſéditions, ces troubles & ces guerres proviennent d'erreur ou de malice, de cauſes juſtes ou injuſtes ; d'erreur lorſqu'un peuple croit qu'on lui a fait du mal, ou qu'on a eu deſſein de lui en faire, quoiqu'on n'y ait pas ſeulement penſé, ou lorſqu'il regarde comme un mal ce qu'on lui a fait, quoique effectivement ce ne ſoit pas un mal. Le svilles les mieux réglées peuvent quelquefois tomber dans ces ſortes d'erreurs. Les Romains jaloux d'une liberté nouvellement recouvrée, s'imaginerent que Valerius Publicola aſpiroit à la Royauté, lorſqu'ils virent qu'il faiſoit bâtir une maiſon dans une Place qui sembloit trop forte & trop éminente pour un particulier. Les Lacédémoniens ne soupçonnerent pas moins la conduite de Licurgue ; & un jeune libertin, dans une sédition, fut assez téméraire pour lui crever un œil : mais jamais peuple n'a témoigné tant d'amour & de respect à de bons Citoyens, que les Romains & les Lacédémoniens en témoignerent à ces grands hommes, lorsqu'ils connurent que leurs soupçons étoient mal fondés.

Quelquefois les faits sont véritables, mais le peuple les explique d'une maniere tout-à-fait opposée à l'intention qu'on a eue. Lorsqu'on eut chassé les Tarquins, les Patriciens retinrent pour eux-mêmes les principales charges de la Magistrature ; mais ce ne fut jamais leur dessein de rétablir les Rois sur le Thrône, ni une Oligarchie entre'eux, comme les familles populaires se l'imaginoient : aussi elles ne se furent pas plutôt apperçues de leur erreur que toute leur colere s'évanouït ? Et ces mêmes personnes qui sembloient ne méditer pas moins que là ruïne entiere de toutes les familles Patriciennes, s'apaiférent tout d'un coup.

coup. Menenius Agrippa appaifa une des plus violentes féditions, qui fe foit élevée dans la République Romaine, en propofant au peuple la fable des dif-férens membres du Corps humain, qui faifoient des plaintes contre le ventre: & la plus dangereufe de toutes fut étouffée, auffi-tôt qu'on eut accordé à ce peuple des Tribuns pour le proté-ger. Quelques jeunes Patriciens avoient favorifé les Décemvirs, & il y en avoit d'autres du même Corps qui ne vouloient pas fe déclarer ouvertement contre eux ; il n'en fallut pas davan-tage, pour faire croire au peuple qu'ils avoient tous confpiré avec ces nou-veaux tyrans : mais Valerius, & Hora-tius, s'étant mis à la tête de ceux qui cherchoient à détruire cette nouvelle ty-rannie, il reconnût bien-tôt fon er-reur, & regarda les Patriciens, comme les plus zelés défenfeurs de fa liberté: *& inde*, dit Tite-Live, *auram Liber-tatis captare, unde Servitutem timuiffent.* Les Gouvernemens Démocratiques font fort fujets à ces fortes d'erreurs : elles font rares dans les Ariftocraties, & nous n'en avons point d'exemple parmi les Lacédémoniens depuis l'établiffe-ment des Loix de Licurgue ; mais il

Tome II. K

semble que les Monarchies absolues en
soient tout-à-fait éxemptes. On dis-
simule, & on nie souvent le mal qu'on
a dessein de faire, jusques à ce qu'il ne
soit plus temps d'y remédier autrement
que par la force ; & ceux que la nécessité oblige à se servir de ce reméde,
n'ignorent pas qu'il faut infailliblement
ment qu'ils périssent, s'ils ne viennent,
à bout dé ce qu'ils ont entrepris. Celui
qui tire l'épée contre son Prince, disent les François, en doit jetter le four-
reau ; car quelque juste raison qu'il ait
de prendre ce parti, il doit s'assurer
que sa ruïne est inévitable, s'il ne
réüssit pas. Il arrive rarement qu'un
Prince fasse la paix avec ceux qu'il regarde comme des rebelles, ou s'il la
fait, il ne l'observe jamais, à moins
que les sujets ne se réservent assez de
forces pour l'obliger à tenir sa parole ;
& tôt ou tard on trouve bien moyen de
leur ôter ce qu'on leur avoit accordé.

Les séditions qui proviennent de
malice sont rares dans les Gouvernemens populaires, ou plutôt on n'y en
voit jamais arriver ; car elles sont préjudiciables au peuple, & personne ne
s'est jamais fait du mal volontairement,
& de dessein prémédité. Il peut y avoir

de la malice, & il y en a souvent dans ceux qui excitent ces séditions ; mais on jette toûjours de la poussiere aux yeux du peuple, & ainsi on doit attribuer à son erreur, comme je l'ai déja dit, tout ce qu'il fait dans ces occasions. Si dans la suite, le peuple s'apperçoit qu'il a été trompé, il ne manque pas de se vanger des fourbes qui l'ont surpris ; comme cela se voit par ce qui arriva à Manlius Capitolinus, à Spurius Mélius, & à Sp. Cassius : que s'il reconnoît trop tard son erreur, elle lui cause ordinairement la perte de sa liberté ; c'est ainsi qu'Agathocles, Dénis, Pisistrate & César ayant sçu tromper le peuple par leurs artifices s'érigerent en tyrans de leur Patrie. Mais dans les Monarchies absolues presque tous les troubles qui y arrivent proviennent de malice ; il est très-difficile d'y remédier, & on ne peut les appaiser s'ils ont duré assez long-temps pour pouvoir corrompre le peuple : ceux mêmes qui semblent s'y opposer, n'ont point d'autre but que celui de pêcher en eau trouble, & de se procurer quelque avantage pour eux, ou pour leurs amis. Ainsi voyons nous que dans les guerres civiles de l'Orient

entre Artaxerxes & Cirus, entre Phra-
artes & Bardanes, il ne s'agissoit que
de sçavoir à qui demeureroit l'Empire
des Perses & des Parthes : le peuple
fut également ravagé par les deux partis tant que cette contestation dura ; &
elle ne fut pas plutôt décidée qu'il fut
obligé de se soumettre à la domination
d'un Maître cruel & orgueilleux. On
voit arriver la même chose dans tous
les Gouvernemens absolus. Après la
mort de Brutus & de Cassius, on n'entreprit point de guerre dans toute l'é-
tendue de l'Empire Romain, qui n'eût
pour principe quelque intérêt particulier : les Provinces en souffroint toûjours ; & après avoir assisté un Général
à chasser du trône un cruel tyran, elles
éprouvoient souvent à leurs dépens,
que celui-ci étoit encore plus cruel que
son prédécesseur. Toutes les guerres
Civiles qui ont déchiré la France sous
les Rois des deux premieres races, provenoient uniquement de l'ambition de
ces Princes qui ne pouvoient souffrir
de compagnon ; & le pauvre peuple ne
gagnoit jamais au change, ayant à
souffrir également de uns & des autres.

Il arrive à-peu-près la même chose
dans les Monarchies mixtes ; il se peu

bien faire qu'on y entreprend quelques
guerres pour des causes légitimes, &
pour l'intérêt public, mais on se sert
ordinairement de prétextes qui sont
faux : difficilement y peut-on introduire une réformation qui soit de longue durée, & souvent on desapprou-
veroit un changement entier quelque
nécessaire qu'il fût. Quoique ces sortes
de Royaumes soient sujets à de fréquentes & à de teribles émotions, comme cela paroît par ce que l'on a vû arriver en Angleterre & en Espagne, &c.
les querelles y commencent ordinairement à l'occasion de quelque titre personnel; telle fut l'origine des divisions
qui arriverent entre Henri I. & Robert,
entre Étienne & Matilde; ou entre les
Maisons de Iork & de Lancastter ; & le
pauvre peuple qui ne gagne jamais rien
à la victoire de quelque côté qu'elle
se déclare, & qui par conséquent s'il
suivoit les règles de la prudence, devroit laisser aux compétiteurs le soin
de décider leur querelle, s'y trouve
malheureusement engagé, à l'éxemple
de Théoreste & de Polinice.

Quelques-uns trouveront peut-être
étrange, qu'en parlant des séditions &
des guerres, j'aye avancé qu'il y en

K 3

a de juftes; mais je ne vois rien qui puiffe m'engager à changer de langage à cet égard. L'intention de Dieu étant que les hommes vivent équitablement les uns avec les autres, il eft très-certain que fon intention eft auffi qu'on ne faffe point de tort à celui ou à ceux qui ne cherchent point à en faire à perfonne. La Loi qui défend l'injuftice ne feroit d'aucun ufage, s'il n'étoit pas permis de comdamner à l'amende ceux qui n'y veulent pas obéïr. Il s'en fuit donc que fi l'injuftice eft un mal, & qu'il foit défendu d'en faire, on doit punir ceux qui en font; & que par les Loix qu'on a faites pour prévenir ces injuftices, on s'eft auffi propofé de punir celles qu'il ne feroit pas poffible de prévenir. L'emploi des Magiftrats eft de faire éxécuter cette loi; on a mis en leurs mains l'épée de la juftice, pour réprimer la fureur de ceux qui, vivant dans une Societé, ne veulent pas être une loi à eux-mêmes: ils portent auffi l'épée de la guerre pour défendre la Nation contre la violence des étrangers. Ceci eft fans aucune exception, autrement ce feroit en vain qu'on auroit pris toutes ces précautions. Mais il peut arriver que les

Magiftrats qui font établis pour empêcher que le peuple ne fouffre point de
dommages, ne s'acquittent pas de ce
devoir, & on ne fçait que trop qu'ils
l'ont fouvent négligé ; ils rendent quelquefois leur emploi inutile par le peu
de foin qu'ils ont d'adminiftrer la juftice ; & quelquefois ils la renverfent
entierement. C'eft-là proprement frap-
per par la racine l'Ordonnance générale
le de Dieu qui a commandé qu'il y eût
des loix ; & les ordonnances particulieres de toutes les Societés, qui éta-
bliffent telles loix qui leur femblent les
meilleures. Le Magiftrat eft donc également compris fous ces deux différentes fortes d'ordonnances, & fujet aux
unes & aux autres, auffi-bien que les
particuliers.

Les moyens dont on fe fert pour
prévenir, ou punir les injuftices, font
juridiques, ou non-juridiques. Les
procédures juridiques fuffifent, lorfqu'on a affaire à des gens qui veulent
bien fubir l'éxamen, ou qu'on y peut
contraindre s'ils ne le veulent pas,
mais elles ne font d'aucun effet à l'égard
de ceux qui réfiftent, & qui ont tant
de pouvoir qu'il n'eft pas poffible de
les obliger à fe foumettre aux Loix. Ce

seroit une chose ridicule d'appeller devant un Tribunal un homme qui est
en état de donner de la terreur aux
Juges, ou qui a des armées pour se défendre : ce seroit aussi une impieté de
croire, que celui qui a ajoûté la trahison à tous ses autres crimes, & usurpé
un pouvoir au-dessus des Loix, dût
être protégé par l'énormité de ses actions. On se sert donc de voyes juridiques, lorsque le coupable se soumet
aux Loix ; & tous moyens sont permis
& justes, lorsqu'il ne peut être tenu en
bride par l'autorité des Loix.

On donne en général le nom de sédition à toutes les grandes assemblées
qui se font sans la permission des Magistrats, ou contre l'autorité des Magistrats, ou de ceux qui s'attribuent
cette autorité. Athalia & Jésabel étoient
bien plus prêts de crier à la trahison,
que David ; & il y a tant d'éxemples
de cette nature, qu'il seroit inutile de
les rapporter ici.

Les troubles domestiques procédent
du desordre qui régne dans ces assemblées, où rarement on fait aucune chose qui soit dans les formes ; & la guerre est cette *Decertatio per vim*, ou cette décision par force à laquelle on est

obligé d'en venir, lorfque les autres moyens font inefficaces.

Si donc les Loix divines & humaines font abfolument inutiles, lorfqu'il dépend des Magiftrats de les violer ; & s'il n'y a que les féditions, les troubles & les guerres qui puiffent arrêter la licence de ceux qui par leur puiffance fe mettent à couvert des atteintes de la juftice ; ces féditions, ces troubles & ces guerres font juftifiées par les Loix divines & humaines.

Je n'entreprendrai pas de faire le dénombrement de toutes les occafions où cela peut fe pratiquer, je me contenterai d'en rapporter trois qui ont fouvent donné lieu au peuple d'agir de cette maniere.

Premierement, quand une perfonne ou plufieurs ufurpent l'autorité & le titre d'une Magiftrature à laquelle elles n'ont pas été légitimement appellées.

Secondement, lorfqu'un homme ou plufieurs ayant été légitimement établis dans une charge de Magiftrature, la gardent au-delà du temps prefcrit par les Loix.

En troifiéme & dernier lieu, quand celui ou ceux qui font légitimement

K 5

établis, quoique pendant le temps prefcrit, ufurpent une puiſſance que la
Loi ne leur a point donnée ; ou qu'ils
font fervir celle qu'ils ont reçue à des
fins oppoſées au but qu'on s'eſt propoſé
en la leur mettant en main.

Au premier cas ; Filmer nous défend d'entrer dans l'éxamen des titres :
il nous enſeigne qu'il faut nous ſou-
mettre à ceux qui ont le pouvoir en
main, ſans nous enquerir s'ils l'ont
acquis par uſurpation, ou autrement.
Il ne prend pas garde que cette doctrine eſt autant criminelle qu'abſurde,
puiſqu'elle tend à prouver qu'il n'y a
point de mal à faire ſervir les premieres dignités de l'Etat de récompenſe
aux plus grands crimes, & à rendre le
reſpect dû au Souverain Magiſtrat en
qualité de pere du peuple, à un homme qui n'a point d'autre avantage au-
deſſus de ſes freres, excepté celui
qu'il peut avoir acquis, en dépoſſé-
dant ou maſſacrant injuſtement celui
qui étoit le légitime Souverain. Hobbs
craignant qu'on ne s'épouvante des ſui-
tes néceſſaires d'une doctrine ſi perni-
cieuſe & ſi ridicule, ou ayant peut-
être cru qu'il n'étoit pas beſoin qu'il
portât les choſes ſi loin, pour arriver

au but qu'il s'étoit proposé, agit avec
plus de circonspection, & ne fait point
difficulté de dire qu'en défendant la
cause des Souverains, il ne prétend
pas favoriser le parti de ceux qui s'emparent de l'autorité, sans aucun titre,
& sans le consentement des peuples.
Il dit qu'un tel Souverain n'est ni Roi
ni tyran, il ne lui donne point d'autre
nom que celui de *Hostis*, & de *Latro*,
& soutient qu'on peut avec justice le
traiter comme on traite un ennemi
public, ou un corsaire ; ce qui est
autant que s'il disoit, qu'un particulier peut mettre tout en usage pour le
détruire. Quelque coupable que soit
Hobbs à d'autres égards, il suit en ceci la voix de la nature & les préceptes
du sens commun : car un homme ne
peut pas s'établir Magistrat pour soi-
même ; & personne ne peut avoir le
droit & l'autorité de Magistrat, excepté celui qui est effectivement Magistrat.
Si celui qui fait tort à tout le monde,
est regardé avec justice comme un ennemi public ; on doit sans contredit regarder comme le plus mortel ennemi
d'un peuple, celui qui usurpe l'autorité Souveraine, puisque par cette usurpation il se rend coupable de la plus

cruelle & de la plus manifeste injustice
qu'on puisse faire à une Nation. C'est
pour cela même que parmi les peuples
les plus vertueux, il y avoit une loi
qui permettoit à tous les particuliers
de tuer les tyrans ; & ceux qui l'ont
fait tiennent le premier rang dans l'Histoire qui semble avoir réservé toutes
ses louanges pour ces libérateurs de la
Patrie.

Il s'en trouve d'autres qui appellent
ces Souverains *tiranni sine titulo* , & ils
donnent ce nom à tous ceux qui parviennent à la Souveraineté par des
voyes injustes, & contraires aux Loix.
Les Loix qu'ils renversent ne peuvent
les protéger, & chaque particulier est
en droit de s'armer contre un ennemi
public.

La même régle a lieu à l'égard de
tous ces prétendus Souverains, soit
qu'il n'y en ait qu'un, soit qu'il y en
ait plusieurs ; ainsi on pouvoit avec
justice traiter de la même maniere
les Mages, lorsqu'ils s'emparerent de
l'Empire des Perses après la mort de
Cambise ; les trente tyrans d'Athénes
qui furent détronés par Thrasibule ;
ceux de Thébes que Pélopidas fit mourir ; les Décemvirs de Rome & plu-

fieurs autres; car quoiqu'il arrive quelquefois qu'à cause du grand nombre des coupables, on laiſſe un crime impuni, cela n'empêche pas que ce qui eſt une méchante action dans une ſeule perſonne ne le ſoit dans dix ou dans vingt; & par conſéquent tout ce qu'on peut faire avec juſtice contre un ſeul uſurpateur, on le peut faire avec autant de juſtice contre pluſieurs, quelque conſidérable que ſoit leur nombre.

Secondement, ſi ceux qui ſont légitimement établis, continuent dans leurs charges au-delà du temps preſcrit par les Loix, c'eſt la même choſe. Ce qui eſt expiré, eſt comme s'il n'avoit jamais été. Le même homme qu'on créoit conſul pour un an, ou Dictateur pour ſix mois, devenoit après cela une perſonne privée, & s'il avoit continué plus long-temps dans ſa Magiſtrature, il auroit été ſujet au même châtiment que s'il avoit uſurpé cette charge dès le commencement. Epaminondas n'ignoroit pas ceci, quoi qu'il äimât mieux abandonner ſa vie à la merci de ſes citoyens, que de quitter la charge de Beotarche dans le temps preſcrit par les Loix, lorſqu'il vit, que celui qui lui reſtoit, étoit trop court pour venir à bout de l'entrepriſe qu'il avoit formée contre Lacédémone ; & ſi on lui pardonna, ce fut uniquement en conſidération de ſon excellente vertu, de l'action glorieuſe qu'il avoit faite, & par ce qu'on étoit très- perſuadé de la droiture de ſes intentions.

Quoique les Decemvirs Romains euſſent été légitimement établis dans leurs charges, cela n'empêcha pas qu'on ne les traitât comme on auroit pû faire des pariculiers, qui auroient uſurpé les emplois de la Magiſtrature, lorſqu'ils garderent ces charges au-delà du temps pour lequel on les leur avoit données. Tous les autres Magiſtrats étoient abolis; il n'y en avoit aucun qui pût régulierement convoquer l'aſſemblée du Sénat ou du peuple : mais lorſqu'on ſe fut apperçû des deſſeins ambitieux de ces Décemvirs, & qu'ils eurent aigri l'eſprit du peuple par le meurtre de Virginia, on ne garda plus aucune meſure avec eux, & on paſſa par-deſſus toutes les formalités. Le Sénat & le peuple s'aſſemblerent, & éxerçant leur autorité tout de même que s'ils avoient été régulierement convoqués, par le Magiſtrat qui étoit chargé de ce ſoin,

ils abolirent la puiſſance des Décemvirs, procéderent contre eux comme
contre des ennemis & des tyrans, &
ſe garantirent par ce moyen d'une ruine inévitable.

Troiſiémement, on peut avec juſtice agir de la même maniere contre un
Magiſtrat légitime qui, pendant le
temps preſcrit par les Loix pour l'éxercice de ſa charge, entreprend d'éxercer
une autorité que la Loi ne lui a point
donnée ; car à cet égard, il eſt homme privé : *Quia*, dit Grotius, *catenus
non habet imperium.* On peut donc réprimer la licence qu'il ſe donne, & le
traiter comme on traiteroit un particulier, parce qu'on ne lui a pas mis la
puiſſance en main pour faire ce qu'il
lui plaît, mais au contraire pour éxécuter ce que la loi a ordonné pour le
bien du peuple ; & comme il n'a point
d'autre autorité que celle que la Loi
lui donne, la même Loi détermine &
& limite la puiſſance qu'il doit avoir.
Le titre de Souverain qu'on donne au
Magiſtrat ne diminue en rien ce droit
qui appartient naturellement aux peuples ; car ce terme ne ſignifie autre choſe, ſinon qu'il agit ſouverainement
dans les affaires qui ſont commiſes à

ſes ſoins. C'eſt en ce ſens qu'on appelle
les Parlemens de France *Cours Souve-*
raines ; car ils ont puiſſance de vie &
de mort, & jugent en dernier reſſort
tous les procès & les différends qui ſur-
viennent entre les particuliers pour des
biens ou autres choſes, & on ne peut
appeller de leurs Sentence ; mais cependant, il n'y a jamais eu d'homme aſſez
fou pour croire, qu'il leur eſt permis
de faire tout ce qui leur plaît ; ou
qu'on ne doit pas leur réſiſter s'ils en-
treprenoient de ſortir des bornes de
leur devoir. Quoi que les Dictateurs
& les Conſuls Romains fuſſent des
Souverains Magiſtrats, cela n'empêchoit pas qu'ils ne fuſſent ſujets au peuple, & qu'on ne fût en droit de les
punir comme le moindre particulier,
lorſqu'ils violoient les Loix. Mr. de
Thou donne à ce mot de Souverain
une ſignification ſi étenduë, qu'il ne
fait point difficulté de dire, en parlant
de Barlotta, Giuſtiniano & de quelques autres qui, n'étant que Colonels,
furent envoyés pour commander en
chef trois ou quatre mille hommes pour
éxécuter une entrepriſe qu'on avoit
formée, *Summum imperium ei déla-*
tum. Grotius explique cette matiere en

diſtinguant ceux qui ont le *Summum imperium ſummo modo*, d'avec ceux qui l'ont *modo non ſummo*. Je ne ſçai pas où on peut trouver un exemple de cette puiſſance Souveraine éxercée ſans aucune limitation, qui ſoit fondé ſur un meilleur titre que celui que donne la *poſſeſſion*; mais ce n'eſt pas de quoi il s'agit ici, puiſque nous avons ſeulement deſſein d'éxaminer ce qui eſt légitime & conforme aux Loix. C'eſt pourquoi, remettant ce point à une autre fois, nous ſuivrons Grotius dans l'éxamen du droit des Souverains dont le pouvoir eſt limité de l'aveu de tout le monde : *Ubi partem imperii habet Rex, partem Senatus ſive Populus;* auquel cas il dit, *Regi in partem non ſuam involanti, vis juſta opponi poteſt;* d'autant que ceux qui en poſſedent une partie, ſont inconteſtablement en droit de défendre cette partie, *Quia data facultate datur jus facultatem tuendi* : autrement ce ſeroit une choſe tout-à-fait inutile.

Ce n'eſt préciſément que par la teneur de la Loi ou par la connoiſſance du but général que cette Loi s'eſt propoſé qu'on peut connoître juſqu'où s'étend le droit de chaque Souverain Ma-

giſtrat en particulier. Les Doges de Ve-
niſe ont aſſurément part au Gouvernement de cette République ; car on
ne les appelleroit pas Magiſtrats, s'ils
étoient exclus de l'adminiſtration des
affaires. On leur donne le titre de
Souverains ; toutes les Loix, & tous
les Actes publics ſe paſſent ſous leur
nom. L'Ambaſſadeur de cet Etat parlant au Pape Paul V. lui déclara hardiment que le Doge ne reconnoiſſoit
point d'autre Supérieur que Dieu ſeul.
Cependant on ne peut pas ignorer
qu'ils ne ſoient ſujets aux Loix, puiſqu'on en a fait mourir pluſieurs, pour
les avoir violées ; on voit même encore
à préſent au pied de l'eſcalier du Palais
de S. Marc, un Gibet remarquable qui
n'a jamais ſervi qu'à l'éxécution de
quelques-uns de ces Doges. Or ſi l'on
peut avec juſtice s'oppoſer à ces Souverains, lorſqu'ils commettent des actions injuſtes ; il n'y a point d'homme
raiſonnable qui ne demeure d'accord
que ſi quelqu'un d'entre eux ſe mettoit
en fait de renverſer les Loix par une
injuſte violence, on pourroit auſſi avec
juſtice ſe ſervir de la force pour réprimer ſon autorité, & le punir de ſon
crime.

De-plus, il y a de certains Magiftrats à qui on donne la puiffance de pourvoir aux flottes, aux armes, aux munitions aux vivres, en un mot à tout ce qui eft néceffaire pour faire la guerre ; c'eft à eux qu'appartient de lever & de difci-pliner les foldats, de nommer les Officiers qui doivent commander dans les Forts & dans les Garnifons, & de traiter alliance avec les Princes ou Etats étrangers. Mais fi un de ces Magiftrats laiffoit dépérir, vendoit, ou livroit aux ennemis, ces vaiffeaux, ces armes, ces munitions, ou provifions ; & qu'abufant de l'autorité qu'on lui a confiée, il fit des alliances avec les étrangers, dans lefquelles il ne fe pro-poferoit pour but que fon intérêt particulier, au préjudice de celui du Public, il eft fûr que par cette conduite, il abolit lui-même fa Magiftrature, & que le droit qu'il avoit ceffé, en même temps, comme difent les gens de Juf-tice, *fruftratione finis*. La Loi qu'il a renverfée ne le peut pas défendre, & il ne doit pas fe promettre que l'autori-té qu'on lui avoit confiée pour faire du bien, puiffe lui faire obtenir l'im-punité de fes crimes. Il étoit *fingulis, major* par l'excellence de l'emploi dont il étoit revêtu, mais il étoit aussi *universis minor* par rapport à la nature de son inftitution, & au but qu'on s'étoit propofé en lui conférant fa charge. Le moyen le plus infaillible pour perdre fa prérogative, étoit de fe fervir de son autorité pour faire du mal à ceux de qui il la tenoit. Quand les affaires font réduites à un tel point, il faut néceffairement que l'Auteur de tant de maux, ou la Nation périffe. Un troupeau ne peut fubfister fous la conduite d'un berger qui cherche à le ruïner, ni un Peuple fous le Gouvernement d'un Magiftrat infidéle. C'eft avec juftice qu'on comble de richeffes & d'honneurs les Magiftrats qui s'acquittent dignement des fonctions de leur charge, parce que cet emploi eft excellent en lui-même, & qu'il y a beaucoup de difficulté à le bien remplir. On a befoin dans un femblable pofte de beaucoup de courage, d'expérience, d'adreffe, de fidelité, & de fageffe. Le bon berger, dit notre Seigneur Jefus-Chrift, donne fa vie pour fes brebis : L'Ecriture nous parle d'une maniere fort defavantageufe du mercenaire qui s'enfuit lorfqu'il voit le danger; mais elle nous déclare que celui

qui travaille à la ruïne de son troupeau, est un loup ravissant : l'autorité
d'un pareil Souverain est incompatible
avec le salut du peuple ; & quiconque
desapprouve les troubles, les seditions
ou les guerres que l'on met en usage
pour lui ôter son emploi , lorsque les
autres moyens ont été inutiles, renver-
se le fondement de toutes les Loix en
permettant à un furieux de détruire
tout un peuple; & en accordant à un
scélérat un pouvoir auquel il n'est pas
permis de résister, il expose tout ce
qu'il y a de bon & de vertueux à une
ruïne certaine & inévitable.

Il se trouve peu de personnes qui
veuillent soutenir que les Doges de
Venise ou de Génes, & les Avoiés de
Suisse ou les Bourguemestres d'Amsterdam , ayent un pouvoir aussi absolu,
& une prérogative aussi éminente; il
se trouvera même bien des gens, qui
ne feront point difficulté de dire, que
ces Magistrats sont des conquins & des
scélérats, s'ils manquent de fidélité à
leur Patrie, & qu'il vaut mieux les
condamner à une mort infame que de
souffrir qu'ils viennent à bout de leurs
mauvais desseins. Mais si on convient
de cette vérité par rapport aux premiers

Magiſtrats de ces Nations, pourquoi
ne pourroit-on pas avec juſtice traiter
de la même maniere tous les autres de
quelque Nation qu'ils ſoient, & quelque titre qu'on leur donne? En quel
temps Dieu a-t-il accordé à ces peuples
le privilége extraordinaire de pourvoir
mieux à leur ſûreté, que les autres peuples du monde ne le peuvent faire? Ou
bien ce privilége a-t-il été conféré à
toutes les Nations de la terre ſans exception, quoique celles-là ſeules en
jouïſſent qui ont banni de leur Gouvernement les titres éclatans? Si cela eſt,
ce n'eſt pas leur bonheur que nous devons admirer, mais bien plutôt leur
ſageſſe, que nous devons auſſi imiter.
Mais pourquoi s'imagineroit-ton que
leurs Ancêtres n'ont pas eu le même
ſoin de leur ſûreté? Ceux qui ſe ſont
réſervé l'autorité ſur un Magiſtrat à
qui ils ont donné un certain nom n'ont-
ils pas la même autorité ſur un autre
Magiſtrat quelque nom qu'il puiſſe
avoir? Y a-t-il quelque charme dans
les mots, ou y a-t-il des noms d'une
ſi grande vertu, que celui qui les reçoit
devienne en même temps le Maître de
ceux qui l'ont fait ce qu'il eſt, pendant
que les autres Magiſtrats à qui on ne

donne pas ces mêmes noms demeurent
toûjours fujets de ceux qui les ont
créés ? Le Gouvernement de Venife
changeroit il de nature ; files Vénitiens
donnoient à leur Prince le nom de Roi ?
Les Polonois font-ils moins libres qu'ils
ne l'étoient auparavant, depuis que le
titre de Roi a été conféré à leurs Ducs ?
Ou les Mofcovites en font-ils moins
efclaves parce que leur Souverain Magiftrat n'a que le titre de Duc ? Pour
peu que nous éxaminions les chofes,
il nous fera aifé de voir qu'il y a eu des
Magiftrats qui fans avoir le nom de
Roi ont eu beaucoup plus de puiffance,
que des Rois; & que jamais Magiftrats
n'ont eu un pouvoir plus limité par les
Loix, que celui des Gots en Efpagne,
de Hongrie, de Bohême, de Suéde,
de Dannemarck, de Pologne, & de
plufieurs autres qui portoient le nom
de Roi. Il n'y a donc point de droit
univerfel qui appartienne proprement
à un certain nom ; mais chaque Souverain jouit des priviléges & prérogatives
que les Loix par lefquelles il a été fait
ce qu'il eft, ont bien voulu lui accorder. La Loi qui donne le pouvoir, le
régle & le limite comme il lui plaît?
& on ne peut obliger ceux qui ne don-

nent que ce qu'ils veulent bien donner, de fouffrir que celui à qui ils donnent, prenne plus qu'ils n'ont jugé à propos de lui donner; on ne peut pas non plus les contraindre à laiffer fon crime impuni, s'il veut s'emparer de ce qu'ils n'ont pas voulu lui accorder. On confirme ordinairement par ferment tous les accords que l'on fait; de forte qu'à la trahifon qu'on commet en les violant, on ajoûte encore le parjure. Ce font-là de bons Philofophes & de fçavans Théologiens qui croyent que cela fuffit pour fonder le droit de ceux qui n'en ont point ; ou qui s'imaginent que les Loix doivent protéger ceux qui les renverfent, & les mettre en état de faire tout le mal qu'ils projettent. Si les Loix ne doivent pas produire cet effet, il s'en fuivra que celui qui étoit Magiftrat légitime retourne par fes méchantes actions à la condition d'une vie privée ; & par conféquent on le peut traiter avec juftice de la même maniere qu'on traiteroit un voleur qui ne veut pas fe foumetre aux Loix.

Ceux qui fe plaifent à chicaner me demanderont peut-être, qui fera juge en ces fortes d'occafions; & fi j'ai deffein

fein de faire le peuple juge en fa propre
caufe ? A cela je répons que lorfqu'il
eft queftion d'un différend entre le Magiftrat & le peuple , il faut néceffairement que celui à qui on en remet la
décifion , foit juge en fa propre caufe;
& il s'agit feulement de fçavoir fi le
Magiftrat doit être foumis au jugement
du peuple , ou le peuple à celui du
Magiftrat. Il faut voir s'il y a plus de
juftice à foumettre le peuple de Rome
au jugement de Tarquin , que de laiffer à ce peuple le droit de juger ce Tyran. Ce monftre perfuadé qu'il étoit
devenu l'horreur de tous les gens de
bien , par le maffacre du frere de fa
femme , de fon beau - pere , & des
plus honnêtes-gens du Sénat , n'auroit
pas manqué d'exterminer ce qui reftoit
de plus illuftre à Rome. Sa mauvaife
conduite & fes crimes énormes l'ayant
rendu odieux à tout le peuple , il
avoit lieu d'appréhender fa vengeance ; & ayant uniquement en vûe de
détruire ceux qu'il craignoit , c'eft-à-
dire la ville de Rome, il feroit facilement venu à bout de fon deffein , fi le
peuple s'étoit foumis à fon jugement.
Si on laiffe au peuple la liberté de juger
Tarquin , je ne vois pas qu'on ait au-

Tom. II.   L

cune injuſtice à craindre ; il n'eſt pas
facile de s'imaginer comment ce peuple pourroit ſe porter à prononcer une
ſentence injuſte contre lui. Les Romains avoient toûjours témoigné beaucoup d'affection pour les Rois ſes prédéceſſeurs, ils le haïſſoient ſeulement
pour ſes crimes abominables : la cruauté qu'ils déteſtoient en lui n'étoit pas une
ſuppoſition, ils en avoient vû de trop
ſanglans effets pour en pouvoir douter.
Lorſque les plus honnêtes gens eurent
été mis à mort par ordre de ce Barbare, il n'y avoit perſonne de ceux qui
leur reſſembloient qui pût raiſonnable-
ment ſe croire en ſûreté. Brutus ne fit
ſemblant d'être fou, que lorſqu'il eut
vû par le meurtre de ſon frere, que
c'étoit une choſe dangereuſe de paſſer
pour ſage dans l'eſprit du Tyran. Si le
peuple, comme le dit Filmer, eſt toûjours débauché, vicieux, fou, enragé
& méchant ; s'il ſouhaite toûjours de
mettre l'autorité entre les mains de
ceux qui lui reſſemblent le mieux, Tarquin, & ſes fils étoient des perſonnes
telles que le peuple Romain pouvoit
ſouhaiter, & ce Prince ne pouvoit pas
douter qu'il ne trouvât des juges fa-
vorables : ſi au contraire le peuple

Romain étoit vertueux & bon, Tarquin ne devoit appréhender aucune injustice de sa part ; il n'y avoit que les remords de sa conscience, & la connoissance qu'il avoit de ses crimes énormes, qui pût l'engager à récuser le jugement de ce peuple. Il y a apparence que Caligula, Néron, Domitien, & leurs semblables avoient les mêmes raisons pour ne vouloir pas s'y soumettre ; mais il n'y a jamais eu d'homme raisonnable qui ait crû, qu'il valoit mieux que ces monstres de la nature décidassent s'il étoit à propos qu'on punît leurs crimes, ou non, que de laisser au Sénat & au peuple de Rome le droit de juger s'il étoit convenable de laisser la plus grande partie de l'Univers sous la Domination de ces scélérats qui ne tâchoient qu'à le détruire.

Si je parle ici de choses qui sont connues de tout le monde, il n'y a personne qui n'en ait vû de ses propres yeux, plusieurs autres de même nature ; & quiconque désapprouve toutes les séditions, troubles & guerres qu'on excite quelquefois contre ces Princes, doit dire qu'il ne s'en trouve point parmi eux de méchans, ni qui cherchent

L 2

la ruïne de leur peuple, ce qui est tout-
à-fait absurde; car Caligula souhaitoit
que le peuple Romain n'eût qu'une
tête, afin de pouvoir l'abattre tout
d'un coup : Néron mit la ville de
Rome en feu, & nous avons connu
des Princes encore plus méchans que
ceux-là : il faut donc souffrir qu'ils
éxercent impunément leur fureur &
fassent tous les maux imaginables, ou
bien il faut se servir de quelque voye
juridique, ou non-juridique pour reprimer leur licence ; & les personnes
qui n'approuvent pas qu'on procéde
contr'eux par des voyes non-juridiques, n'approuveront pas non plus
qu'on se serve de moyens juridiques
pour les punir de leurs crimes. Ces
personnes ne veulent pas entendre parler d'appeller un Souverain Magistrat
en jugement, lorsque cela est possible.
Ils veulent, dit notre Auteur, *déposer*
leur Rois. Pourquoi ne les déposeroit-
on pas, s'ils deviennent ennemis de
leurs peuples, & qu'ils ne cherchent
que leur intérêt personnel qui est incompatible avec le bien public, qui est
cependant la seule chose que l'on a eu
en vûe, lorsqu'on leur a confié la puissance Souveraine? S'ils ont été établis

par un confentement univerfel de toute
la Nation, pour l'avancement du bien
public, pourquoi ne les déposeroit-on
pas lorfque leurs actions ne tendent
qu'au dommage & à la ruïne du peuple ? S'ils montent fur le Trône, fans
y être appellés légitimement, pourquoi ne les en feroit-on pas defcendre ?
Leur fera-t-il permis d'empiéter fur
la liberté des autres, & fera-t-il défendu à un peuple à qui on fait tort de
reprendre ce qui lui appartient ? S'ils
s'emparent de la puiffance Royale par
des moyens injuftes, doit-on les en laiffer pour toûjours en poffeffion ? Les ex-
torfions les parjures & les meurtres
peuvent-ils rendre les grands qui en
font coupables, facrés & inviolables ?
Ces crimes pour lefquels on punit jufte-
ment les particuliers avec la derniere
févérité, mettront-ils ces Souverains
à couvert de tout châtiment, eux qui
les portent au Souverain degré de malice, & qui ayant plus d'autorité font
par conféquent plus en état de faire
beaucoup de mal à toute la Nation ?
Les Loix qui n'ont été établies que
dans la vûe de prévenir les crimes leur
ferviront-elles d'appui, & deviendront-
elles autant de piéges pour les innocens

L 3

qu'elles devroient protéger ? Chaque
particulier a-t-il mis en commun le
droit qu'il avoit de se venger des dommages qu'on lui pouvoit faire, afin
que l'autorité publique qui doit le
protéger ou le venger, fût plus en état
de le ruïner lui, sa postérité, & la
Société dans laquelle il est entré, sans
qu'il soit possible de remédier à ce malheur ? Rendra-t-on inutiles les Ordonnances Divines ? Et les puissances qu'il
a ordonné qu'on établît pour adminis-
trer la justice ne seront-elles plus consi-
dérées que comme un moyen d'assouvir les passions déréglées d'un homme
ou d'un petit nombre d'hommes ? Met-
tront-elles en état de tout faire impunément, pour les encourager de plus
en plus à commettre toutes sortes de
crimes? Connoît-on si peu la corruption de la nature humaine, qu'on puisse encore se flater, pour peu de bon sens
que l'on ait, d'obtenir justice de ceux
qui ne craignent point d'être punis des
actions injustes qu'ils pourroient commettre? ou peut-on s'imaginer que la
modestie, l'intégrité, & l'innocence
qu'on trouve rarement dans un homme, quelque précaution qu'on prenne à le bien choisir, soient nécessaire-

ment & inséparablement attachées à la
personne de ceux qui montent sur le
Trône de quelque maniere que ce puisse être ? Peut-on être assez fou pour se
persuader que ces qualités passeront
infailliblement à leurs Successeurs après
eux ; & peut-on se mettre dans l'esprit
qu'on puisse vivre en sûreté sous leur
Gouvernement s'ils ne possedent pas ces
rares vertus ? Certainement, si telle étoit
la condition des hommes qui vivent
dans une Societé, il y auroit plus de
sûreté dans les Forêts que dans les villes ; & il seroit plus avantageux à chaque particulier de songer à se défendre
tout seul, que d'entrer dans une Societé. Celui qui vivroit ainsi seul, pour-
roit-être attaqué, le défenseur auroit
le même avantage que l'aggresseur, &
il vaincroit ou seroit vaincu à proportion de son courage & de ses forces ;
mais il n'y a point de valeur qui puisse
le garantir de succomber sous la malice de son ennemi, si cet ennemi a de
son côté l'autorité publique. Il faut
donc demeurer d'accord qu'on est en
droit de procéder par des voyes juridiques, ou non - juridiques contre
tous ceux qui violent les Loix ; ou
bien ces Loix, & les Societés dont elles

L 4

font le fondement, ne peuvent fubfifter ; & il faut renoncer abfolument à
toutes les vûes qu'on s'eft propo-
fées dans l'établiffement des Gouvernemens, & voir périr en même temps
tous ces Gouvernemens. On eft obligé
d'avoir recours aux moyens non-juridiques, aux féditions, aux troubles & aux guerres, lorfque les perfonnes qu'on veut mettre à la raifon
font fi élevées en autorité, qu'on ne
peut pas les forcer autrement de fe
foumettre aux voyes juridiques. Ceux
qui nient cette vérité, doivent convenir
que felon eux, il n'y a pas moyen de
fe délivrer de l'ufurpation des Tyrans,
ou de fe mettre à couvert de la trahifon d'un Magiftrat légitimement élû,
qui ajoûte l'ingratitude & la trahifon à
l'ufurpation. Les Souverains Magiftrats n'ont point dans le monde de
plus dangereux ennemis, que ceux-
là : car comme il n'y a perfonne
qui fouhaite une amniftie pour des
crimes qu'il n'a jamais commis, celui qui veut éxempter les Souverains
de tout châtiment, infinue qu'il les
croit capables de commettre les plus
grands crimes ; & en concluant que
le peuple les dépoferoit fi cela lui étoit

possible , il reconnoît tacitement que ces Souverains se proposent un intérêt personnel opposé à celui de leurs sujets, ce qu'ils ne souffriroient pas s'ils pouvoient y apporter quelque reméde. Cette opinion ne tendant qu'à faire voir que tous les Gouvernemens sont tyranniques , semble n'avoir pour but que d'attirer sur ceux qui gouvernent une ruïne certaine & inévitable.

Si l'on nous dit qu'on ne peut entendre parler de sédition sans que ce terme excite en nous l'idée de quelque mal , je répons à cela qu'on ne doit donc pas l'appliquer à ceux qui ne cherchent que ce qui est juste ; & quoi que les moyens dont on se sert , pour délivrer un peuple opprimé , de la violence d'un cruel Magistrat, qui a mis les armes à la main d'une troupe de scélérats, & qui les a engraissé du sang & de la confiscation des biens de ceux qui auroient pu s'opposer à ses injustices, soient en quelque façon extraordinaires, la justice intérieure de l'action suffit pour justifier entierement ces Libérateurs de la Patrie. Celui qui a assez de vertu & de puissance pour délivrer un peuple de l'oppression , est toûjours en droit de le faire Valerius

L 5

Afiaticus n'avoit point trempé au meurtre de Caligula ; mais lorſque les ſoldats prétoriens en fureur, demanderent avec empreſſement qui étoit le meurtrier, il les appaiſa en leur diſant qu'il ſouhaiteroit de tout ſon cœur avoir été celui qui avoit fait une ſi bonne action. Jamais aucun homme raiſonnable n'a demandé de quel droit & par quelle autorité Thraſibule, Harmodius, Ariſton, Pelopidas, Epaminondas, Dion, Timoleon, Lucius Brutus, Publicola, Horatius, Valerius, Marcus Brutus, Cajus Caſſius & pluſieurs autres, ont délivré leur Patrie du joug des Tyrans. Les actions de ces grands hommes portoient avec elles leurs juſtifications & leurs vertus, & feront toûjours l'admiration de l'Univers, tant qu'on s'y reſſouviendra du nom des Grecs & des Romains.

Utinam feciſſem, Tacit.

Si ceci ne ſuffit pas pour faire voir combien ces actions ſont juſtes & glorieuſes, je crois que pour en être fortement perſuadés, il ſuffira de nous reſſouvenir de tout ce qu'ont fait Moïſe, Aaron, Hotniel, Ehud, Barac, Gédéon, Samuël, Jephté, David, Jehu, Jehoiada, les Machabées & tant de Saints hommes que Dieu a ſuſcités pour délivrer son peuple de ceux qui l'opprimoient. L'Ecriture-Sainte leur donne des louanges immortelles pour avoir porté les Israëlites par des moyens extraordinaires, tels que ceux que notre Auteur entend par ce terme de *Sédition, de troubles & de guerre,* à recouvrer leur liberté & à se venger des maux que leur faisoient des Tyrans Domestiques ou Etrangers. Les Apôtres, de leur temps, ne se sont jamais proposé d'établir, ou de renverser aucun Gouvernement Civil ; mais ils se conduisirent envers toutes les puissances de la terre, d'une maniere qui leur fit donner le nom de pestiférés, de séditieux, & de perturbateurs du repos public. Ils laisserent ces noms odieux en héritage à ceux qui dans les siécles suivans, en marchant sur leurs traces, méritoient d'être appellés leurs Successeurs. Ce fut en conséquence de cette idée qu'on avoit injustement conçûe de ces Saints Apôtres, qu'ils devinrent l'objet de la haine des Magistrats corrompus, & qu'ils se virent dans la nécessité de servir de victimes à leur cruauté, ou de se mettre en état de se défendre contre leurs violences. Quiconque ne voudra pas convenir

L 6

qu'ils étoient en droit de prendre ce dernier parti , doit condamner en même temps les actions les plus glorieuses des meilleurs, des plus fages & des plus Saints hommes qui ayent jamais vécu, aussi-bien que les Loix Divines & humaines, qu'ils ont toûjours prifes pour l'unique régle de leur conduite.

J'avoue cependant, qu'il y a des féditions, des troubles, & des guerres qui procédent de la malice, & qu'on ne peut assez détester , parce que leur unique but eft d'assouvir la passion de quelques particuliers, fans aucun égard au bien public. Cela ne peut arriver dans un Gouvernement populaire, à moins que ce ne foit parmi la populace; ou lorfque le Corps du peuple eft fi corrompu, qu'il ne peut plus fubfifter. Mais ces fortes de maux font fort fréquens, ou pour mieux dire, font naturels aux Monarchies abfolues. Lorfqu'Abimelec voulut fe faire Roi, il alluma une fédition parmi les plus abjets d'entre le peuple ? Il prit à fa folde des hommes vains & volages, que quelques verfions appellent débauchés & vagabonds, avec leur fecours il fit mourir fes freres , mais il

périt avant que de pouvoir venir à
bout de son entreprise ; ses Partisans
corrompus n'étant pas assez forts pour
soumettre le reste du peuple qui étoit
de meilleure foi qu'eux. Sp. Melius, &
Manlius entreprirent la même chose à
Rome : ils agirent par un mauvais
principe, le prétexte du bien public
dont ils se servoient pour couvrir leur
desseins n'étoit qu'un faux prétexte. Il
peut bien faire qu'il y avoit alors parmi les Romains d'aussi méchans Citoyens que ceux-là, & qu'ils n'ignoroient pas leur mauvais projets; mais
le Corps de la Nation n'étant pas corrompu, il ne fut pas difficile de faire
échouer leur pernicieuse entreprise. On
connut évidemment, dit Tite-Live :
Nihil esse minus Populare quam regnum :
ceux qui avoient favorisé Manlius, furent les premiers à le condamner à la
mort lorsqu'on eut prouvé que *egre-
gias alioqui virtutes fœda regni cupiditate
maculasset.* Mais lorsque la corruption
est devenue générale parmi le peuple,
on voit rarement échouer ces sortes
d'entreprises, & elles se terminent d'ordinaire par l'établissement de la tyrannie. Il n'y a point d'autre espece de
Gouvernement qui soit du goût des

scélérats, & des perfonnes vaines, &
on n'a jamais vû que des hommes vertueux ayent contribué à élever un Tyran. Tous ceux qui ont jamais conçû
le deffein d'établir un Gouvernement
tyrannique dans leur Patrie, ont cru
que le feul moyen d'y réüffir étoit en
corrompant les mœurs du peuple, en
gagnant les foldats par des largeffes, en
entretenant des troupes étrangeres &
mercénaires, en ouvrant les prifons,
en donnant la liberté aux efclaves, en
promettant aux pauvres l'abolition de
leurs dettes, & en partageant de nouveau les terres entre les Citoyens ; c'eft
uniquement par-là que tous les tyrans
fe font frayé le chemin au Trône. Les
féditions que ces fortes de perfonnes
excitent, tendent toûjours à la ruïne du
Gouvernement populaire; mais lorfqu'elles arrivent dans les Monarchies
abfolues, le mal qu'elles font ne tombe
que fur une feule perfonne, & lorfqu'on a dépofé celui dont on croit
avoir lieu de fe plaindre, les auteurs
de ces troubles, en mettent un autre à
fa place, qui ne pouvant fubfifter que
par le fecours de ceux qui lui ont mis
la puiffance en main, eft néceffairement obligé de fomenter ces vices qui

les ont portés à l'élever fur le Trône quoiqu'il ne foit pas impoffible qu'un autre fe ferve des mêmes voyes, pour l'en faire defcendre.

Tout ce qui réfulte de ceci eft, que ceux qui foutiennent le Gouvernement populaire, regardent le vice & l'indigence comme des maux qui s'augmentent naturellement l'un l'autre, & qui contribuent également à la ruïne de l'Etat. Lorfque le vice a réduit les hommes dans l'indigence, ils font toûjours prêts à faire du mal ; il n'y a point de crimes, quelque énormes qu'ils foient, dont des gens débauchés, perdus de réputation, & épuifés de biens, ne foient capables. L'égalité qui régne dans les Gouvernemens populaires eft tout-à-fait contraire à ces gens-là; & ceux qui veulent maintenir cette égalité, doivent maintenir la pureté de mœurs, la fobriété, & faire en forte qu'un chacun foit content de ce que la Loi a bien voulu lui accorder. D'un autre côté, le Monarque abfolu qui ne veut point avoir d'autre Loi que fa volonté, tâche toûjours d'augmenter le nombre de ceux qui, par leur débauche ou pauvreté, ont du penchant à vouloir dépendre uniquement de lui; quoique le même tempérament d'esprit, & les mêmes circonstances de fortune où ils se trouvent, les disposent également à exiter des séditions capables de le mettre en danger; & que la même corruption qui les a porté à l'élever sur le Trône, puisse bien encore les pousser à vendre la Couronne à un autre qui leur en offrira une somme plus considérable.

Nonobstant tout ce que je viens de dire, je ne prétens pas soutenir que tous les Monarques sont vicieux; mais seulement, que quiconque veut établir un pouvoir absolu, doit se servir de ces moyens; & que si ce pouvoir est déja établi, & qu'il tombât entre les mains d'une personne, qui fût assez vertueuse, & d'un naturel assez moderé pour vouloir tâcher de rendre le joug si aisé, qu'un peuple mieux discipliné fût content de le porter, cette méthode néanmoins ne pourroit subsister que pendant sa vie, & même, que ce seroit peut-être un moyen de l'abbréger. En effet, ce qui tire son origine d'une source corrompue ne peut rien produire de bon, ou si cela arrive quelquefois, c'est une espece de miracle; la vertu ne peut pas soutenir long-

temps ce qui procéde d'un principe vicieux; & nous voyons que les plus
fcélérats d'entre les Empereurs Romains n'avoient pas plus à craindre les
entreprifes d'un petit nombre d'honnêtes gens qui s'étoient garantis de leur
fureur, que les meilleurs de ces Souverains avoient lieu d'appréhender la
rage des Citoyens corrompus, qui ne
pouvoient fouffrir aucune correction,
& qui n'avoient pour but que de fe
donner un Maître fous lequel ils puffent s'abandonner impunément à toute
fortes de vices. Ce petit nombre de bons
Empereurs qui échapperent à la fureur
de ces fcélérats donnerent feulement à
l'Empire le temps de refpirer, l'Etat
eut quelque peut de relâche pendant
leur régne, mais leurs enfans, ou leurs
Succeffeurs le replongerent bien-tôt
dans l'abîme de malheurs & de mife-
res d'où ils avoient eu deffein de le tirer. Il falloit qu'un Prince fût doüé
d'une vertu bien extraordinaire, pour
pouvoir fe réfoudre a perféverer dans
un chemin oppofé au principe de fon
propre Gouvernement; cette vertu extraordinaire fe trouvant rarement dans
un Prince, & ne demeurant pas long-
temps dans une famille, tous les efforts

des meilleurs Souverains devinrent inutiles, & eux-mêmes périrent avant que de pouvoir réüssir dans leurs entreprises, ou bien après leur mort on bouleversa tout ce qu'ils avoient fait de bon & on retomba dans le même abîme de dissolution & de déréglement.

Quoique les Rois Hébreux n'eussent pas une puissance sans bornes, cependant elle passoit les limites que Dieu lui-même avoit prescrites, elle suffisoit pour augmenter le nombre des scélérats, & pour leur donner occasion de troubler perpétuellement l'Etat. D'un côté, le Roi étoit environné de flateurs, & de courtisans qui ne cherchoient qu'à faire du mal ; de l'autre côté, on trouvoit des sujets mécontens & endettés. Quoique la cause de David fût juste, quoique ce Prince fût sage, vaillant & pieux, il ne se trouva néanmoins personne qui voulût le suivre lorsqu'il fut obligé de s'enfuïr de devant Saül, excepté quelques-uns de ses proches, qui sçavoient les promesses que Dieu lui avoit faites, & ceux d'entre le peuple qui se trouvoient pressés de leurs créanciers. Après la mort de Saül, il s'alluma une longue & sanglante guerre entre Isbosçet & David. Isbosçet ayant été mis à mort, la moin-

dre chose suffisoit pour que la Nation se
portât à repandre son propre sang. Absa-
lom par son éloquence fut capable de faire révolter tout Israël contre son pere :
Scebah fils de Bicri n'eut pas plus de peine à exciter contre ce Prince une sédition
encore plus dangereuse : David par sa
prudence, par sa valeur, & avec le secours du Ciel appaisa tous ces troubles, & laissa à son fils Salomon un
Royaume paisible & tranquille ; mais
après la mort de ce dernier, il s'alluma
un feu qui ne s'éteignit que par une
dispersion générale de toute la Nation.
Salomon par ses magnificences excessives
avoit réduit le peuple dans une si grande
pauvreté, qu'ils consentirent avec joye
à la premiere proposition de révolte
que Jeroboam leur fit. Depuis ce temps-
là on ne vit que troubles domestiques,
& séditions parmi les Israëlites, où ils
eurent de continuelles guerres à soutenir avec leurs freres de la Tribu de
Juda. neuf Rois avec leurs familles périrent dans ces séditions, & ces guerres
furent si sanglantes, que jamais peuple
ne s'est vû exposé à tant de malheurs ;
ces malheurs continuerent sans aucune
interruption, & furent enfin cause de la
désolation du Pays, qui fut suivie de la

captivité de tout le peuple. Quoique
Dieu, suivant ses promesses, eût conservé
une lampe dans la maison de David;
cependant la Tribu de Juda n'en fut pas
beaucoup plus heureuse. Joas périt par
la conspiration de quelques particuliers,
& Amasias, selon toutes les apparences,
fut mis à mort par le commandement
du peuple, pour avoir par son imprudence exposé ses sujets à un carnage terrible. Athaliah extermina toute la famille Royale, & fut tuée elle-même
par le comandement de Jehojada, qui
n'ayant point appris de Filmer qu'on
dût se soumettre aux puissances sans
s'informer des moyens dont les Princes
se sont servis pour monter sur le Trône,
la fît traîner hors du Temple pour lui
faire souffrir une mort qu'elle méritoit
bien. Tout ce qui nous reste de ces Rois
de Juda est une suite d'Histoires tragi-
ques: & si l'on prétend que tous ces malheurs n'étoient pas tant un effet de certaines causes qui peuvent s'appliquer aux
autres Nations, qu'un châtiment que
Dieu irrité contre son peuple lui envoyoit
pour le punir de son Idolâtrie; je répons
à cela que cette Idolâtrie étoit une pro-
duction du Gouvernement qu'ils avoient
établi parmi eux; & qu'ayant mieux ai-

mé se soumettre à la volonté d'un seul
homme, qu'aux loix de Dieu, ils méritoient justement de souffrir tous les
maux qui suivent naturellement un mauvais choix. Tous les peuples qui ont
tenu la même conduite, ont souffert les
mêmes miséres. Alexandre étoit doüé
d'une vertu admirable, & jamais Prince n'a été plus heureux, cependant son
régne fut une suite continuelles de cons-
pirations, il les découvrit à la vérité
mais cette découverte lui couta bien
cher, puisqu'elle le porta à faire mourir
Parmenion, Philotas, Clitus, Calis-
thenes, Hermolaus & plusieurs autres
de ses meilleurs amis. S'il se garantit
du fer, il ne put éviter le poison. Le
meurtre de ses femmes, de sa mere &
de ses enfans qui ne purent se mettre à
couvert de la rage de ses propres soldats,
la fureur de ses Généraux qui ne cessa
que lorsqu'ils se furent exterminés les
uns les autres ; son Royaume paternel,
qui après plusieurs révolutions, tomba
sous la domination de Cassander son
plus mortel ennemi, la ruïne entiere de
son armée victorieuse, & particulierement celle des fameux Argiraspides, qui
étant devenus infidéles & séditieux après
la mort d'Eumenes furent envoyés dans

les pays inconnus de l'Orient pour y
périr, toutes ces choses, dis-je, sont
des preuves suffisantes de l'admirable
fermeté, du bon ordre, de la paix, &
de la tranquilité qui regnent dans les
Monarchies absolues. Après ce Gouvernement, il en parut un autre de
même nature sur le Théâtre du monde;
ce fut celui des Romains, qui s'etablit
par le moyen des guerres, qui consu-
merent les deux tiers du peuple; qui se
confirma par les proscriptions qui firent
périr tous ceux qui se distinguoient par
leur Noblesse, par leur vertu, ou par
leurs richesses. La paix dont les Romains
jouïrent sous le regne d'Auguste étoit
un repos semblable à celui que le malin
esprit accordoit à l'enfant de l'Evangile,
lorsqu'après l'avoir cruellement tour-
menté il le laissoit comme mort. Cette
déplorable ville étoit seulement tombée
dans une espece d'évanouissement; après
avoir été déchirée pendant un long-
temps par de violentes séditions, par
des troubles domestiques & par de cruelles guerres elle demeura comme mor-
te, & ne trouvant point de libérateur
semblable à celui qui guerit l'enfant,
elle fut livrée en la puissance de nouveaux Démons, qui ne cesserent point de

la tourmenter jusqu'à ce qu'elle fût entierement détruite. Auguste crut qu'il
ne la pouvoit pas mettre en de meilleures mains qu'en celles de Tibére, pour
augmenter ses malheurs. Persuadé, que
pour se faire regretter des Romains
après sa mort, il falloit leur donner un
Maître encore plus méchant que lui, il
crut ne pouvoir mieux réüssir dans ce
dessein qu'en choisissant pour successeur
ce monstre d'orgueil, de cruauté & de
débauche. Tibére repondit parfaitement bien à ce que l'on s'étoit promis
de lui ; son régne fut une suite non inter-
rompue de meurtres, de subornations ,
de parjures & d'empoisonnemens ; sous
ce digne Souverain les débauches les
plus infames monterent sur le Trône, les
Provinces se révolterent, & les armées se
mutinerent. Ses successeurs ne firent pas
mieux que lui , & leur sort n'est pas digne d'envie : Caligula fut tué par ses
propres Gardes, Claudius fut empoison-
né par sa femme : l'Espagne, les Gaules,
la Germanie, la Pannonie, la Mœsie , la
Syrie,& l'Egypte se révolterent toutes en
même temps contre Néron; le peuple &
le Sénat suivirent l'exemple des Provinces. Je ne doute pas que ce ne fût-là une
sédition au sentiment de notre Auteur.

Néron ayant été tué par un esclave, ou s'étant défait de sa propre main, pour éviter de périr par celle d'un bourreau, Galba signala son entré à Rome par le Sang qu'il y répandit ; mais lorsque ses propres Soldats virent qu'il ne vouloit pas leur donner autant d'argent qu'ils en prétendoient pour l'avoir élevé sur le Trône, ils le massacrerent : & pour être convaincu de la fermeté des Monarchies absolues, on n'a qu'à se souvenir que cela ne se fît pas de l'avis du Sénat, ni par une conjuration de personnes considérables : *Suscepere duo manipulares Populi Romani Imperium transferendum, & transtulerunt.* Deux misérables coquins donnerent l'Empire à Othon ; & peu s'en fallut que tout le Sénat ne fût massacré, pour n'avoir pas obéït aussi-tôt qu'il l'auroit dû faire, à une autorité si digne de respect ; à peine cette illustre assemblée put-elle se garantir de la fureur de ses compatriotes ivres & enragés. Pour un témoignage encore plus autentique que les Monarchies ne sont point sujettes aux séditions & aux troubles, il ne faut que considérer qu'il eut seulement deux Compétiteurs en même temps contre lesquels il fut obligé de défendre cet Empire
qu'il

qu'il avoit si justement acquis. Son armée fut défaite à Bebriac, il se tua lui-même ; & bien-tôt après Vitellius son successeur fut jetté dans un Cloaque. Après la mort de celui-ci, on suivit toûjours la même méthode : Rome fut mise à feu & à sang ; & pour rapporter tous les malheurs publics, il faudroit transcrire toutes les Histoires qui nous restent. Dans les siécles suivans, on ne reconnut point d'autre loi que la maxime de Pirrhus, qui ayant été interrogé pour sçavoir qui seroit son successeur, répondit que ce seroit celui qui auroit la meilleure épée. Tout homme qui pouvoit réüssir à corrompre deux ou trois Légions, croyoit avoir un titre bien fondé pour prétendre à l'Empire ; & à moins qu'il ne périt par la trahison, ou par la mutinerie de ses propres soldats, on le voyoit rarement renoncer à ses ambitieux projets avant que d'avoir tenté le sort d'une bataille ; & après tout celui qui remportoit la victoire ne joüïssoit paisiblement du Trône qu'autant qu'il plaisoit à ses soldats ; & les Provinces désolées n'ayant plus ni force, ni vertu, étoient contraintes de suivre en esclaves la fureur ou la fortune de ces scélérats. Rome étoit dans ce tris-

te état lorsqu'elle dédia à Constantin
l'Arc de Triomphe qu'elle avoit prépa-
ré pour Maxence ; & les Provinces qui
avoient donné l'Empire à Albinus & à
Niger se soumirent à Septimus Severus.
Dans cette grande diversité d'accidens
& de malheurs qui mettoient alors tout
l'Univers en confusion, il n'y avoit
point d'Empereur qui eût d'autre droit
que celui qu'il achetoit à prix d'argent,
ou qu'il acqueroit par la violence ; il
n'en jouïssoit qu'aussi long-temps que
ces moyens subsistoient ; ainsi il ne pouvoit pas être fort tranquille, puisqu'il
n'y a rien au monde de moins assuré
qu'une Domination acquise par argent,
ou par force. De cette maniere, la plûpart de ces Princes périrent par le fer,
l'Italie fut entierement ravagée, & Rome se vit plusieurs fois pillée & réduite
en cendres. La Maîtresse du monde
étant devenuë esclave, les Provinces qui
avoient été conquises par la valeur &
par la vertu de ses anciens habitans , firent partie du Patrimoine d'un Usurpa-
teur qui , sans aucun égard pour le bien
public, les partagea entre ses enfans , à
proportion du nombre qu'il en avoit,
ou en consultant seulement sa passion.
Ceux-ci se détruisoient les uns les autres,

ou fuccomboient fous les armes victo-
rieufes d'un tiers qui avoit même fortune qu'avoit eu leur pere ; la plus grande
partie de ces Provinces tombant ordinairement en partage au plus fcélérat.
Si le contraire arrivoit quelquefois, le
Gouvernement du meilleur, n'étoit pro-
prément qu'un bon intervale qui ne fervoit qu'à augmenter l'horreur des gens
de bien pour les malheurs qui fuivoient
la mort de ce Souverain. Tout ce que
pouvoient faire les meilleurs d'entre
ces Princes, c'étoit d'arrêter le mal
pour quelque temps, mais il n'étoit pas
en leur pouvoir de réformer le principe
corrompu de leur Gouvernement ; plufieurs d'entre eux ont été mis à mort,
auffi-tôt qu'on s'eft apperçû que c'étoit
là leur deffein ; & d'autres qui finirent
leurs jours en paix, laiffèrent l'Empire,
à des parens qui étoient bien éloignés
de leur reffembler. Domitien monta fur
le trône en qualité de frere de Tite.
Les vertus excellentes qui avoient brillé
avec tant d'éclat en la perfonne d'An-
tonius & d'Aurelius, parloient en faveur de Commode & d'Héliogobale.
Honorius & Arcadius qui par leur lâcheté furent caufe de la ruïne des Empires d'Occident & d'Orient, étoient

M 2

fils du brave Théodose. Ceux qui avoient assez de vertu pour ne tremper point leurs mains dans le sang, & pour bannir de leur cœur la malice, l'avarice & l'orgueil, ne pouvoient pas faire passer leurs bonnes qualités à leurs Successeurs, ni corriger la perversité & la corruption qui avoient pénétré jusqu'à la racine de leur Gouvernement. Toute la masse du sang étoit gâtée : tout le Corps n'étoit qu'un ulcére que la main du Tout-puissant étoit seule capable de guérir ; & Dieu qui a toûjours eu l'iniquité en horreur, & qui avoit déclaré en tant d'endroits qu'il n'entendroit point les cris de son peuple, lorsqu'il auroit choisi ce qui n'étoit pas bon, n'avoit garde de faire ressentir les effets de sa miséricorde à des étrangers, qui avoient fait un mauvais choix.

Je me suis arrêté si long-temps aux Histoires des Juifs, des Macédoniens, & des Romains, parce que ce sont les plus remarquables, & celles qui nous sont mieux connues : on ne peut parler qu'avec beaucoup d'incertitude & d'obscurité des Monarchies Babilonienne, Assyrienne, Caldéenne, Bactrienne, & Egyptienne. Nous n'en sçavons presque autre chose, que ce que l'Ecriture nous en dit par occasion, lorsqu'elle nous parle de leur cruauté barbare & de leur folie. Les autres Monarchies ont été semblables à celles-ci, & je ne sçai pas où on peut trouver un seul de ces Gouvernemens qui ait joüi d'une paix durable, à moins que ce ne soit dans le Perou, où l'Inca Garcilasso de la Vega dit, qu'un homme & une femme enfans du Soleil & de la Lune, étant venus parmi un peuple Barbare qui vivoit sans Religion & sans Loi, y établirent un Empire qui fut gouverné avec beaucoup de justice par douze générations consécutives, qui y firent régner la paix & la tranquilité : mais ceci étant aussi fabuleux que leur origine, nous ne nous y arrêterons pas, aimant mieux examiner les Monarchies qui nous sont mieux connues. De toutes celles-là, il n'y en a pas eu une seule qui n'ait été sujette à un plus grand nombre de séditions, & à de plus dangereux troubles, que tous les Gouvernemens Populaires qui ont jamais été dans le Monde : & la condition de ces Monarchies qui ne sont pas absolües, mais qui cependant donnent la préférence à la naissance, sans aucun égard au mérite ou à la vertu, n'est pas beaucoup meilleure.

M 3

On peut aussi-bien prouver cette vérité par les raisons de ces séditions & de ces troubles que par le fait même.

Ces raisons procédent de la violence des passions qui portent les hommes à la sédition, & de l'embarras qu'il y a à résoudre toutes les difficultés qui surviennent au sujet de la Succession.

Il n'y a point d'homme éxempt de passions, il y en a peu qui puisse les modérer, & il ne s'en trouve point qui puisse les détruire entierement. Comme les tempéramens des hommes sont différens, aussi se laissent-ils gouverner par des objets différens; ils suivent ordinairement leur passion dominante, soit que leur penchant les porte à la colére, au désir, à l'avarice, à la débauche, ou à quelque autre appétit plus ou moins blâmable; chaque genre de vie fournit de quoi fomenter en quelque façon toutes ces passions; mais la Souveraineté renferme en soi tout ce qui peut être du goût des plus violens & des plus vicieux. Un Roi avare a de grands revenus, outre ce qu'il peut acquerir par fraude & par rapine, pour satisfaire sa passion : S'il aime les plaisirs sensuels, la diversité de ces plaisirs, & la facilité qu'il trouve à accomplir ses fouhaits, ne feront qu'enflammer de plus en plus cette paffion voluptueufe. Ceux qui font ambitieux, fe voyant la puiffance en main, fe croyent capables de tout entreprendre ; & les moins capables de gouverner, ou les plus pareffeux fe déchargent du foin qu'ils devroient prendre , perfuadés qu'il fe trouve affez d'autres perfonnes qui font bien aifes d'être payées pour fe charger du fardeau des affaires , pendant qu'ils vivent dans l'oifiveté. Ceux qui ont naturellement du penchant à l'orgueil & à la cruauté font expofés à de plus violentes tentations qui les pouffent à ufurper une Domination qui ne leur appartient pas ; & les mauvais confeils des flateurs qui les environnent concourant toûjours avec leurs paffions, les animent à exercer à la derniere rigueur l'autorité qu'ils ont reçuë, pour affouvir par là leur propre rage, & fe mettre à couvert des effets de la haine publique qu'ils fçavent bien qu'ils ont méritée. Si ce que dit Filmer eft véritable, qu'il n'y ait point d'autre régle que la force & le fuccès, & que celui qui a la puiffance en main doive être confidéré comme le Pere du Peuple ; quiconque a l'un peut faire effai de l'autre. Ceux-mêmes qui

M 4

ont égard à la justice ne manqueront jamais de trouver des raisons pour se persuader qu'ils l'ont de leur côté. Il peut y avoir quelque abus à réformer dans l'Etat; on peut leur avoir fait tort à eux ou à leurs amis; on leur a peut-être refusé des emplois & des honneurs qu'ils croyent bien mériter; ou peut-être on leur préfére des personnes qui à leur avis ont moins de mérite qu'eux. Presque tous les hommes se trompent dans l'opinion qu'ils ont de leur mérite, s'estimant ordinairement beaucoup plus qu'ils ne valent; & si un heureux succès suffit pour faire un Monarque, ils croyent pouvoir entreprendre avec justice tout ce dont ils espérent pouvoir venir à bout. C'est-là le cas où se trouvoit Jules César; il crut que tout lui étoit permis, lorsqu'on lui eut refusé le Consulat qu'il s'imaginoit avoir bien mérité.

Viribus utendum est quas fecimus : arma tenenti
Ominia dat qui justa negat. Lucan.

Ces entreprises semblent être réservées pour les grands courages; mais il n'y a point d'homme si lâche qui ne soit capable d'entreprendre, & de venir quelquefois à bout de ce qu'il entreprend, lorsqu'il trouve une conjoncture favorable. Nous ne trouvons rien dans toutes les Histoires qui approche de la folie, de la paresse, de la lâcheté, & de l'yvrognerie de Vitellius ; rien qui égale l'impureté & l'avarice de Galba ; mais tout cela n'empêcha pas qu'ils ne parvinssent à l'Empire de l'Univers : Othon fut élevé sur le trône, parce qu'il étoit tout-à-fait semblable à Néron : l'avarice de Vespasien le fit mépriser de tout le monde, jusques à ce que l'on eût vû les rênes de l'Etat entre les mains de personnes si méprisables, qu'on eut lieu de croire qu'il n'y avoit point d'homme qui ne fût digne d'occuper leur place ; & l'on vit communément dans les siécles suivans les plus scélérats monter sur le Trône par les moyens les plus détestables.

Il ne sert de rien de dire que les Loix de Dieu & de la nature ont prévenu tous ces malheurs, en ordonnant que le plus proche du sang soit héritier de la Couronne ; car s'il y avoit eu une pareille Loi, ou qu'elle eût pû prévenir tous ces malheurs, les hommes

M ƒ.

n'y auroient pas été perpétuellement
exposés : & quand même il y en auroit
effectivement une , elle n'empêcheroit
pas qu'il ne se trouvât encore tant de
difficultés au sujet de cette proximité du
sang , qu'il n'y auroit pas d'homme
raisonnable , qui osât entreprendre de
les résoudre. La Loi est inutile , à
moins qu'il n'y ait une puissance établie pour juger des différends qui naif-
sent au sujet des différentes manieres
dont on l'explique. La maxime fonda-
mentale des grandes Monarchies est
qu'il ne peut point y avoir *d'interrégne:*
l'héritier de la Couronne est en possession aussi-tôt que celui qui la portoit
est mort. *Le mort* , comme disent les
François, *saisit le vif :* il ne peut donc y
avoir de telle Loi dans le monde , ou
elle ne sert de rien. S'il y a des juges
pour interpréter la Loi , personne ne
peut être Roi avant qu'ils ayent jugé
en sa faveur ; & il n'est pas Roi en
vertu de son droit, mais en vertu de la
sentence qu'ils ont prononcée. S'il n'y
a point de juges , cette Loi est purement imaginaire ; & un chacun peut
l'expliquer à sa maniére. Celui qui voit
une Couronne devant ses yeux , & qui
a les armes à la main n'a besoin que
d'un heureux succès pour se faire Roi ;

& s'il réüſſit, tout le monde eſt obligé
de lui obéïr.

Il faudroit être fou pour dire que la
choſe eſt claire d'elle-même, & qu'elle
n'a pas beſoin d'être décidée; car il
n'y a perſonne qui ne ſçache, que lorſqu'il eſt ſeulement queſtion d'un héritage entre particuliers, il n'y a aucune
Loi, quelque préciſe qu'elle puiſſe être,
qui ne ſoit ſujette à diverſes explica-
tions, qui ſont la ſource des différends
qui naiſſent tous les jours, qui ne peuvent être terminés que par une puiſſance
à la quelle deux parties ſoient obligées
de ſe ſoûmettre : Or les querelles qui
s'allument pour la poſſeſſion d'un Royaume, ſont d'autant plus épineuſes, qu'il
n'eſt pas poſſible de trouver cette Loi,
& d'autant plus dangereuſes, que les
compétiteurs ſont ordinairement plus
puiſſans.

De plus, il faut que cette Loi ait
été donnée en général à tous les hommes du monde, ou en particulier à
chaque Nation. Si elle eſt particuliere
à chaque peuple, une affaire de cette
importance demande de bonnes preuves ; il faut ſçavoir quand, comment,
où, & par qui elle a été donnée à un
chacun de ces peuples. Or l'Ecriture

M 6

Sainte nous enseignant au contraire
qu'il n'y a eu que les Juifs à qui Dieu
ait donné des Loix, & qu'elles ne leur
prescrivoient rien de semblable à ce
que l'on appelle Monarchie héréditaire,
selon la proximité du sang, nous pouvons soutenir hardiment que Dieu n'a
jamais donné une telle Loi à aucun
particulier, ni à aucune Nation. S'il
ne l'a pas donnée à un chacun, il ne
l'a pas donnée à tous; car un chacun
est compris sous le mot de tous; & si
personne ne l'a, il est impossible que
tous l'ayent; ou que tous soient obliges
de l'observer, s'il ne se trouve personne qui puisse dire ni qui sçache, quand,
où, & par qui elle a été donnée, ni
quel en est le véritable sens. Or c'est ce
qu'aucun n'a encore pû nous apprendre, comme cela est évident par la
diversité des loix & coûtumes des
Nations, par rapport à la disposition des
Successeurs héréditaires : & jusqu'à présent aucun de ces peuples n'a pû faire
voir que la méthode qu'il suit à cet
égard soit plus conforme à la nature
que celles qui sont en usage parmi les
autres nations.

Si Filmer prétend être l'interprête
de Dieu, & qu'il se croye able de

lever ces doutes, il me permettra bien de lui demander duquel de ces cinq moyens suivans Dieu a ordonné qu'on se servît; & après cela nous éxaminerons ce qui en résulte.

I. En France, en Turquie, & en d'autres lieux, la succession tombe directement sur le plus proche mâle de la branche aînée, & suivant cette régle, le fils est préféré au frere de celui qui a porté le dernier la Couronne; c'est ainsi que le Roi de France qui régne à présent, est monté sur le Trône préférablement au Duc d'Orléans son oncle. Suivant cette même maxime, on préfére les fils de l'aîné aux freres de l'aîné; comme cela se pratiqua à l'égard de Richad II. Roi d'Angleterre qui fut élevé sur le Trône préférablement à tous les freres du brave Prince Edouard son pere.

II. Il y a d'autres peuples qui donnent toujours la Couronne aux enfans mâles de la famille Régnante, mais qui cependant préférent le plus âgé, sans éxaminer s'il est sorti de la branche aînée; & le droit de réprésentation n'ayant point de lieu parmi eux, celui qui est le plus âgé, est estimé le plus proche parent du premier Roi; & le

second fils du dernier Roi , plus proche que son petit fils quoique sorti
de l'aîné ; suivant laquelle régle tous
les fils d'Edouard III. qui lui survécu-
rent , auroient dû être préférés à Ri-
chard II. qui étoit son petit fils.

III. Dans les deux cas ci-dessus men-
tionnés on n'a aucun égard aux filles ,
qui sont excluës de la Couronne aussi
bien que des autres Magistratures ,
parce qu'on croit qu'elles sont naturellement incapables de commander
aux hommes & de remplir les devoirs
d'un Magistrat ; leurs descendans sont
aussi exclus de la Succession du Trône.
En Turquie, en France, & dans d'autres Royaumes considérables , elles ne
peuvent pas avoir la moindre préten-
tion ; mais dans quelques autres Etats,
& sur tout en Angleterre , elles héri-
tent, tout comme les mâles, lorsqu'elles sont les plus proches du sang ;
c'est par ce moyen que notre Couronne
a passé dans différentes familles & Nations.

IV. Comme elles sont entierement
excluës en de certains Royaumes, &
qu'il y en a d'autres où on les admet à
la Succession simplement , sans aucune
condition ; aussi en trouve-t-on, où il

ne leur eſt pas permis de ſe marier hors
du Pays, ou ſans le conſentement des
Etats : c'eſt ce qui ſe pratique en
Suede.

V. Il y a des Royaumes où on a
uniquement égard à la proximité du
ſang, ſans éxaminer ſi le plus proche
parent eſt légitime ou bâtard ; dans
d'autres les bâtards ſont entierement
exclus de la ſucceſſion.

Il eſt évident par cette diverſité de
ſentimens qui partagent ces différens
peuples ſur ce ſujet, que quand même
ils conviendroient tous que le plus proche du Sang doit héritier ; il ſurvien-
droit cependant tant de conteſtations
ſur la maniere d'interpréter & d'appliquer la régle générale, que ce ſeroit
une ſource inépuiſable de querelles
mortelles & irréconciliables.

Si quelqu'un prétend que ce qui ſe
pratique à cet égard en Angleterre, eſt
entierement conforme à la régle que
Dieu a donnée à tous les hommes du
monde ; ce ſera à lui à débattre cette
queſtion avec les Rois de France, &
avec pluſieurs autres Princes qui ne
peuvent avoir aucun droit aux Couronnes qu'ils portent, ſi on reçoit la
maxime d'Angleterre comme un éta-

blissement divin. Ensuite, il faudra
qu'ils prouvent que Dieu se communi-
quoit plus immédiatement à nos ancêtres, & qu'il leur donnoit une connoissance plus distincte & plus parfaite de
ses volontés qu'à toutes les autres Nations, qui d'ailleurs sont assez considérables pour donner à ce qui se pratique
chez elles, autant de poids que nous en
pouvons donner aux coutumes qui sont
reçûes parmi nous. Mais tout cela n'em-
pêchera pas que nous ne puissions conclure avec beaucoup de raison, que si
Dieu a donné aux hommes une pareille
régle, il y a plus de mille ans que nous
n'avons point eu de Roi en Angleterre ;
puisque de tous ceux qui ont été assis
sur ce Trône, il n'y en a pas eu un seul
qui n'y soit monté par une violation
manifeste de cette régle. C'est ce qui
paroît clairement par les exemples que
j'ai déja rapportés, de Guillaume I.
de Guillaume II. son fils, de Henri I.
de Henri II. & de ses enfans, de Jean,
d'Edouard III. de Henri IV. d'Edouard
IV. & de ses enfans, de Henri VII.
& de tous ceux qui tirent leur droit de
lui. Et si la possession, ou un heureux
succès suffit pour établir un droit légitime, je crois qu'il s'ensuivra que Jack

Strans, Wat Tyler, Perkin Warbeck
ou quelques coquins comme eux, auroient été Rois légitimes, s'ils avoient
réüffi dans leurs téméraires entreprifes.
Cette doctrine ne tend pas à moins qu'à
expofer en proye toutes les couronnes
au premier qui fera en état de s'en emparer, à détruire toutes fortes de Loix
& de réglemens, & enfin à foumettre
le droit le plus legitime au caprice de la
fortune. Si cela eft ainfi, un certain
Comte de Pembroke, qu'on ne croyoit pourtant pas un fort grand génie,
avoit raifon de dire que fon grand
pere étoit un très habile homme, quoiqu'il ne fçut ni lire ni écrire : la raifon
qu'il en donnoit, c'eft qu'il avoit pris
une ferme réfolution de fuivre toûjours
le parti de la Couronne, quand même
on la mettroit fur le bout d'un tifon.
Mais fi une pareille réfolution fuffit
pour acquerir à un homme la réputation de fage & de prudent, c'eft dommage qu'on ait demeuré fi long-temps
à découvrir ce beau fecret ; puifqu'un
grand nombre de perfonnes, qui faute
d'y avoir jamais penfé, ont vécu & font
mortes couvertes de l'infamie, & de la
honte qui accompagnent toujours les
méchantes actions, la lâcheté & la folie, auroient pû paffer pour les plus

illustres de leurs siécles, s'ils avoient connu cette belle maxime. On auroit pû prévenir les factions sanglantes qui ont toûjours déchiré les Nations sujettes à ces sortes de Monarchies, en jettant à croix & à pile, ou en faisant battre en duel les deux prétendans, comme cela fut pratiqué par Corbis & Orsua, Cléorestes & Polinice, Ironside & Canut ; n'y ayant rien de plus injuste, de plus impie, & de plus ridicule que de hazarder sa vie & ses biens dans une querelle, lors qu'il n'y va point de l'intérêt de notre conscience, & que la victoire ne nous peut apporter aucun profit.

Si la raison nous enseigne, que jusques à ce que l'on ait admis cet expédient pour terminer promptement ces sortes de querelles, des hommes ambitieux trouveront toûjours le moyen d'embarasser les peuples dans leurs différends, & que les autres jugeant différemment de ces sortes de choses, qu'on ne peut réduire à une régle certaine, se croiront obligés en conscience de suivre le parti qui leur semble le plus juste; l'expérience nous apprend aussi la même chose : elle ne nous fait que trop connoître que l'ambition a produit plus

de malheurs, que toutes les autres paſſions qui ont jamais régné dans le
cœur de l'homme. Pour prouver cette
vérité, il ne ſera pas hors de propos de
diſtinguer les malheurs cauſés par celui
qui eſt ſur le Trône, dans la vûë de prévenir les entrepriſes de ceux qui voudroient l'en faire deſcendre, & les miſeres que cauſent au peuple des prétendans qui ſe diſputent la Couronne.

Le conſeil que donna Tarquin à ſon
fils en abattant en préſence de ſon En-
voyé toutes les têtes de pavots qui ſur-
paſſoient les autres, & celui de Lizander, ont toûjours ſervi de regle aux
Princes qui craignent qu'on ne leur
ôte la Couronne. Les plus illuſtres de
la Nation ſont ceux que ces Princes appréhendent le plus, parce qu'ils les
regardent comme des perſonnes toûjours prêtes à entreprendre, & très-ca-
pables de venir à bout de leurs entrepriſes. Cette élévation procede de la
naiſſance, des richeſſes, de la vertu,
ou de la réputation ; & lorſque toutes
ces choſes ſe rencontrent enſemble
dans une même perſonne, elles l'élé-
vent au plus haut période de grandeur.
Mais je ne ſçai pas où l'on peut trouver
un exemple d'un homme, qui poſſé-

dant tous ces avantages, ait pû subsister
long-temps sous une Monarchie absolue. S'il est d'une naissance illustre, il
faut qu'à l'exemple de Brutus, il cache
l'éclat de ses vertus, & qu'il ne cherche
point à acquerir de la réputation, ou
qu'il se résolve à périr, à moins que
pour sauver sa vie il ne previenne le
tyran en lui ôtant la sienne : tous les
autres moyens qu'il pourroit employer
lui seroient inutiles ; il seroit impossible
de le guérir de toutes les craintes & de
tous les soupçons qu'il pourroit concevoir : le Tyran n'a d'égard pour personne, & lorsqu'on lui a rendu des
services si considerables, qu'il n'est pas
en son pouvoir de les récompenser
dignement, il ne manque jamais de
faire périr ceux qui l'ont mis dans la
nécessité de paroître ingrat. On peut
employer divers moyens, & se servir
de differens prétextes suivant le tempérament des peuples ou la conjonćture
des temps ; mais enfin ces bons Rois
croyent qu'il en faut venir-là ; & pourvû
qu'ils en viennent à bout, il leur im-
porte fort peu que ce soit en observant
quelque forme de justice, ou que l'é-
xécution se fasse par un Muet avec une
corde d'arc. Le Comte de Northum-

berland , & fon brave fils Hotfpur éleverent Henri IV. fur le Trône. Le vaillant Comte de Warwick y fit monter
Edouard IV. ; Stanley mît la Couronne fur la tête de Henri VII ; mais aucun de ces Souverains ne fe crut en
fureté jufques à ce qu'il eût fait périr
fon bienfaicteur. Quelque inébranlable
que foit la fidélité d'un tel homme ,
quelque humilité & quelque modeftie
qu'il faffe paroître , tout cela n'eft point
capable de le garantir d'un pareil malheur. La modération que Germanicus
témoigna en refufant les honneurs
qu'on lui vouloit faire , & fon adreffe
à appaifer les Légions mutinées , ne
fervit qu'à avancer fa ruïne : lorfqu'on
vit qu'il dépendoit de lui de monter
fur le Trône, on crut qu'il falloit
qu'il y montât, ou qu'il pérît : il n'y
avoit point de milieu entre le Trône
& le Tombeau. Il y a apparence que
Caligula , Néron & d'autres bêtes femblables à eux haïffoient la vertu à caufe
du bien qu'elle renferme en foi; mais
je ne fçaurois m'imaginer que ces Princes non plus que leurs Prédéceffeurs ,
& leurs Succeffeurs , fe fuffent porté à
l'extirper entierement , fi ce n'eft qu'ils
connurent par expérience qu'elle étois

incompatible avec leur Gouvernement ;
lorſqu'ils en furent une fois perſuadés,
ils ne crurent pas devoir épargner perſonne, non pas même leurs plus proches parens. Artaxerxes fit mourir ſon
fils Darius; Hérode maſſacra impitoyablement la meilleure de ſes femmes,
& tous ſes fils excepté le plus méchant.
Tibere fit périr Agrippa Poſthumus, &
Germanicus avec ſa femme & ſes deux
fils. Nonobſtant toutes les louanges
que l'on a données à Conſtantin le
Grand, ce Prince ſe ſouilla du ſang
de ſon beau-pere, de ſa femme, & de
ſon fils. Philippe II. Roi d'Eſpagne
ôta impitoyablement la vie à Don Carlos pour ſe délivrer de l'appréhenſion
qu'il avoit conçue des deſſeins de ce
Prince ; & on ne doute point que Philippe IV. ne ſe ſoit défait de ſon frere Don
Carlos & de ſon fils Balthazar pour la
même raiſon. Ces cruautés Barbares
étoient ſi communes en Angleterre,
que tous les Princes Plantagenets, &
toutes les familles nobles qui leur
étoient alliées étant éteintes, nos ancêtres furent obligés d'aller chercher
un Roi dans une des moins conſidérables de la Province de Galles.

Lorfque l'on vit cette Maxime fi bien établie, ceux qui n'étoient pas d'humeur à vouloir fi-tôt renoncer à la vie, tâchérent de trouver le moyen de fe défendre ; & ne trouvant point d'autre expédient que celui de faire mourir la perfonne qui étoit fur le Trône, ils ont toûjours tâché d'éxécuter ce deffein par quelque confpiration fecrette, ou à force ouverte lorfqu'ils ne l'ont pu faire autrement. Le nombre des Princes qui ont été détruits de cette maniére, & des Pays qui ont été mis en combuftion par ceux que la crainte de perir a porté à ces extrémités, n'eft pas beaucoup moindre que le nombre de ceux qui ont été expofés aux mêmes malheurs par l'ambition des perfonnes qui peu contentes de leur condition préfente, cherchoient à s'élever fur les ruïnes d'autri. Les defordres caufés par la conteftation de plufieurs prétendans à la même Couronne, avant qu'un d'entre eux s'en pût rendre paifible poffeffeur, n'ont pas été moins fréquens, ni moins fanglans, que ceux dont j'ai déja parlé ; les miféres aufquelles les différends de ces Rivaux ont expofé la plûpart des Etats, & la ruïne qu'ils ont attiré fur les Empires Grec

& Romain suffisent pour prouver cette vérité ; cependant pour éclaircir encore davantage cette matiere, j'en rapporterai d'autres exemples. Mais parce que ce seroit avoir trop de présomption que de m'imaginer que j'ai lû toutes les Histoires du Monde, & que je me rendrois ennuyeux si je rapportois toutes celles que je sçais, je me contenterai de celles qui sont les plus remarquables : & si je fais voir que tous les Gouvernemens absolus ont été sujets aux mêmes malheurs, nous pourrons croire, sans craindre de nous tromper, qu'ils ne sont pas accidentels, mais produits par une cause permanente qui opérera toujours les mêmes, ou semblables effets.

Pour commencer par les exemples que nous fournit l'Histoire de France ; la Succession n'étant pas bien établie du temps de Mérovée, qui s'empara de la Couronne au préjudice des petits fils de Pharamond, il ne fut pas plutôt mort que Gilles monta sur le Trône, ayant obligé Chilpéric fils de Merovée de sortir du Royaume ; ce qui ne se fit pas sans répandre bien du sang ; Chilperic y rentra quelque temps après par des moyens aussi violens ; on
dit

dit que ce Prince ayant épousé Basine
femme du Roi de Turinge, qu'il avoit
débauchée auparavant, sans se souvenir des obligations qu'il avoit à son
mari, chez qui il avoit trouvé un
azile asûré, eut une vision la nuit
qui suivit leur mariage ; il vit d'abord
des lions, des licornes, & des léopards, ensuite des ours & des loups,
& enfin des chiens, des chats & une
infinité de petites bêtes qui se déchi-
roient. Les François ont toûjours crû
que cette vision leur réprésentoit le
naturel & la destinée des trois Races
qui devoient les gouverner ; & l'expérience n'a que trop fait voir qu'ils ne
se sont pas trompé dans cette pensée.
Clovis leur premier Roi Chrétien,
fameux dans l'Histoire, ayant considé-
rablement aggrandi ses Etats par des
moyens légitimes ou injustes, mais
principalement par le meurtre d'Alaric,
de Ragnacaire & de leurs enfans, &
en persuadant à Sigismond de Mets de
tremper ses mains dans le sang de son
pére Sigebert ; Clovis dis-je après tant
de glorieuses actions, laissa son Royaume à ses quatres fils qui lui firent ressentir de cruels effets de leur rage ; un
chacun d'eux faisant tous ses efforts

Hist. de
France vie
de Chilpé-
ric I.

Mezeray
& de Ser-
res.

Tome II.   N

pour s'emparer de toute la Monarchie qu'ils avoient partagée entr'eux ; & lorſqu'après tous les malheurs qu'entraînent avec ſoi de ſemblables conteſtations, la fortune ſe fut déclarée en faveur de Clothaire, qui étoit le plus méchant de tous, & qui étoit redevable de ce grand ſuccès au maſſacre de ſes freres, de ſes neveux, & de la plus conſidérable Nobleſſe Gauloiſe & Françoiſe, lui ſeul en retira tous les avantges, la Nation n'en devenant pas plus heureuſe. Car après ſa mort la fureur de ſes fils replongea les pauvres peuples dans le même abîme de malheurs, où ils avoient été engloutis ſous la domination cruelle de ce Prince & de ſes fréres. Les fils de Clothaire avoient appris de leurs prédéceſſeurs à faire le mal ſans répugnance, mais deux infames P. les plogérent de plus en plus dans le vice ; les conſeils pernicieux de ces deux Monſtres d'impureté Frédégonde & Brunehaut les précipiterent dans un abîme de crimes énormes. Cette ſorte de vermine qui eſt ſi commune dans les Monarchies, a rarement gouverné les Sénats ou les Gouvernemens populaires. Chilpéric II. ayant fait maſſacrer pluſieurs perſonnes du ſang Ro-

yal, & un nombre infini de nobleffe
& de peuple, fe rendit maître par ce
moyen d'une étenduë fi confidérable
de pays, qu'on l'appella depuis Roi de
France ; pour affermir fes ufurpations
& s'aſſûrer ce nouveau Titre, il fit
mourir fon fils aîné, fous prétexte que
Brunehaud l'animoit à fe révolter contre lui. Non-content de ce meurtre,
il fit femblablement périr Clovis fon
fecond fils de peur qu'il ne vengeât la
mort de fon frere : il époufa l'infame
Frédégonde, & fut aſſaſſiné peu de
temps après par fon adultere Landri.
Le Royaume fe vit expofé après fa
mort aux mêmes malheurs, par la rage
& la fureur des Princes qui lui furvé-
quirent ; la plus part de ces Princes
périrent par le fer, & Brunehaud qui
avoit été la principale caufe de ces
Tragédies fut attachée à la queuë d'un
cheval indomté, & fouffrit une mort
aufſi infame que fa vie avoit été
impure ; mais tout cela ne rendit pas
la Nation plus heureufe. C'étoient là
les lions & les léopards. Ils mirent tout
le Royaume en combuſtion ; mais ayant
de l'adreſſe & de la valeur, ils main-
tinrent en quelque façon le crédit &
la puiſſance de la Nation, & celui qui

s'emparoit du Trône, avoit foin de
la défendre. Mais ceux-ci s'étant défaits les uns les autres, la racine em-
poifonnée produifit une autre efpèce
de pefte encore plus mortelle à l'Etat
que ne l'avoit été leur fureur. La vigeur étoit éteinte, & la fucceffion étant
mieux établie, dix Rois à qui les François ont donné le nom de *Fainéans*
fuccédérent à ceux-ci. Peut-être trou-
vera-t-on des perfonnes qui diront que
ceux qui ne font rien, ne font point
de mal; mais ce raifonnement-là eft
faux, par rapport aux Rois. Celui qui
fe charge du Gouvernement d'un peuple, ne peut faire de plus grand mal
que de ne rien faire, & le crime le
moins pardonnable qu'il puiffe commettre, c'eft de négliger lâchement
l'éxercice de fa charge pour fe jetter
dans les bras de la volupté & de la pa-
reffe. La vertu & la valeur périffent
fous le regne d'un tel Souverain; on
ne fçait ce que c'eft que d'obferver une
bonne difcipline, on méprife la juftice,
on pervertit les loix, ou bien on les
rend inutiles, le peuple fe laiffe corrompre; on épuife le tréfor public &
toute l'Autorité étant entre les mains
de flateurs, de P. de favoris, de ma-

querelles , & de lâches scélérats qui
rendent le Gouvernement méprisable ,
toutes sortes de désordres y entrent en
foule. Cette stupidité paresseuse & lâche a fait plus de mal , que la plus
grande cruauté qui ait jamais été éxer-
cée dans le monde par des gens spiri-
tuels & courageux ; ou , pour mieux
dire, ces bêtes paresseuses ont toujours
été plus cruelles que toutes les personnes d'esprit. Les régnes de Septimus
Sévérus , de Mahomet II. & de Sélim
II. furent cruels & sanglans ; mais ils
éxercérent leur fureur contre les étrangers , & contre quelques-uns de leurs
plus proches parens , ou contre ceux
qu'ils soupçonnoient de vouloir entreprendre contre leur autorité: la condition du peuple étoit tolérable ; ceux
qui vouloient vivre sans rien entreprendre , n'avoient rien à craindre :
on soutenoit la réputation de l'Empire,
on en deffendoit les Frontiéres , & on
avoit soin de maintenir la tranquillité
publique. Mais lorsque l'Epée fut en
la main de Princes paresseux , fous &
lâches , elle devint inutile quand il fut
question de s'en servir contre des
ennemis étrangers, ou pour punir les
perturbateurs du repos public, quoi-

qu'ils s'en servissent toûjours avec trop
de succes contre leurs meilleurs sujets.
Le seul moyen de se garantir de leur
fureur, étoit d'allumer une guerre civile ; on ne peut guére éviter ces sortes
de guerres, lorsqu'une Couronne dé-
fenduë par un Prince lâche doit être
la récompense du premier qui osera
entreprendre de s'en saisir. C'est là
une source inépuisable de desordres ;
& jamais une Nation n'a joüi d'une
paix durable, lorsque les plus distin-
gués d'entre les sujets ont connu qu'il
y avoit moins de danger à former les
plus violentes entreprises, qu'à se soumettre patiemment au vouloir d'un
Prince, qui se laisse gouverner par des
misérables, qui se mettent en crédit
auprès de lui, en le flatant dans ses
vices les plus énormes. Mais ceci n'est
pas encore tout ; ces Princes haïssent
& craignent ceux qui les surpassent
autant en vertu & en réputation, qu'ils
leur sont inférieurs en biens & en
puissance ; & ne croyent pas pouvoir
mettre leurs personnes en sûreté ni
accroître leur autorité, à moins qu'ils
ne trouvent le moyen de les faire périr.
Ce leur est une chose ordinaire. *Inter
Scorta & Ganeas principibus veris per-*

niciem machinare, & de faire servir la cruauté de manteau à leur lâcheté & à leur ignorance. Outre les malheurs que cause au public la perte des personnes illustres, qui sont proprement la base & le soutien de l'Etat, ces sortes de régnes sont toujours accompagnés de troubles & de guerres civiles ; les Grands se servent de voyes aussi violentes pour se rendre maîtres de la personne d'un Prince foible, lorsque l'ordre de la succession est si bien établi, qu'ils ne jugent pas à propos de le dépouiller du titre de Roi, que s'il s'agissoit de le déposer pour se mettre en sa place. Les querelles sanglantes qui s'allumerent entre Grimbauld, Ebroin, Grimoald & plusieurs autres, pour la Charge de Maire du Palais, ne firent pas moins de mal à la France que lui en avoit fait la rage des Princes qui s'étoient disputé la Couronne. Elles eurent tout le même succès : Après plusieurs révolutions, Charles Martel s'empara de tout le Gouvernement du Royaume qu'il avoit deffendu contre les Sarrasins avec tant de valeur ; & ayant transmis sa charge & son autorité à son fils Pepin, l'Assemblée Générale des Etats, du consentement de toute la Nation, lui donna le Tître de Roi ; action qui fut approuvée de tout l'Univers. Cela donna quelque relâche au peuple : mais il n'étoit pas possible de guérir par ce moyen un mal qui avoit pris de si profondes racines ; & le Royaume qui, par la sagesse, par la valeur, & par la réputation de Pepin, avoit été éxemt de guerres civiles pendant sa vie, en fut aussi cruellement agité que jamais, incontinent après la mort de ce Prince. Ses fils Carloman & Charles partagerent entr'eux la Monarchie, mais peu de temps après un chacun d'eux voulut avoir tout. Carloman mit le Royaume en conbustion; fit soulever les Lombards, & s'avança avec une puissante armée contre son frere, jusques à ce qu'il fut arrêté au milieu de sa course par une mort prématurée ; car on ne doute point que cette mort ne fût l'effet de ces présens que les Princes donnent libéralement à ceux de leurs proches qu'ils croyent aspirer à la Couronne. Charles priva ses deux fils de l'héritage de leur pere, il les enferma dans une étroite prison, & nous ne sçavons ce qu'ils devinrent. Son troisiéme frere Griffon ne causa pas moins de troubles, & ne fut pas

plus heureux que l'avoit été Carloman ; les remûmens des Gascons , des
Italiens & des Allemans ne se ter-
minérent que par sa mort. Mais tous
ces avantages considérables que Charles avoit acquis à son pays par une
valeur & une fortune extraordinaire,
finirent avec sa vie : il donna l'Empire
& le Royaume de France à son fils
Louis le Débonnaire, & laissa le Royaume d'Italie à son petit fils Bernard :
mais ces deux Princes ne purent jamais
s'accorder ensemble, & Bernard étant
tombé entre les mains de Louis , cet
oncle inhumain lui fit crever les yeux,
& il en perdit la vie trois jours après.
Cela ne fut pas suffisant pour maintenir
la paix : les trois fils de Louis, Lothaire, Louis & Pepin se révoltèrent
contre lui, assemblèrent un Concile à
Lyon, le déposèrent, & partagèrent
l'Empire entr'eux. Cinq ans après ce
Prince infortuné trouva moyen de se
sauver du Monastère où on l'avoit
enfermé, il recommença la guerre,
tomba encore une fois en la puissance
de Lothaire qui le retint prisonnier.
Après sa mort la guerre s'alluma plus
que jamais entre ses enfans : l'Empereur Lothaire attaqua Louis Roi de

Baviere & Charles Roi de Rhétie : ces
deux Princes unis ensemble le défirent,
* & le confinérent dans un Monaſtére
où il mourut. Il s'éleva de nouvelles
querelles entre les deux freres au ſujet
du partage des terres qu'ils lui avoient
ôtées , & laiſſérent ſeulement la Lorraine à ſon fils. Louis mourut bien :ôt
après, & Charles prenant poſſeſſion de
l'Empire & du Royaume finit une
vie peu glorieuſe après avoir échoüé
dans l'entrepriſe qu'il avoit formée de
dépoüiller Hermengarde , fille de ſon
frére Louis , du Royaume d'Arles , &
des autres Provinces que ſon pere lui
avoit laiſſées. Louis le Bégue ſon fils
régna deux ans ; ſon régne fut rempli
de troubles; & Charles le Simple , qui
étoit le ſeul légitime qu'il eût , ne monta ſur le Trône qu'après la mort de ſes
deux bâtards Louis & Carloman , de
Charles le gras & d'Eudes Duc d'Anjou. Charles le gras fut dépoſé de

* Je crois que Mr. Sidney ſe trompe à cet
égard : Lothaire dégoûté des Grandeurs du
monde ſe dépouilla volontairement de ſa Souveraineté & changea ſa pourpre Impériale en
un froc , dont il ſe couvrit dans l'Abbaye de
Prom où il mourut quelques mois après. Mezeray. Abr. Chro. p. 329. edition de Hollande.

l'Empire & du Royaume, dépouillé de ſes biens, & mourut de pauvreté dans un Village. Charles le ſimple ne fut pas plus heureux, & les peuples ne joüirent pas d'une grande tranquillité ſous ſon régne : Robert Duc d'Anjou lui fit la guerre, & ſe fit couronner à Rheims ; mais il perdit lui-même la vie bien - tôt après dans un ſanglant combat qui ſe donna proche de Soiſ-ſons. Hébert Comte de Vermandois ſon gendre ayant ramaſſé les débris de ſon armée, ſe rendit maître de la perſonne de Charles, & convoqua l'Aſſemblée Générale des Etats qui le dépoſérent, & donnérent la Couronne à Raoul Duc de Bourgogne, quoi qu'il ne fût du Sang Royal que du côté de ſa mere, ce qui n'eſt pour rien conté en France. Charles le ſimple étant mort, ſon fils Louis lui ſuccéda ; mais il régna avec peu de gloire, & ſes ſujets furent accablés de malheurs ſous ſa domination. C'eſt-là la paix dont les François joüirent ſous leurs Monar-ques pendant cinq ou ſix ſiécles ; & il ſeroit difficile de dire de quoi ils eurent plus à ſouffrir ou de la violence de leurs Souverains, ou de l'Ambition de ceux qui aſpiroient à la Couronne,

N 6

ou si la fureur de ceux d'entre leurs
Rois qui eurent de l'activité & de la
valeur, leur fut plus pernicieuse que la
paresse des Rois Fénéans : Mais quoi
qu'il en soit, toûjours est-il certain
qu'ils perdirent sous ces derniers, tout
ce qu'ils avoient gagné à la sueur de
leurs corps & au péril de leurs vies sous
la conduite des premiers. Henri &
Othon de Saxe par une vertu semblable
à celle de Charlemagne ôtérent l'Empire aux François, & en établirent le
siége en Allemagne, laissant seulement
la France à Louis d'Outre-Mer, & à
son fils Lothaire. Ceux-ci semblent
avoir rassemblé en leurs personnes la
trahison, la cruauté, l'ambition & la
bassesse : toujours entreprenans, &
toujours battus : leurs passions furieuses
les poussoient incessamment à former
d'injustes desseins ; ils tourmenterent si
cruellement leurs sujets & leurs voisins,
qu'ils devinrent l'objet de leur haine
& de leur mépris. Ces choses éteigni-
rent la vénération düe à la mémoire de
Pepin & de Charlemagne ; & obligea
la Nation à avoir recours à un étranger pour mettre fin à ses malheurs,
plutôt que de se laisser entierement
ruïner par leurs indignes descendans.

Ces peuples avoient éprouvé tous les
moyens imaginables, il avoient dépofé
quatre Rois en l'efpace de cent cinquante ans ; ils avoient donné la Couronne à cinq perfonnes, qui n'y avoient
point d'autre droit que celui que la
Nation leur avoit conféré ; ils avoient
enfuite rétabli fur le Trône les defcen-
dans de ceux qu'ils avoient dépofé ;
mais tout cela ne leur fervit de rien :
les vices de ces Souverains étoient incorrigibles , les maux qu'ils leur faifoient fouffrir étoient infupportables, ils
avoient continuellement la guerre les
uns avec les autres , & périffoient
malheureufement dans les combats , ou
par trahifon. Ils ne manquoient jamais
d'engager la Nation dans des guerres
civiles pour la deffenfe de leurs impertinentes querelles , & cela dura fans
interruption jufques à ce qu'on eût re-
jetté toute la race, pour mettre la Couronne fur la tête de Hugues Caper. Les
peuples ne furent pas tout - à - fait fi
malheureux fous lui & fous fes defcen-
dans , mais la diminution de leurs maux
étoit l'effet d'une caufe qui n'eft en
aucune façon avantageufe à la Monarchie abfoluë. Les miféres que les François avoient fouffertes leur apprirent

qu'il étoit à propros de donner des
bornes plus étroites à l'autorité Royale ; & rendant héréditaires les Duchés
& les Comtés, qui auparavant n'é-
toient que des Charges dont le Roi
pouvoit difpofer, ils mirent la Nobleffe en état de s'oppofer à la trop
grande puiffance du Monarque ; &
quoique ce nouvel établiffement expo-
fât le commun peuple à quelques véxa-
tions, cependant elles étoient peu confidérables en comparaifon des maux
qu'ils avoient foufferts auparavant. Lorfque les Grands fe virent en poffeffion
de terres qui ne dépendoient point de
la volonté du Roi, ils commencérent
d'aimer leur Patrie ; & quoi qu'ils
ferviffent le Souverain de bon cœur
dans toutes les occafions où il s'agiffoit
de l'intérêt public, ils ne fe laiffoient
pas facilement engager dans les querelles perfonnelles de ceux qui étoient
fur le Trône, ou de ceux qui vouloient y monter. Pour fe conferver
eux-mêmes dans cet heureux état, ils
traitoient leurs Vaffaux avec beaucoup
de douceur ; & les chofes ayant toûjours continué à peu près fur le même
pié, excepté depuis environ cinquante
ans, cette Monarchie fut moins agitée

qu'elle ne l'avoit été lorfque l'autorité du Roi étoit moins bornée. Néanmoins ces pauvres peuples n'eurent pas grande raifon de fe glorifier de cet avantage ; il reſtoit encore parmi eux une racine qui de temps en temps produifoit des fruits empoifonnés : les guerres civiles étoient fréquentes dans ce Royaume, quoi qu'elles ne fuffent pas fi cruelles que les précédentes l'avoient été ; & fouvent on ne s'engageoit dans ces guerres que pour appuyer les prétentions des différens Princes qui afpiroient à la Royauté. Toutes les guerres que la France eut à foutenir contre l'Angleterre, depuis qu'Edouard II. eut époufé Ifabelle fille de Philippe le Bel, qu'il prétendoit devoir être fon héritiére, font de cette nature. Les combats de Créci, de Poitiers & d'Azincourt fi funeftes à la France ; tant de fang répandu, & tant de Pays ravagés par Edouard III., par Edouard Prince de Galles, & par Henri V., firent connoître aux François de quoi les conteftations entre plufieurs prétendans font capables ; ces peuples furent accablés de tous ces malheurs, faute de trouver un interpréte des Loix de la fucceffion, qui pût décider le différend entre l'hé-

ritier mâle, ou l'héritier en général.
Les divisions qui déchirèrent les maisons d'Orléans & de Bourgogne, d'Orléans & d'Armagnac, procédoient de
la même source ; & les affassinats, qui
semblent avoir été la cause immédiate
de ces querelles, étoient uniquement
l'effet de la haine que leur concurrence
avoit allumée dans leurs cœurs.

Les contestations encore plus odieu-
ses, quoique moins sanglantes, qui
désunirent Louis XI., & son père
Charles VII., & la jalousie que ce premier conçût contre son fils Charles
VIII. procédèrent du même principe.
Charles de Bourbon se préparoit à
mettre toute la France à feu & à sang
pour une semblable querelle, lorsque
ses desseins finirent avec sa vie à l'assaut
de Rome. Si les Ducs de Guise avoient
été plus heureux dans leur entreprise,
ils auroient bien-tôt quitté le prétexte
de la Religion dont ils se couvroient,
pour faire valoir ouvertement le droit
qu'ils prétendoient avoir à la Couronne ; & pour réparer le tort qu'on avoit
fait, selon eux, à la race de Pepin, ils
n'auroient pas manqué de détruire celle
de Hugues Capet ; Henri III. Roi de
France pensant prévenir ce malheur par

le maſſacre de Henri le Balafré , & du
Cardinal de Guiſe ſon frere , ne fit
qu'avancer ſa propre ruïne & mit tout
ſon Royaume dans une horrible confuſion. Notre ſiécle nous fournit plus
d'un éxemple d'entrepriſes de même
nature ſuivies du même ſuccès. Le
Duc d'Orléans a ſouvent pris les armes
contre ſon frére Louis XIII. ; la Reine ſa
mere attira les Eſpagnols dans le parti
de ce Prince ; Mr. de Montmorenci
périt en voulant deffendre ſa querelle ;
Fontrailles la renouvella par un Traité
qu'il fit avec l'Eſpagne , dans lequel il
ne s'agiſſoit pas moins de la ruïne du
Roi que de celle du Cardinal : cette
querelle coûta la vie à Meſſieurs de
Cinq-Mars & de Thou. Ceux qui
connoiſſent la diſpoſition des affaires
de cette Monarchie , ne doutent point
que le Comte de Soiſſons ne ſe fût
emparé de la Couronne , & qu'il n'eût
été aſſiſté dans ce deſſein par la plus
conſidérable partie de la France , s'il
n'eût pas été tué en pourſuivant la
victoire qu'il avoit remportée à la
bataille de Sedan. Depuis ce temps-là
il y a eu tant de troubles dans le Royaume qu'il eſt aiſé de voir que ceux qui
en étoient les Auteurs ſe propoſoient

tout autre chofe que l'éloignement de Mazarin ; & on a dit plus d'une fois au Maréchal de Turenne qu'il avoit confervé & affermi la Couronne fur la tête du Roi, en arrêtant à Gien les progrès que le Prince de Condé auroit pû faire après la défaite du Maréchal d'Hocquincourt. Pour faire voir encore plus clairement la fermeté, le bon ordre, & la tranquillité domeftique qui régnent dans les Monarchies abfolües, il ne faut que jetter les yeux fur ce qui s'eft paffé de nos jours ; nous avons fouvent vû les Princes de la maifon de Bourbon divifés entr'eux ; le Duc d'Orléans, le Comte de Soiffons, les Princes de Condé & de Conti en guerre avec le Roi : les Ducs d'Angoulême, de Vendôme, de Longueville, le Comte de Moret & d'autres Bâtards de la maifon Royale fuivre leur éxemple ; les maifons de Guife, d'Elbeuf, de Bouillon, de Nemours, de la Rochefoucault, & prefque toutes les plus illuftres familles de France, avec les Parlemens de Paris, de Bourdeaux & quelques autres Cours Souveraines fe joindre à ces Princes. Je pourrois rapporter plufieurs autres éxemples pour faire voir que cette Monarchie, auffi bien que toutes les autres, a été dès ses commencemens, remplie de sang & de carnage par la violence de ses Souverains & par l'ambition de ceux qui aspiroient au Trône; & que la fin d'une guerre civile a été le commencement d'une autre: mais je crois que ce que j'ai dit est suffisant pour prouver en général qu'elle n'a jamais goûté un repos tranquille au dedans, sans parler des guerres étrangéres qu'elle a eu à soutenir.

Les Royaumes d'Espagne n'ont pas été plus éxemts de troubles; mais principalement celui de Castille dont les Rois avoient une autorité moins bornée, que les Souverains de ces autres Royaumes. Si l'on vouloit rapporter tous les éxemples de cette nature, il faudroit transcrire toutes leurs Histoires; mais quiconque aura assez de temps pour les éxaminer, trouvera qu'après plusieurs troubles, Alphonse II., quoi qu'on lui ait donné le glorieux nom de Sage, fut déposé par les menées de son ambitieux fils: il verra Don Alphonse surnommé le Deshérité supplanté par son oncle Don Sanche le brave; Pierre le cruel chassé du trône & tué par le Comte de Tristemare son frére Bâtard. Depuis le temps de

cet Alphonfe dont je viens de parler
jufqu'au régne de Ferdinand, & d'Ifabelle, qui comprend l'efpace d'environ deux cent ans, il s'en eft paffé fi
peu fans guerres civiles, qu'à peine
puis-je me reffouvenir qu'on en ait
été exempt deux ans de fuite : & quiconque prétend que dans ces derniers
temps, cette Monarchie a joüi d'une
paix plus tranquille, doit avoüer,
s'il a de la bonne foi, qu'il faut plûtôt
attribuer cette Paix à l'adreffe qu'on a
euë de fe défaire de ceux qui pouvoient brouiller, qu'à la bonté de la
conftitution de ce Gouvernement; il
y a apparence que cette tranquillité
auroit été interrompuë, fi on n'avoit
pas trouvé le fecret de prévenir les
deffeins de Don Jean d'Autriche, de
Carlos fils de Philippe II. d'un autre
Prince de même nom fils de Philippe
III. & de Don Balthazar fils de Philippe
IV.

Que fi ce que nous avons déja dit
ne fuffit pas pour nous convaincre de
ces vérités, jettons les yeux fur ce qui
s'eft paffé chez nos plus proches voifins, & nous verrons dans quels malheurs le démêlé de Bailleul & de Bru-
ce plongea le Royaume d'Ecoffe, quel-

les en furent les funestes suites, jusques à ce que la Couronne tomba dans la famille des Stuards : le régne tranquille & l'heureuse mort des cinq Rois qui ont porté le nom de Jacques : l'admirable fermeté & la paix dont ce Gouvernement jouït sous la Domination de la Reine-Marie ; & enfin la parfaite union dans laquelle elle vécut avec son mari, son fils & son peuple, aussi bien que le bonheur de cette Nation, tant quelle fut gouvernée par cette bonne Princesse.

Buchan. de reb. Scot. Drummond. Melvil.

Mais les malheurs que de semblables contestations ont causé à l'Angleterre, surpassent encore tous ceux dont j'ai déja fait mention. Guillaume le Conquerant ne fut pas plutôt mort, que la Nation se vit déchirée par son fils Robert qui disputa la Couronne à ses deux autres fils Guillaume & Henri. Après leur mort & celle de leurs enfans, la même chose arriva entre Etienne & Matilde : pour terminer toutes ces contestations on donna la Couronne à Henri, mais cet expédient ne produisit aucun effet. Bien-tôt après il s'éleva entre ce Prince & ses fils, des disputes encore plus scandaleuses, & qui ne furent pas moins dangereufes ; ces enfans dénaturés plongerent le Royaume dans un abîme de malheurs, & par leur rébellion ils firent mourir leur pere de chagrin. Les régnes de Jean & de Henri III. furent encore plus remplis de troubles. Edouard II. Prince adonné à toute forte de débauches gouverna la Nation d'une maniere infâme & déteftable, on fut obligé de le dépofer ; & enfin fa femme & fon fils le firent cruellement mourir. Edouard III. employa fa valeur & celle de fes fujets contre les François & contre les Ecoffois ; mais leurs victoires n'aporterent aucun avantage à la Nation, parce que les fondemens du Gouvernement étoient en defordre ; Le Souverain s'en attribua toute la gloire & tout le profit. Ce Prince étant mort, les Anglois perdirent par la lâcheté de fon Succeffeur tout ce qu'ils avoient conquis en Ecoffe & en France, & cette perte leur coûta plus de fang, que les conquêtes ne leur en avoient coûté ; les guerres civiles que la fureur & la rage de ce fucceffeur allumerent dans l'Etat, eurent le même fuccès que celles d'Edouard II. La tranquillité du régne de Henri IV. fut interrompuë par de dangereufes guer-

res civiles ; & je ne fçai fi la victoire
qu'il remporta à Shrewsbury auroit
bien pû le maintenir fur le Trône, fi
fa mort n'avoit prévenu les nouveaux
troubles qui étoient fur le point d'é-
clore. Henri V. acquit tant de réputation par fa vertu & par fes victoires,
que perfonne n'ofa afpirer ouvertement à la Couronne tant qu'il vecut ;
mais la tempête qui s'étoit formée contre fa famille, éclata avec la derniere
violence auffi-tôt qu'il fut mort. La
foibleffe de fon fils encouragea le Duc
d'Iork à faire valoir un nouveau titre ;
ce qui caufa de fi grands malheurs que
jamais peuple n'en a fouffert de fi funeftes, excepté en de pareilles occafions ; car fans conter le carnage de
plufieurs milliers de perfonnes, & fur
tout de celles qui étoient accoûtumées
de porter les armes ; fans parler de la
meilleure partie du Royaume qui fut
ravagée, & de la perte de tout ce que
nos Rois avoient hérité ou conquis en
France, quatre-vingt Princes du Sang,
comme Philippes de Commines les
appelle, périrent dans les combats ou
par la main du bourreau. Plufieurs familles des plus illuftres de la Nation
furent éteintes, & les autres perdirent

les personnes les plus considérables
qu'elles eussent parmi elles. On massacra trois Rois, & deux héritiers pré-
somptifs de la Couronne; la Nation se
vit réduite à la honteuse nécessité d'é-
lever sur le Trone un jeune homme,
qui pour couvrir la bassesse de sa naissance, n'avoit autre chose que sa Gé-
néalogie Galloise, qui servoit à faire
voir qu'un Tailleur tiroit son origine
du Prince Arthur, de Cadvallader,
& de Brutus. Mais les playes de la Nation étoient trop grandes pour pouvoir être guéries par cet appareïl. Ce
nouveau Souverain ne pouvoit pas
beaucoup s'assurer sur un aussi chétif
Titre, quoi qu'il eût tâché de le rendre meilleur, en épousant une Princesse, dont la naissance étoit fort
douteuse. Sa propre bassesse lui inspi-
roit de la haine pour les Nobles; &
croyant qu'il leur seroit aussi aisé de
lui ôter la Couronne qu'il leur avoit
été aisé de la lui donner, il employa
toutes sortes d'artifices, pour détruire
les restes de la Maison d'Iork, dans la
crainte qu'il n'en sortît quelque Rival
qui lui disputât le Trône, & fit tous
ses efforts pour détruire tous ceux qui
étoient en état de lui résister. Cette
conduite

conduite affoiblit extrêmement le corps
de la Nobleſſe, qui tenoit la balance
entre lui & les Communes, & ce fut-
là ce qui commença à changer la forme de notre ancien Gouvernement :
mais nonobſtant toutes ces précautions, ce Prince réuſſit ſi mal à établir
la tranquillité dans le Royaume, que
des miſérables, comme Perkin, Warbeck & Simnel, n'eurent pas beaucoup de peine à mettre tout en combuſtion. Le régne de Henri VIII. fut
rempli de troubles & de ſang ; Marie
régna en furieuſe, & ſous ſon Gouvernement, nous ſerions ſans doute devenus eſclaves de la plus puiſſante, de
la plus orgueilleuſe, & de la plus
cruelle Nation qu'il y eût alors ſur la
terre, ſi Dieu ne nous avoit miracu-
leuſement protégé. Edouard VI. & la
Reine Eliſabeth, nonobſtant la bonté
de leur naturel, & la connoiſſance
qu'ils avoient de la vérité en matiere
de Religion, furent contraints par ce
qu'on appelle *Jalouſie d'Etat* de répandre ſi ſouvent le ſang des perſonnes les
plus illuſtres par leur naiſſance, que ſi
leurs régnes méritent d'être regardés
comme les plus doux dont on ait entendu parler ſous les Gouvernemens

Monarchiques, on ne peut pourtant
s'empêcher de reconnoître, que ces
régnes ont été plus insupportables que
la domination d'aucune République
que ce puisse être, en temps de paix ;
& cependant, ils ne purent jamais
assurer leurs vies contre les attentats
de ceux qui conspiroient leur ruïne ;
fondés, comme ils le prétendoient,
sur des droits légitimes.

Ayant fait voir en partie les malheurs
ausquels la violence de certains Princes,
aussi bien que la bassesse, la folie & la
lâcheté d'autres Souverains, exposent
ordinairement, pour ne pas dire continuellement, les peuples sujets aux Gouvernemens Monarchiques ; & ayant
montré ce qu'ils sont obligés de souffrir
des contestations qui arrivent entre
plusieurs prétendans à une même Couronne, lorsque divisés en differens partis, ils se portent avec autant de chaleur
à l'avancement de la personne qu'ils fa-
vorisent, que si eux & leur patrie
étoient intéressés dans la querelle, &
combattent avec autant d'ardeur pour
se donner un Maître, qu'ils le pou-
roient faire raisonnablement pour n'en
avoir point ; je ne me trouve pas capable de décider lequel de ces deux maux

eft le plus dangereux. On voit évidemment que les vices des Souverains font
dommageables au peuple, mais je ne
fçaurois dire lequel eft plus funefte aux
fujets de la cruauté & de l'orgueil de
Maîtres, ou de leur ftupidité & de leur
fainéantife. Tous les Gouvernemens
Monarchiques font fujets aux guerres
civiles; mais il n'eft pas facile de déterminer fi celles qui procédent des conteftations qui naiffent entre différens
prétendans à une même Couronne,
avant qu'un de ces prétendans s'en foit
rendu paifible poffeffeur, font plus fréquentes & plus fanglantes que celles
qui proviennent de l'appréhenfion que
celui qui eft fur le Trône a de perdre ce
qu'il a acquis, qui l'oblige à faire tous
fes efforts pour le conferver: ou de la
rage de ceux qui voudroient lui arracher le Sceptre d'entre les mains. Toujours eft-il certain que les républiques
font moins fujettes aux guerres civiles,
dans ces Gouvernemens où on exclut de
l'autorité Souveraine les femmes, les
enfans, les fous & les enragés. Tant
que les Loix, & la difcipline qui fomen-
tent la vertu, confervent leur vigeur,
les perfonnes courageufes & prudentes
ne manquent jamais de parvenir aux di-

gnités; & il n'y a point d'homme qui
ne falle tout fon poffible pour donner
des marques de fa vertu, lorfqu'il eft af-
furé que les honneurs & les charges en
feront la récompenfe. S'il arrive quelquefois dans ces Républiques, que par
des voyes indirectes, des perfonnes fans
mérite s'élevent aux emplois, ou qu'on
fe méprenne dans le choix qu'on en a
fait, leurs vices & leurs défauts tour-
nent ordinairement à leur confufion &
à leur propre dommage; & le Gouvernement ne peut pas recevoir beaucoup
de préjudice de l'incapacité d'un Magiftrat, qui ne doit l'être que pendant
un an; & qui eft environné de perfonnes, qui ayant poffédé le même emploi,
ou qui y afpirant, font capables par
leur vertu de fuppléer à fon défaut; qui
ne peuvent efpérer de récompenfe d'un
homme qui les peut corrompre, &
font affurés de la protection auffi bien
que de la faveur du Sénat & du peuple,
qui ne manqueront pas de les feconder
dans le deffein qu'ils ont de défendre
l'intérêt du public. Tant qu'on obferve
ce bon ordre, l'autorité des Magiftrats
fuffit pour appaifer les querelles qui arrivent entre les particuliers; ou en tout
cas, elles ne font jamais grand mal.

Les conteſtations qui s'émeuvent entre la Nobleſſe & le peuple produiſent ſouvent de bonnes Loix pour l'affermiſſement de la liberté; comme cela eſt arrivé à Rome pendant plus de trois cent ans après le banniſſement des Tarquins; & pour les appaiſer, on ne répand pas beaucoup de ſang, & ſouvent point du tout. Quelquefois un homme ſage & vertueux ſuffit pour découvrir l'erreur d'une ou des deux parties; & par ce moyen, ceux qui un moment auparavant étoient le plus oppoſés les uns aux autres, deviennent les meilleurs amis, un chacun concourant à ôter le mal qui cauſoit la diviſion. Lorſqu'il ſembloit que le Sénat & le peuple Romain étoient le plus animé l'un contre l'autre, on ne fit que créer des Tribuns, ordonner que ceux du peuple parviendroient aux charges, leur permettre de s'allier par mariage dans les familles Patriciennes, diminuer l'intérêt de largent; & il n'en fallut pas davantage pour appaiſer une querelle qui ſembloit devoir mettre tout l'Etat en combuſtion. Ces ſortes de troubles étoient non ſeulement fort innocens, mais il eſt même certain qu'ils ont donné occaſion à la réformation de pluſieurs abus qu'on n'avoit pas prévûs en établiffant le Gouvernement ; & que fans eux, les Romains ne feroient jamais parvenus à ce comble de gloire, de grandeur, & de bonheur où ils arriverent dans la fuite. Qui auroit vû ce peuple s'affembler tumultueufement, courir en confufion par la ville, crier contre les Rois, les Confuls, le Sénat, ou les Décemvirs, fe feroit imaginé que tout alloit être rempli de fang & de carnage; cependant rien de tel n'eft jamais arrivé. Les Romains vouloient feulement ôter à Tarquin une Couronne dont il s'étoit mis en poffeffion par fes crimes; c'étoit-là tout ce qu'ils demandoient, ils ne fongerent pas même à punir aucun des Miniftres de fes cruautés, ni à lui ôter fes biens, jufques à ce que fous prétexte de traiter les Ambaffadeurs, par une nouvelle trahifon, il mit la ville de Rome en plus grand danger que jamais. On traita les Décemvirs avec la même douceur, quoique par leurs méchantes actions ils n'euffent pas moins irrité le peuple : Appius Claudius, & Oppius s'étant, par une mort volontaire, fouftraits au châtiment qu'ils méritoient, on fe contenta de bannir leurs Collégues, & fans répan-

dre de fang on rétablit la Magiftrature, comme elle étoit auparavant. Ce
peuple qui ne fe foulevoit que pour
recouvrer ce qui lui appartenoit légitimement, étoit content, auffi - tôt
qu'on le lui rendoit; au lieu que ceux
qui fuivent les mouvemens d'une ambition déréglée, ne fe croyent jamais
en fureté, jufques à ce qu'ils ayent détruit tous ceux qu'ils voyent en état
de pouvoir leur réfifter, & qu'ils ayent
affouvi leur rage dans le fang de leurs
adverfaires. Voilà, comme on le peut
voir, la différence qu'il y a entre les
troubles qui arriverent autrefois à Rome, lorfque le peuple fe retira fur le
mont Aventin, ou en plufieurs autres
occafions, & les Batailles de Towton,
de Teuxbury, d'Eveshal, de Lewes, de
Hexham, de Barnet, de St. Albans, &
de Bolworth. Il ne fert de rien de dire
qu'on doit plutôt comparer ces combats
à ceux de Pharfale, d'Actium, ou de
Philippes; car lorfque les Loix d'une
République font abolies, elle perd en
même temps le nom de République.
Tout ce qui fe fait par force, ou
par fraude pour avancer l'intérêt, &
fuivre la paffion d'un particulier, au
préjudice, & contre les Loix de la Pa-

trie, eſt purement & abſ lument Monarchique. On doit attribuer aux conteſtations qui arrivent entre différens prétendans à la Monarchie, tout ce qui ſe paſſa entre Marius, Sylla, Cinna, Catilina, Céſar, Pompée, Craſſus, Auguſte, Antoine & Lépide : on doit dire la même choſe des malheurs que cauſerent dans le ſiécle ſuivant les guerres qui s'allumérent entre Galba, Othon, Vitellius & Veſpaſien. Mais ce qui eſt encore pis, c'eſt qu'au lieu que les ſujets d'une République combattent pour eux mêmes, lorſqu'il eſt néceſſaire de combattre, & qu'ils recueillent les fruits de leurs victoires, lorſqu'ils réüſſiſſent, comme auſſi ceux qui reſtent du parti vaincu, participent à la liberté que ces victoires ont affermies & jouïſſent du bénéfice des bonnes Loix qu'elles ont procurées ; ceux au contraire qui ſuivent les Enſeignes de ces perſonnes qui n'ont point d'autre but que celui de faire leurs propres affaires, ſont plus ſemblables à des bêtes qu'à des hommes ; puiſqu'ils s'expoſent à ſouffrir mille dangers & des maux inexprimables pour ſe rendre malheureux eux & leur poſtérité, & pour ſe donner un Maître qui croiſſant

tous les jours en orgueil, en avarice, &
en cruauté, les obligera à répandre autant de sang pour le faire descendre du
Trône, qu'il leur en a fallu répandre
pour l'y faire monter.

Ces choses étant, si je ne me trompe,
aussi claires qu'elles puissent l'être, je
veux bien que notre Auteur se serve de
tous les avantages qu'il pourra tirer de
la description pompeuse qu'il fait des
troubles de Rome qui, si nous l'en
croyons, *furent cause que les cloaques fu-*
rent remplis de corps morts, & qu'on ré-
pandit tant de sang dans la place du Mar-
ché, qu'il fallût se servir d'éponges pour la
sécher; à quoi il peut encore ajouter les
crimes de la vie de Sylla, & les misè-
res dont sa mort fut accompagnée. Mais
cependant je serois bien aise qu'on me
dît quel nombre d'éponges auroit suffi
à recueillir le sang de cinq cent mille
personnes qui furent tuées en un jour,
lorsque les Maisons de David, & de Jé-
roboam se disputèrent la Couronne, ou
de quatre cent mille qui périrent dans
un combat qui se donna entre Joas &
Amazias pour le même sujet; quels
Cloaques auroient été assez grands pour
contenir tous les cadavres de ceux qui
perdirent la vie dans les guerres qui

O 5

s'allumerent entre les différens prétendans à l'Empire Romain; ou de ceux qui
périrent dans celles de France, d'Espagne, d'Angleterre, & de plusieurs autres
Etats en de pareilles occasions. Si Sylla
agit pendant quelque temps en Monarque absolu, il n'est pas surprenant qu'il
soit mort en Monarque, ou que Dieu
l'ait puni comme Hérode, comme Philippe II. Roi d'Espagne, & quelques autres, puisque ses Citoyens l'avoient injustement épargné. Si lorsqu'il fut devenu
détestable aux yeux de Dieu & des hommes, il devint aussi misérable, son exemple doit empêcher les autres de commettre des crimes qui sont sujets à la
vengeance d'un pouvoir auquel personne
ne peut échapper; & encourager ceux
qui défendent leurs priviléges, ou qui
tâchent de recouvrer la liberté dont on
les a dépoüillés, à agir vigoureusement
dans une cause que Dieu favorise avec
tant de témoignages éclatans de sa protection.

SECTION XXV.

Les Monarchies font plus sujettes à la véna-
lité , & à la corruption que les Gouver-
nemens populaires.

QUOIQUE les Courtisans flateurs im-
putent ordinairement aux Gouvernemens populaires plusieurs maux
dont ils ne sont nullement la cause, j'a-
voue que je n'aurois jamais pensé qu'il
y en eût d'assez impudens, pour accuser
ces Républiques de vénalité & de corruption, si je n'avois trouvé cette accu-
sation dans l'ouvrage de Filmer. Ils auroient pû, selon moi, attribuer ces vices
à leurs Gouvernemens Monarchiques,
puisqu'il est certain qu'il n'y a point de
lieu où ils soient plus communs que
dans les Cours des Souverains, où les
Maquerelles, les P..., les Bouffons, les
Esclaves, & d'autres personnes lâches,
qui naturellement ont l'esprit mercénaire, ont le plus de crédit. Quiconque voudra sçavoir si ces vices sont plus
communs dans les Républiques, que
dans les Monarchies, sur tout si elles

O 6

324 DISCOURS SUR LE
sont absolues, n'a qu'à éxaminer si les
Cornélius, les Junius, les Fabius, les
Valerius, les Quintus, les Curius, les
Fabrices, & tous les autres qui ont eu
le plus de crédit à Rome après le bannissement des Tarquins, ont été plus sujets
à la vénalité & à la corruption, que
Séjan, Macron, Narcisse, Pallas, Icellus, Tigellin, Vinnius, Lacon, Agrippine, Messaline, Lollia, Poppæa, &
leurs semblables : S'il étoit plus facile de
corrompre un ou deux de ces scélérats,
ou de ces P..., que de corrompre le
Sénat & le peuple de Rome, de Carthage, d'Athènes & de Lacédémone ; &
si cette canaille a eu plus de pouvoir sur
l'esprit des Princes qu'elle a servis, que
ses semblabes n'en ont eu dans les Gouvernemens populaires. Il ne sert de rien
de dire que ces Princes étoient méchans
& lâches, car il y en a plusieurs autres
qui le sont aussi bien qu'eux ; & tant que
l'autorité sera entre les mains d'un seul
homme, on ne pourra jamais s'assurer
qu'il ne leur ressemblera pas. Bien plus,
il est certain que tant que le pouvoir
sera en de telles mains, les méchans
trouveront toujours assez d'occasions de
venir à bout de leurs desseins. *Bonus ,*
cautus , optimus Imperator venditur , di-

foit autrefois Dioclétien ; & quoique cet
Empereur fût prudent & fage, cependant le principal motif qui le porta à
renoncer à l'Empire, c'eft qu'il reconnut qu'il lui étoit impoffible de fe défendre des artifices de ceux qui étoient
en crédit auprès de lui, qui le trahiffoient, & le vendoient tous les jours.
Les Souverains ne voyent que par les
yeux d'autrui, & ne peuvent fe garantir des fauffes impreffions que leur donnent continuellement des perfonnes,
qui n'ont pour but que de les tromper. Il femble qu'Antonin le pieux &
Marc - Aurele ayent été les meilleurs
& les plus fages de tous les Empereurs ;
mais les deux Fauftines avoient
tant d'afcendant fur leurs efprits, que
cela étoit honteux pour eux en particulier, & très-funefte à l'Empire & aux plus
honnêtes gens de ces temps-là. Des femmes de ce caractére peuvent fe rendre
Maîtreffes de l'efprit d'un homme dans
le Gouvernement le mieux réglé, mais
cela ne peut pas caufer de grands malheurs au Public, lorfque plufieurs perfonnes égales, ou fort peu inférieures en
autorité à celui qui fe laiffe ainfi gouverner, fe peuvent oppofer à tout ce
qu'il voudroit entreprendre de préjudi-

ciable à l'Etat, pour complaire à ces peftes du genre humain ; au contraire, le mal eft fans reméde, lorfque tout dépend de la volonté d'une feule perfonne qui eft ainfi gouvernée, & qui n'agit que par leurs pernicieux confeils. Il y avoit plus de fubtilité & de raillerie que de vérité, dans ce que difoit Thémiftocle, *que fon petit garçon avoit plus de pouvoir qu'aucun autre homme de la Grece; parce qu'il gouvernoit fa mere, dont il étoit lui-même gouverné, & que lui gouvernoit la Ville d'Athènes, qui commandoit à toutes les autres Villes de la Gréce.* En effet, on connut bien qu'il avoit fort peu de pouvoir lui même, puifque par paffion, & pour quelque intérêt particulier, il fe détacha de l'intérêt du public ; & on a toujours vû arriver la même chofe dans tous les Pays qui ont été gouvernés de la même maniere.

De plus, la corruption régne toûjours davantage dans les Etats où ceux qui ont la puiffance en main, la favorifent le plus, où la récompenfe de ces fortes de crimes eft plus grande, plus aifée à obtenir, & plus eftimée, & où on a moins lieu d'en appréhender le châtiment.

I. Quand au premier égard, nous
avons déja prouvé qu'il n'est pas possible de conserver la liberté dans un Etat
où les mœurs du peuple sont corompuës,
ni d'y introduire le Gouvernement Monarchique, tant que la Nation conserve
son intégrité; ce qui suffit pour faire
voir que ceux qui ont le maniment des
affaires dans les Républiques, doivent
s'opposer de toutes leurs forces à la corruption, parce que s'ils la laissoient introduire dans l'Etat, leur ruïne & celle
du Gouvernement seroit inévitable; &
d'un autre côté, qu'un Monarque doit
faire tout son possible pour l'introduire,
parce que sans elle il ne peut pas subsister. C'est aussi une chose si naturelle
aux Monarques de donner les charges
& les emplois à ceux qui prétendent
d'aimer leurs personnes, & de ne vouloir dépendre que de leur bon plaisir,
qu'il ne seroit peut être pas possible d'en
trouver un dans le monde, qui de cette
maxime, n'ait fait la régle de son Gouvernement : & ceci n'est pas seulement
le chemin qui mene à la corruption;
mais on peut dire, qu'il n'y en a point
de plus dangereux que celui-là. Car
quoi qu'un homme de bien puisse aimer
un bon Roi, cependant il ne lui obéïra

que lorsque ses commandemens seront
justes ; & personne ne peut s'engager à
faire aveuglément tout ce qu'on lui pourra commander, à moins que de vouloir
renoncer à tous les devoirs de la vertu
& de la Religion ; parcequ'il ne sçait pas
si ce qu'on lui ordonnera sera conforme
ou directement contraire aux Loix divines & humaines. Mais si un Monarque
est méchant, & que ses actions soient
telles que l'expérience nous apprend
qu'elles sont trop souvent, quiconque a
de l'affection pour sa personne, & le
seconde dans ses desseins, se déclare ennemi de tout ce qu'il y a de bon dans
le monde ; & l'avancement de ces sortes
de gens aux emplois & aux dignités
non seulement introduit, entretient, &
augmente la corruption, mais la fortifie
même d'une telle maniere, qu'il est
impossible de la bannir, à moins que de
renouveller tout l'ordre du Gouvernement. Il n'est pas impossible que les
méchans puissent parvenir aux dignités
quelque bien réglé que soit un Gouvernement ; mais lorsque les plus scélérats
sont élevés aux honneurs, & placés le
plus près du Trône, par ce qu'ils sont
tels, ils tâcheront toujours d'inspirer
aux autres les mêmes sentimens dont ils

font imbus ; en quoi ils ne peuvent pas manquer de réüffir à moins qu'on ne les prévienne, en les exterminant, & en déracinant le principe dont ils font la régle de leur vie.

II. Au fecond égard ; l'homme fuit naturellement ce qui eft bon, ou ce qui lui femble tel : De-là vient que dans les Etats bien policés, où la vertu eft eftimée, & où les perfonnes ne font avancées aux honneurs qu'en confidération des qualités qu'elles poffedent qui peuvent être utiles au public, on éleve les fujets dès leurs plus tendres années dans la croyance qu'il n'y a rien dans le monde qui mérite d'être l'objet de nos fouhaits, excepté les honneurs & les emplois qu'on acquiert par des actions vertueufes : de cette maniere la vertu y devient commune, comme à Lacédémone, à Rome & en d'autres lieux dont on a entierement banni, ou du moins où l'on eftime fort peu les richeffes, qui jointes à la vanité qui les accompagne, & aux honneurs qu'on leur accorde, font la racine de tout mal. Tant que les richeffes n'ont point apporté à ceux qui les poffédoient d'autre avantage que la commodité de vivre plus fomptueufement ou plus délicieufement, les ames

bien nées n'en ont fait aucun cas. Lorſqu'Ariſtippe dit à Cleanthes que s'il
vouloit aller à la Cour & flater le Tyran,
il n'auroit pas beſoin d'aller chercher
ſon ſouper ſous une haye; ce Philoſophe
lui répondit qu'un homme qui étoit
content d'un pareil ſouper n'avoit pas
beſoin d'aller à la Cour pour flater un
Tyran. Epaminondas, Ariſtide, Phocion, & même les Rois de Lacédémone
n'ont trouvé rien d'incommode dans la
pauvreté, tant qu'on a honoré leur vertu
& que leur valeur a été redoutable aux
plus puiſſans auſſi bien qu'aux plus riches Monarques du monde. Curius,
Fabricius, Quintius, Cincinnatus, &
Paulus Emilius pouvoient ſans peine ſe
contenter de la médiocrité de leur fortune, puiſqu'elle ne les empêchoit aucunement de parvenir aux honneurs
que leurs vertus méritoient. Il étoit bien
inutile de vouloir corrompre un homme
qui faiſoit ſes meilleurs repas de choux
qui croiſſoient dans ſon jardin. Celui
qui ne croyoit pas que l'or fût néceſſaire
pour vivre, n'avoit garde de ſe laiſſer
corrompre par de l'or. Il n'étoit pas aiſé
de corrompre celui qui de ſa charruë
pouvoit s'élever ſur un Char de Triomphe, & qui étoit fort content d'en

descendre pour retourner au labourage ;
& il n'est pas étonnant que celui dont
les Exécuteurs Testamentaires recon-
nurent si bien la pauvreté, lorsqu'ils ne
trouverent pas de quoi faire ses funé-
raïlles, ait donné la Macédoine & la
Gréce en pillage à ses soldats, sans prendre pour lui aucune part du butin.
Mais lorsque le luxe fut devenu à la
mode, qu'on commença à faire de l'honneur à ceux qui vivoient splendide-
ment, quoi qu'ils ne possédassent aucunes qualités qui pussent les faire dis-
tinguer des plus chétifs esclaves, alors
les plus vertueux, s'ils étoient pauvres,
devinrent des objets de mépris ; &
cette pauvreté qui avoit été la mere &
la nourrice de leur vertu, leur devint
insupportable. Le Poëte connoissoit bien
quel effet ce changement avoit produit
dans le monde, lorsqu'il dit :

Nullum crimen abest facinusque libi-
dinis, exquo,
Paupertas Romana perit. Juven.

Lorsque les richesses devinrent nécessaires, le desir de les posséder, qui est
la source de tous maux, s'empara de
l'esprit des hommes. Lorsqu'ils virent
qu'ils ne pouvoient pas parvenir aux

honneurs par de nobles actions, ils
crurent qu'ils devoient amaſſer des richeſſes pour les acheter des P..., &
des ſcélérats qui les expoſoient en vente : & lorſqu'ils furent une fois entrés
dans ce chemin, ils apprirent bien-tôt
les vices de ceux dont ils avoient obtenu leurs emplois & ſe firent un plaiſir
de ſuivre la route qui les y avoit con-
duits. Lorſqu'ils furent arrivés juſques-là, rien ne fut plus capable de
les arrêter : il ne reſta dans leur eſprit
ni penſée, ni ſouvenir de ce qui eſt
juſte & bon. Ceux qui avoient acheté,
d'Icellus ou de Narciſſe le commandement des armées, ou le Gouvernement
des Provinces, ne ſongerent qu'à s'enrichir & à ramaſſer dans ces emplois le
plus d'argent qu'il leur étoit poſſible,
afin de ſe mettre en état par ce moyen,
d'acheter des charges encore plus conſidérables, ou de s'aſſurer de plus en
plus la protection de ces illuſtres favoris. De cette maniere le Gouvernement
du monde devint un infame trafic, &
les tréſors qui en provenoient, étoient
la plûpart du temps diſſipés, par des
moyens encore plus deteſtables que la
rapine, la violence, & la fraude dont
on s'étoit ſervi pour les acquerir. Il ne

restoit aux auteurs de ces crimes, que leurs crimes, & ils se voyoient dans la nécessité d'en augmenter le nombre, reduits à cette extrémité par la misére où leurs dépenses extravagantes les avoient plongés. Ces choses sont inséparables de la vie d'un Courtisan ; car comme des naturels servils se laissent plutôt conduire par les sens que par la raison, aussi ceux qui se dévouent au service des Cours, ne trouvent point dans leur misére d'autre consolation, que celle qu'ils reçoivent des plaisirs sensuels, ou d'autres choses aussi peu solides, dont ils font cas ; & n'ont point d'autre soin que d'attraper de l'argent pour suppléer à leurs besoins ; soit en le demandant avec soumission & bassesse ; soit en le dérobant ou en corrompant les autres : car quelques honteux que soient les moyens dont ils se servent, ce leur est tout un, pourvû qu'ils trouvent de quoi fournir à leurs dépenses. On estime leurs Officiers plus ou moins à proportion des occasions qu'ils donnent d'éxercer ces vertus de Cour : dans la recherche que l'on en fait on ne se propose que le gain, & on ne se sert que des moyens qui peuvent y conduire. Pour réüssir

dans ce deſſein on tâche ordinairement
de connoître l'humeur & l'inclination
du Prince, on le flate dans ſes vices,
on le ſert dans ſes plaiſirs, on fomente ſes paſſions, & on travaille de tout
ſon pouvoir à faire réüſſir ſes plus dé-
teſtables projets, afin de lui perſuader
qu'on aime ſa perſonne, & qu'on eſt
entierement dévoué à ſes volontés. Lorſque la valeur, l'induſtrie & la ſageſſe
conduiſoient aux honneurs & aux emplois, il n'étoit pas facile à un homme
d'en impoſer au Sénat & de lui faire
croire, qu'il poſſédoit toutes ces qualités, lorſqu'il ne les poſſédoit pas:
mais lorſque les Souverains recherchent
ſeulement ceux qui les aiment, & qui
ſont toujours prêts à faire tout ce qu'ils
leur commandent, il eſt facile de les
tromper; & parce que les gens de bien
ne veulent pas leur obéir, quand leurs
commandemens ſont injuſtes, ils ſont
toujours environnés des plus ſcélérats
de la Nation. Ceux-ci qui ne les ſuivent que dans la vûë d'en obtenir des
récompenſes ne leur épargnent pas les
proteſtations d'amitié, & par ce moyen
s'élevent aux emplois & aux dignités.
La ſource étant ainſi corrompuë, il
n'en peut rien ſortir de pur. Cette ca-

naille mercénaire ayant la conduite des
affaires entre ses mains, vend la justice
& les emplois, & en fait le trafic du
monde le plus lucratif. Lors * qu'Eu-
trope étoit encore esclave, il se con-
tentoit de couper des bourses, & de
crocheter des serrures; mais quand il
fut parvenu au Ministére, il vendit
des Villes, des Armées, & des Provinces: & il s'est trouvé des personnes
qui ont crû pouvoir prouver par des
raisons fort vraisemblables que Pallas un des Affranchis de Claudius,
amassa plus de richesses par la même
voye, en six ans, que tous les Dictateurs & les Consuls Romains n'en
avoient amassé depuis le bannissement
des Tarquins, jusqu'au temps qu'ils
porterent leurs armes dans l'Asie. Ceux
qui vinrent après eux suivirent la même
route, se servirent des mêmes artifices,
& plusieurs d'entre eux réüssirent de
la même maniere. Leurs richesses n'é-
toient pas des dépoüilles qu'ils eussent
remporté sur les ennemis, mais des
fruits de leur corruption. Ils n'esti-
moient que l'argent, & ceux qui en

* ———— *Nunc uberiore rapina*
Peccat in Orbe manus. Claud.

avoient affez pour les corrompre étoient
affurés de s'élever aux premieres charges de l'Etat; & n'avoient rien à craindre quelque crime qu'ils puffent commettre. De pareilles caufes produiront
toujours de femblables effets. Tant
que la vanité, le luxe, & la prodi-
galité feront à la mode, il faudra néceffairement que le defir d'avoir des
richeffes augmente à proportion : &
tant que l'autorité fera entre les mains
de gens mercénaires, ils tireront toûjours le plus de profit qu'ils pourront
de leurs emplois, pour parler, comme parlent les Courtifans. La juftice
auffi bien que la faveur fera toûjours
expofée en vente, & le feul moyen
de parvenir aux dignités, fera de les
acheter à beaux deniers comptans. Celui
qui a obtenu une charge de cette maniére ne l'exercera pas *grâtis* : il croit
pouvoir vendre ce qu'il a acheté ; &
n'auroit pas voulu entrer par la voye
de la corruption, s'il n'avoit eu deffein
de fe laiffer auffi corrompre. Je dis
bien plus, & foutiens que fi un homme bien intentionné fe laiffoit fi fort
emporter au torrent d'une coûtume
établie, qu'il pût fe réfoudre à acheter quelque emploi de ces fcélérats,

il

il feroit lui-même obligé de faire la
même chofe , afin d'amaffer des richeffes , pour fe mettre en état d'engager fes bienfaicteurs à lui continuer
leur protection , ou d'obtenir celle de
ceux qui leur fuccéderont. Et cette
corruption ayant ainfi commencé par
la tête, fe répand néceffairement dans
tous les membres de l'Etat. Ou fi quelqu'un , par un changement dont on ne
peut fe flater , après avoir commis un
crime , pouvoit fe réfoudre à n'en plus
commettre , cette réfolution ne fer-
viroit qu'à attirer fur lui une ruine
inévitable , fans que fes bonnes intentions puffent être d'aucune utilité au
public ; après fa perte, les affaires re-
prendroient leur train ordinaire.

De plus, quiconque veut travailler à
l'avancement de fa fortune , doit fe
fervir de moyens comformes au temps
auquel il vit , & à l'humeur des perfonnes avec qui il a affaire. Il auroit
été auffi ridicule à un homme fans mérite , d'entrer en concurrence avec Junius Brutus, Cincinnatus, Papirius
Curfor , Camillus , Fabius Maximus,
ou Scipion , & de prétendre pouvoir
corrompre le Sénat & le peuple de
Rome , pour fe faire donner le com-

mandement des armées qu'ils levérent
contre les Tarquins, les Toscans, les
Latins, les Samnites, les Gaulois ou les
Carthaginois; qu'aux personnes les plus
vertueuses de croire, qu'en donnant
des preuves incontestables de leur sagesse, de leur expérience, de leur intégrité & de leur valeur, ils obtien-
droient infailliblement des emplois &
des charges, de Néron, de Caligula, &
de Claudius, ou des infâmes scélérats
qui gouvernoient ces indignes Princes.
Ils haïssoient & craignoient tous ceux
qui excelloient en vertu, & s'appliquant uniquement à détruire les plus
honnêtes gens de l'Empire, parce
qu'ils les reconnoissoient pour tels, ils
donnoient aux plus méchans le Gouvernement en main, ce qui ne pouvoit
pas manquer de produire les effets que
nous avons vû. Il y a apparence qu'on
étoit bien persuadé de cette vérité, car
nous ne voyons pas que personne ait
jamais prétendu de s'aggrandir à la
Cour de ces Monstres de la Nature,
excepté ceux qui s'étoient dépoüillé de
tout sentiment d'honneur & d'honnêteté : *Revertar cum Leno, Meretrix,*
Scurra, Cinædus ero, disoit un de ces
Anciens qui connoissoit les Maximes

de ces Cours-là ; & en quelque lieu
qu'on en ſuive de ſemblables , ceux
qui veulent parvenir aux dignités &
aux honneurs, pour bien réüſſir doivent
entierement ſe conformer à cette corruption , & à cette vénalité. Je remar-
querai en paſſant qu'une perſonne de
qualité qui vit encore parmi nous, &
qui eſt ennemi mortel de la vénalité ,
fut dépoüillé d'une charge conſidérable dont il étoit revêtu , comme un
homme qui donnoit du ſcandale à la
Cour ; car , dit le prémier Miniſtre ,
il ne veut point profiter des avantages
qu'il pourroit tirer du poſte où il eſt,
& de cette maniere , il eſt cauſe qu'on
blâme ceux qui le font.

Si on me dit , que cela ne ſe pratique pas généralement dans toutes les
Cours, j'en veux bien demeurer d'accord ; j'avoüe même que ſi un Prince
eſt juſte, vertueux, ſage, qu'il ait l'âme
grande , & qu'il ne cherche pas à ſe
rendre abſolu , il peut faire choix de
perſonnes qui ne font point mercénaires , ou empêcher qu'il ne leur ſoit
facile de ſe laiſſer corrompre, & d'é-
viter le châtiment qu'elles méritent en
cas que cela leur arrive. Un Prince de
notre temps converſant familierement

avec quelques uns des principaux de
fa Cour, leur dit, qu'il avoit fouvent
entendu parler des profits confidérables
que faifoient ceux qui approchoient
de la perfonne des Princes, & leur
demanda s'ils faifoient la même chofe?
l'un d'eux lui répondit, qu'ils en
avoient auffi bien la volonté que les
autres, mais qu'ils ne trouvoient perfonne qui voulût leur donner un liard;
par ce que un chacun ayant un libre
accès auprès de Sa Majefté, perfonne
n'avoit befoin d'eux pour recomman-
der fes affaires : & qu'on étoit très-
perfuadé que de lui-même il accordoit
tout ce qui étoit jufte, & qu'aucun de
fes courtifans n'auroit affez de crédit
pour pouvoir obtenir de lui aucune
chofe qui fût contraire à la juftice & à
l'équité. Je ne veux pas dire qu'un
Roi de ce caractére foit un Phénix;
un Siécle en produit peut-être plus
d'un, mais certainement ils font rares,
& tout ce qui eft bon dans leur Gouvernement ne procedant que de l'excellence de leurs vertus perfonnelles, finit
lorfque cette vertu qui en étoit le principe vient à manquer. L'expérience
nous apprend le peu de fonds qu'on
doit faire fur un pareil fecours; car

lorſque les Couronnes ſont héréditaires, il arrive rarement que les enfans marchent ſur les traces de leurs perés ; & les Royaumes électifs ont auſſi leurs défauts. Pluſieurs font paroître de la modeſtie & de l'innocence dans une vie privée, qui s'abandonnent au vice & à la corruption lorſqu'ils ſe voyent élevés en autorité. On ne connut la violence, l'orgueil & la malice de Saül, que lorſque le peuple l'eut fait monter ſur le Trône. Or dans tous les Etats où le Gouvernement eſt abſolu, auſſi bien que dans ceux où le Prince tâche d'introduire ce pouvoir ſans bornes, il eſt impoſſible d'y trouver cette intégrité. Un Souverain de ce caractére ne manquera jamais de conférer les dignités à ceux qui ſeront d'humeur à vouloir dépendre uniquement de ſa volonté ; & ces ſortes de perſonnes étant toûjours méchantes & déréglées, les gens de bien ne pourront ſe réſoudre à leur obéïr ; on engagera les ſcélérats à cette complaiſance, à force de préſens ; & c'eſt-là proprement ouvrir la porte à toutes ſortes de corruptions. J'avouë qu'il peut arriver quelque choſe de ſemblable dans les Monarchies bien réglées, ou dans les

Gouvernemens populaires. Ceux qui
remplissent les premiers emplois peuvent se porter à trahir le dépôt qu'on
leur a confié ; & lorsqu'ils sont dans
cette disposition , ils mettent tout en
usage pour se faire des créatures qui
dépendent absolument de leur bon
plaisir. Leurs desseins étant méchans
& corrompus , ils n'en peuvent venir
à bout qu'en introduisant la corruption
dans l'Etat ; au lieu que ceux qui veulent maintenir le bon ordre & les loix
dans un Gouvernement Monarchique,
doivent s'opposer à cette corruption
puisque s'ils lui donnoient entrée ,
elles les ruïneroit infailliblement. Rien
ne peut mieux faire connoître combien
les Monarchies absoluës sont plus sujettes à cette vénalité & corruption que
les Gouvernemens populaires & mixtes,
que ce que nous avons prouvé, que
ces vices sont enracinés dans les principes de ces premiers Gouvernemens,
qui ne peuvent subsister sans leur secours ; & qu'ils sont si contraires aux
derniers, que leur perte est inévitable,
s'ils ne trouvent le moyen de leur empêcher l'entrée.

Si quelqu'un est assez fou pour s'i-
maginer qu'il soit aussi facile de cor-

rompre Brutus, Camille, Scipion, Fabius, Annibal, Periclès, Aristide, Agésilaus, Epaminondas, ou Pélopidas, que Séjan, Tigellin, Vinnius, ou Lacon; qu'on pouvoit acheter à aussi bon marché le Sénat & le peuple de Rome, de Carthage, d'Athènes, ou de Thèbes, qu'un malheureux Scélérat, qu'un Esclave, qu'un Eunuque ou une infame P...; ou que quoique cela ne fût pas si aisé dans les siécles passés, il l'est à présent: qu'il prenne la peine de considérer de quels moyens on se sert de nos jours pour parvenir aux charges de Judicature, aux Bénéfices Ecclésiastiques, ou aux emplois considérables de l'Etat, aux charges honorables ou lucratives sous la domination des Monarques que nous sçavons être absolus, ou qui voudroient bien l'être. Qu'il éxamine la maniére dont on dispose aujourd'hui en France des charges de Justice; comment Mazarin parvint au Ministére; quel trafic il fit des Abbaïes & des Evêchés, & quels trésors il a amassés par ce moyen; qu'il voye si cette admirable maxime n'a pas toujours été observée depuis la mort de ce Ministre, & si elle n'a pas passé jusques chez nous, comme un éxemple digne d'être imité, depuis l'heureux rétablissement de Sa Majesté: Qu'il éxamine si les maquerelles, les P…, les voleurs, les boufons, les parasites & une troupe de scélérats mercénaires, n'ont pas plus de pouvoir à Whitehal, à Versailles, au Vatican, & à l'Escurial qu'ils n'en ont à Venise, à Amsterdam, & en Suisse: Si Hide, Arlington, Danby, Sunderland, Jenkins, Chiffinch, ou les Duchesses de Cléveland & de Portsmouth, auroient pû avoir l'autorité & le crédit qu'ils ont parmi nous, si cela avoit été laissé aux suffrages du Parlement & du peuple : ou enfin si ceux dont toute la capacité aboutit à sçavoir tirer avantage des vices ausquels un homme est enclin, ont plus d'influence sur l'esprit d'une personne qui naît dans une famille régnante, ou sur un Sénat composé d'hommes qui ont été choisis pour leur vertu & leur noblesse, ou sur tout le Corps d'une Nation.

Or si celui qui a, ou qui souhaite d'avoir une puissance absoluë, animé par son intérêt particulier se porte à introduire cette corruption, que le peuple, le Sénat & les Magistrats qui vivent sous un Gouvernement populaire

ont en horreur, la regardant comme
une chofe qui ne peut qu'attirer fur
eux une ruïne inévitable : fi fon éxemple, fes artifices, & les moyens dont
il fe fert, lui & fes Créatures, font
d'une merveilleufe efficace pour l'introduction de ce vice : S'il ne faut pas
moins qu'une vertu extraordinaire,
qui à peine fe rencontre jamais dans
un Prince qui a, ou qui afpire à une
femblable autorité, pour le pouvoir
détourner de ce deffein ; & fi cette
vertu n'a jamais continué long-temps
dans une même famille, & que rien
ne nous engage à croire qu'elle y puiffe
continuer long-temps ; nous ne pouvons pas nous perfuader avec raifon
qu'il y ait jamais eu une certaine race
d'hommes à qui un femblable pouvoir
ait été accordé, ni qui en ait jamais
joui : nous ne devons pas aufli nous
imaginer qu'il y ait jamais eu ou qu'il
y ait jamais aucun de ces Souverains
qui afpirent au pouvoir abfolu, qui
n'ait fait, ou qui ne faffe tous fes efforts
pour introduire dans le Gouvernement
cette corruption qui leur eft fi néceffaire
pour la fûreté de leur perfonne, aufli
bien que pour ce qui les intéreffe le
plus dans le monde ; & il eft bien fûr

qu'ils ne manqueront jamais de venir à bout de leurs grands desseins, à moins qu'on ne s'oppose à eux, ou qu'on ne les dépose.

SECTION XXVI.

Les Troubles & les guerres civiles ne font pas les plus grands maux qui puissent arriver à une Nation

MAIS *on donnera peau pour peau ;* dit Filmer, & *l'homme cédera volontiers tout ce qu'il possede pour sauver sa vie.* Puisqu'il a crû qu'il étoit nécessaire qu'il ornât son livre de quelque passage de l'Ecriture, il n'en pouvoit trouver qui convint mieux à son dessein que celui que le diable lui-même à prononcé ; cependant je ne crois pas qu'il en puisse faire grand usage ; car quand même je serois d'humeur à vouloir renoncer à la vérité jusqu'au point d'avoüer que ces paroles n'ont rien qui y répugne, je pourrois toujours en toute sûreté nier les conséquences qu'il en tire, sçavoir *que ces Gouvernemens font les plus mau-*

*vais, où il se répand plus de sang; &
qu'on fait mourir plus de personnes dans
les Républiques que dans les Monarchies
absoluës.* Car ayant démontré que toutes les guerres & les troubles qui ont
affligé les Gouvernemens populaires,
n'ont jamais causé tant de carnage,
que les contestations entre plusieurs
Concurrens à la Couronne en ont causé
dans l'Empire Grec & Romain, dans
les Royaumes d'Israël, de Juda, de
France, d'Espagne, d'Ecosse & d'Angleterre; si les troubles, les guerres,
& le carnage sont proprement ce dont
il est ici question, il n'y a point de
doute que ces Gouvernemens sont les
plus mauvais de tous, où ces guerres
ont été les plus fréquentes, & les plus
sanglantes. Mais quoique ces troubles
soient incontestablement de terribles
châtimens, je nie pourtant que ce Gouvernement soit le plus mauvais, qui
y est plus sujet. C'est fort mal fait aux
hommes de se tuer les uns les autres
dans les séditions, les troubles & les
guerres; mais c'est encore plus mal
fait de réduire le peuple à une misére,
à une foiblesse & à une lâcheté si
grande, qu'il ne lui reste plus ni courage, ni force pour rien entreprendre;

de ne lui rien laiffer qui mérite qu'il cherche à s'en affûrer la poffeffion, & de donner le glorieux nom de paix à une affreufe folitude. La grèce, à mon avis, étoit heureufe & glorieufe, lorf-que remplie d'une infinité de Villes qui regorgeoient d'habitans, on y voyoit fleurir tous les Arts utiles & profitables à la Société : lorfque fes peuples étoient craints & careffés des plus grands Rois, dont aucun ne les a jamais attaqués qu'à fa perte & à fa confufion : lorfque Babilone & Sufe trembloient au feul mouvement de leurs armées : lorfque leur valeur éxer-cée dans ces guerres & ces troubles que notre Auteur regarde comme les plus grands maux qui puiffent affliger un Etat, les eut élevés à un fi haut degré de puiffance, qu'il n'y avoit rien fur la terre qui fût capable de leur réfifter : Mais je la crois fort malheureufe à pré-fent, nonobftant la paix qui régne dans les murailles de fes Villes défertes ; peut-on dire que les triftes reftes de ces Nations épuifées jouïffent d'un grand bonheur aujourd'hui, qu'ils font réduits à fe mettre à l'abri de leurs Villes defolées, qu'il ne leur refte rien dont la poffeffion puiffe exciter parmi

eux ni querelles ni conteftations, &
qu'ils n'ont ni la force ni le courage
de fe vanger des indignités que leur
fait fouffrir un Maître orgueilleux &
infupportable ?

On peut dire la même chofe de
l'Italie : pendant que les peuples ont
été libres, il s'eft emû quelque fois
des féditions parmi eux, & ils ont
fouvent eu la guerre avec leurs voifins.
Tant qu'ils ont confervé leur liberté,
ils ont aimé leur Patrie, & ont toujours été prêts de la défendre au péril
de leur vie. Ceux qui avoient le
bonheur de réüffir dans leur jufte défenfe croiffoient en forces & en puiffance ; & ceux mêmes à qui la fortune
étoit le plus contraire dans un temps,
trouvoient toujours quelque moyen de
réparer leurs pertes, pourvû que leur
Gouvernement n'eût pas été tout-à-fait
renverfé. Tant qu'ils garderent la pro-
prieté de leurs biens, ils n'eurent garde
de fouffrir qu'on envahît leur Patrie,
parce qu'ils étoient perfuadés, qu'ils
perdroient tout, s'ils ne s'oppofoient
aux entreprifes des Ufurpateurs. Cela
donna occafion aux guerres & aux
troubles ; mais cela fervit en même
temps à aiguifer leur courage, à entre-

tenir une bonne dicipline parmi eux ;
& les peuples qui furent le plus sujets
à ces troubles, s'accrûrent toujours
confidérablement en nombre de perfonnes auffi-bien qu'en puiffance ; de
forte qu'on peut dire avec vérité que
jamais Pays n'a été plus puiffant qu'é-
toit l'Italie, lorfqu'Annibal entreprit
de s'en rendre le Maître ; & qu'après
la défaite de ce grand Capitaine, rien
au monde ne fut capable de réfifter à
la valeur & au pouvoir des Romains.
Ils fe tuoient quelque fois les uns les
autres ; mais leurs ennemis ne gagné-
rent fur eux qu'autant de terre qu'il en
falloit pour inhumer ceux qui avoient
fuccombé fous l'effort de leurs armes.
Toutes chofes y ont changé de face,
graces au bien-heureux Gouvernement
auquel ces peuples font préfentement
foumis, on y fuit une maxime bien
différente. Le foin paternel du Roi
d'Efpagne, du Pape, & des autres
Princes, à établi la paix parmi ces
Nations. Depuis plufieurs fiécles nous
n'avons pas entendu dire qu'il fe foit
élevé aucune fédition entre les Latins,
les Sabins, les Volfques, les Eques,
les Samnites & autres habitans de cet
heureux Climat. Un petit nombre de

Citoyens à demi morts de faim, renfermés dans des murailles fortifiées de lierre, n'ont rien à craindre des Troubles domestiques ni des guerres étrangéres ; & rien n'interrompt leur sommeil, que la faim qu'ils endurent, le cri de leurs enfans, ou le hurlement des loups. Au lieu d'un grand nombre de Villes mutines & querelleuses dont ce Pays étoit rempli, on n'y voit qu'un petit nombre de cabanes éparses ça & là, où régne un profond silence ; & la fierté de ces Nations est si bien abaissée, qu'un misérable Collecteur arrache sans crainte des mains de chaque particulier, ce qu'il réservoit pour l'entretien de toute sa famille. Si quelqu'une de ces Provinces est éxempte de cette vermine, elle en a l'obligation à l'extrême pauvreté où elle est réduite. Dans Rome même, il ne s'y passe rien qui approche tant soit peu de ce qu'on appelle sédition, & qui sente la violence ; on y vit en sûreté de ce côté-là, & tout ce qu'un particulier a à craindre dans cet heureux séjour, c'est de succomber sous les artifices trompeurs d'un Prêtre, ou de périr par le poison que lui pourroit donner un de se voisins, dans l'espérance de posseder après sa mort, ses biens, sa femme, sa P..., ou ses enfans. Les Gouverneurs craignent aussi peu Gracchus qu'Annibal; & au lieu de fatiguer leurs sujets par des guerres continuelles, ils se contentent de s'emparer de leurs biens & de leurs héritages, en pervertissant les Loix, en corrompant les juges, en produisant de faux témoins, & en leur suscitant de fâcheux procès. Voilà en quoi consiste le plus grand bonheur de ces peuples. Dans les lieux où on met ces artifices en usage, il s'y trouve encore des habitans, & ils ont quelque chose à perdre; mais la plus grande partie de ces Provinces sont devenuës autant de terres désertes, & bien loin d'être exposées comme autrefois, aux desordres qui arrivent ordinairement dans les Villes bien peuplées, elles jouïssent de cette heureuse paix qu'on voit régner dans les déserts.

De plus, il y a une maniere d'ôter la vie aux hommes qui est encore pire que de les faire périr par le fer; car comme le dit fort bien Tertullien dans une autre occasion, *prohibere nasci, est occidere; empêcher de naître, c'est tuer;* ces Gouvernemens sont meurtriers dans le souverain dégré, qui réduisent leurs

fujets à la derniere miſére, qui leur
ôtent tout courage pour des établiſ-
ſemens, & qui par leurs extorſions les
contraignent d'aller chercher une autre
Patrie. Florence & les autres Villes de
la Toſcane furent fort peuplées, riches & floriſſantes tandis qu'elles furent libres, malgré les ſéditions dont
elles furent déchirées, & les horribles
factions des Guelphes & des Gibelins,
des Neri & des Bianchi, des Nobles &
des Communes ; au lieu que ſous le
paiſible Gouvernement des Médicis,
dans l'eſpace de cent cinquante ans, le
nombre des habitans a été réduit à la
dixiéme partie de ce qu'il étoit autrefois. Il eſt à remarquer que lorſque
Philippe II. Roi d'Eſpagne donna la
République de Sienne au Duc de Florence, l'Ambaſſadeur que ce Monarque avoit alors à Rome, lui manda,
que par ce préſent, il s'étoit privé de
plus de ſix cent cinquante mille ſujets;
& on ne croit pas qu'il y ait aujour-
d'hui vint mille habitans dans cette
Ville & dans toute l'étenduë de ſon territoire. Piſe, Piſtoie, Arezzo, Corto-
na, & pluſieurs autres Villes qui étoient
alors conſidérables, & bien peuplées,
ſont diminuées à proportion, & Flo-

rence encore plus que toutes les autres.
Quoique cette Ville eût été pendant
long-temps affligée de féditions, de
troubles & de guerres, qui pour la
plûpart n'avoient pas été à fon avantage, fes peuples étoient encore fi puiffans, que lorfque Charles VIII. Roi
de France y ayant été reçû comme ami,
avec toute fon armée, qui peu de
temps après conquit le Royaume de
Naples, voulût s'en rendre Maître, ils
coururent aux armes, ce qui donna
tant de terreur à ce jeune Monarque
qu'il fe crut trop heureux d'en fortir
aux conditions qu'eux mêmes voulurent bien lui prefcrire. Machiavel rapporte qu'en ce temps-là, la feule Ville
de Florence avec le Val d'Arno, qui
eft un petit territoire des dépendances
de cette Ville, pouvoit en peu d'heures
au fon d'une cloche, mettre fur pié
plus de cent trente cinq mille hommes
bien armés; au lieu qu'à préfent cette
Ville, auffi bien que toutes les autres
de la même Province font devenuës fi
méprifables, fi defertes, fi pauvres, &
le peu d'habitans qu'on y trouve fi lâches qu'il ne leur eft pas poffible de réfifter à leurs Princes qui les oppriment,
ni de les défendre ou de fe défendre

eux-mêmes, si un ennemi étranger
venoit les attaquer. Les peuples y sont
épars ou détruits, & les meilleures familles vont chercher un établissement à
Venise, à Génes, à Rome, à Luques
& à Naples. Cette dispersion n'est pas
l'effet des guerres, ou de la peste ; on
voit régner dans cet Etat une paix parfaite, & on n'y est point affligé d'autre
peste, que de celle du Gouvernement
auquel ce pays est soumis. Mais celui
qui les a guéris de ces desordres & de
ces troubles, ne mérite pas à mon avis
plus de loüanges qu'en mériteroit un
Médecin qui se vanteroit qu'il n'y a
pas une seule personne malade dans une
maison qu'on a confiée à ses soins,
parce qu'il les a toutes empoisonnées.
Les Espagnols ont établi la même paix
dans les Royaumes de Naples & de
Sicile, dans l'Amérique, & dans plusieurs autres lieux de leur Domination.
Les Turcs se servent des mêmes voyes
pour prévenir les desordres & les séditions qui pourroient s'allumer dans
les Pays de leur obéïssance. Et ces
moyens sont si efficaces dans tous les
endroits où on les met en usage, qu'on
dit que Mario Chigi frere du Pape
Aléxandre VII. par une basse & infâme

tromperie dont il ufa dans la vente des Bleds fit périr en moins de huit années plus de la troifiéme partie des Habitans de l'Etat Eccléfiaftique ; & ce Pays d'où les Romains tiroient leurs principales forces du temps des guerres de Carthage a plus fouffert par l'avarice & la tromperie de ce fcélérat, qu'il n'a jamais fouffert de toutes les victoires qu'Annibal remporta autrefois fur fes habitans.

On n'auroit jamais fait, fi on vouloit nommer tous les Royaumes dont la Monarchie abfoluë a fait une paifible folitude ; mais les Gouvernemens populaires & mixtes fe font toujours appliqués à augmenter le nombre, la force, la puiffance, les richeffes & le courage de leurs fujets, en donnant moyen à leurs Citoyens de fubfifter commodément, en invitant les Etrangers à venir s'établir chez eux, & en infpirant aux uns & aux autres tant d'amour pour la Patrie, que chaque particulier pût regarder la caufe publique comme la fienne propre, & être toujours prêt de la défendre. Cette maxime peut quelquefois donner occafion à des troubles & à des guerres, tout de même que les corps les plus

robustes peuvent être attaqués de maladies : Lorsque tous les particuliers
s'intéressent au bien public, ils peuvent différer dans leurs sentimens, &
il se peut faire qu'en prenant un chemin pour l'autre, il s'en trouve qui
font du préjudice à l'Etat au lieu du
bien qu'ils avoient dessein de lui faire :
mais à moins qu'il ne s'élève un Tyran
qui détruise le Gouvernement qui est
la source de leur félicité ; ou qu'ils ne
succombent sous le pouvoir d'une vertu
ou d'une fortune qui surpasse la leur
& à laquelle il n'est pas possible de
résister ; ils se remettent bien-tôt de
leurs pertes, & ordinairement ils s'é-
lèvent à un plus haut degré de gloire
& de bonheur. C'est ce que l'on a vû
arriver aux Républiques de Grece &
d'Italie, qui pour cette raison ont été
nommées avec Justice les pepiniéres de
la vertu, & leurs Magistrats les Con-
servateurs des hommes ; au lieu que
ces Monarques pacifiques dont Filmer
nous fait l'éloge, ne peuvent mériter
d'autre titre que celui d'ennemis & de
destructeurs du Genre humain.

Je ne sçaurois m'imaginer qu'il parle sérieusement lors qu'en éxagérant
les cruautés de Sylla, il veut s'en

servir pour prouver, que les malheurs auſquels on eſt expoſé dans les Gouvernemens libres ſont plus grands que ceux qu'on ſouffre ſous la domination des Rois & des Tyrans : car il n'y a jamais eu de Tyran au Monde ſi celuilà ne l'étoit pas, quoi qu'à la fin il ſe démît de ſa puiſſance, ſoit qu'il le fît parce qu'il étoit las d'un ſi péſant fardeau, ſoit qu'il y fût porté par les infirmités dont il fut attaqué, ſoit que ce fût par la crainte qu'il conçut des attentats qu'on pouvoit faire contre ſa perſonne, ou par l'horreur qu'il avoit de ſon crime; mais helas ! le mal avoit pris de ſi fortes racines, qu'il étoit ſans reméde : il ne reſtoit plus aucune liberté à Rome : les Loix avoient ſuccombé ſous la violence des armes : il ne s'agiſſoit plus que de ſçavoir qui ſeroit le Souverain ; & on n'a pas lieu de croire que ſi Pompée avoit remporté la victoire à Pharſale, il en eût uſé avec plus de modération que ne fît Céſar : ou que Rome eût été plus heureuſe ſous ſa domination que ſous celle de Céſar. Sa cauſe ſembloit la plus juſte parce que le Sénat ſuivoit ſon parti, & que Céſar étoit l'aggreſſeur ; mais il n'étoit pas meilleur que lui par rapport à ses qualités personnelles, & il semble que ses desseins n'étoient pas moins pernicieux. Il avoit été long-temps aupparavant *suarum legum auctor & eversor*. Ce fut lui qui jetta les fondemens du premier Triumvirat ; & il faudroit avoir perdu l'esprit pour s'imaginer que celui qui avoit fait paroître tant d'insolence avant que d'être arrivé au faîte de la grandeur, eût pu se modérer, si la fortune eût mis la destinée de l'Empire Romain entre ses mains. Marius, Cinna, Catilina, Octave & Marc-Antoine tinrent tous la même conduite, & leurs projets n'étoient pas d'une nature différente, ils fouloient les Loix aux pieds : ils ne se proposoient aucunement le bien public ; l'ambition particuliere étoit ce qui donnoit le branle à toutes les affaires ; & on doit aussi peu attribuer aux Républiques, aux Aristocraties, ou aux Gouvernemens mixtes, tout ce qui se fit par eux, ou par leurs partisans pour l'avancement de leurs intérêts, qu'on peut leur attribuer la fureur de Caligula & de Néron.

SECTION XXVII.

*Les malheurs & les cruautés qui procè-
dent de la Tyrannie, sont plus grands
que tous les maux qui peuvent procéder d'un Gouvernement populaire ou
mixte.*

IL est temps présentement de venir à
l'éxamen des raisons qui servent de
fondement aux Maximes générales de
notre Auteur. *Les cruautés d'un Tyran,*
dit-il, *ne s'étendent ordinairement que
sur quelques particuliers qui l'ont offensé,
& non pas sur tout le Royaume. On a
dit avec beaucoup de vérité, en parlant
du Roi Jacques I., que quelque vicieux
que puisse être un Roi, il ne laisse pas
de favoriser la justice en général, & de
maintenir quelque ordre dans l'Etat. Nous
lisons même dans les Histoires que le
cruel Domitien, Denis le Tyran, &
plusieurs autres Souverains de ce caractè-
re, ont fait observer la justice avec
beaucoup d'éxactitude, excepté dans de
certains cas particuliers, où le Souverain
se laissoit emporter à sa passion.* C'est-là

ce

ce que l'on peut dire des Gouvernemens Populaires ; car quoiqu'il puiſſe
bien arriver qu'un peuple, par mépri-
ſe , faſſe quelquefois du mal à un
particulier, & que ce mal fait à un particulier ſoit quelquefois préjudiciable
au public, parce que l'homme qui a
été lézé ou détruit auroit pu être utile
à la Société , toûjours eſt-il ſûr que
cela n'arrive jamais que par erreur :
car le corps de la Nation retenant en
ſoi l'autorité , & le Gouvernement ,
tout ce qui eſt préjudiciable à ce Gouvernement, l'eſt auſſi à la Nation ;
& ſi ces peuple ruïnent le Gouvernement , ils ſe ruïnent eux-mêmes , ce
que jamais homme ne fera volontairement & de deſſein prémédité. La choſe eſt tout-à-fait différente ſous le Gouvernement des Monarchies abſoluës.
Un Prince qui ſe propoſe pour but ſon
interêt particuler, diſtinct de celui de
ſes Sujets, devient ennemi du public ;
en ſuivant le mouvement de ſes paſſions , il offenſe tous les membres de
la Société , excepté un petit nombre
de Créatures corrompuës, dont il ſe
ſert pour opprimer les autres ſous un
joug qu'ils ne veulent pas porter, &
s'attire par là la haine de toute la Na-

tion. Cette haine eſt toujours propor-
tionnée aux dommages qu'on leur fait,
ces dommages étant immodérés, cette
haine ne peut qu'être extrême ; & une
Nation étant puiſſante en comparaiſon
du Prince qui la gouverne, il crain-
dra toujours ceux qui le haïſſent, &
haïra toujours ceux qu'il craint. Lorſque Louis Farneſe premier Duc de
Parme eut par ſa tyrannie aigri contre
lui l'eſprit des habitans de cette petite
Ville, leur haine ne lui fut pas moins
funeſte que celle de tout l'Empire l'a-
voit été à Néron ; & comme l'un mit
la Ville de Rome en feu, l'autre n'auroit pas manqué de détruire celle de
Parme, ſi on ne l'avoit prévenu. On
a toujours vû arriver la même choſe &
cela arrivera toujours par tout, d'autant que tous les hommes du monde
tâchent de détruire ceux qu'ils haïſſent & qu'ils craignent ; & la grandeur du danger porte quelquefois
cette * crainte juſques à la rage & à la
fureur. C'étoit pour cette raiſon que
Caligula ſouhaitoit que tout le peuple Romain n'eût qu'une tête ; & que
Néron triomphoit de l'embraſement

---

* *Cuncta ferit dum cuncta timet.* Lucan.

de Rome, croyant par cet exploit digne de lui, avoir prévenu sa propre ruïne. Je ne sçai pas qui sont ces bons Auteurs, qui loüent Domitien pour sa justice, mais Tacite l'appelle *Prince ennemi de la vertu, Principem virtutibus infestum* ; & il est très-difficile de comprendre comment on peut donner le titre de juste à un Prince comme lui, si ce n'est qu'on veüille dire, qu'il y a de la justice à exterminer tous ceux qui osent faire profession de la vertu sous un Souverain lâche & vicieux. Un autre Auteur du même siécle * parlant de lui, ne dit pas qu'il fût injuste, mais il nous donne lieu de penser qu'il l'étoit, à moins qu'on ne veüille dire que c'étoit une action juste à un homme qui tenoit tout l'Univers sous sa Puissance, de travailler à sa perte. Ce monstre n'y auroit pas mal réüssi, & après avoir mis l'Empire aux derniers abois par ses cruautés, il n'auroit pas manqué d'achever son ouvrage, si on n'eût pas éteint sa rage avec sa vie.

Tacit. invita Agrico.

* * * * *

* *Cum jam semianimem laceraret Flavius Orbem Tertius, & calvo serviret Roma Tyranno.* Juvenal.

Q 2

Plusieurs Princes n'étant pas assez puissans d'eux-mêmes pour détruire leurs sujets, ont excité des Nations étrangeres à faire ce qu'eux-mêmes n'osoient entreprendre, ne se pouvant croire en sûreté que lorsque leurs peuples seroient dans la misére; & quand une fois les Princes légitimes sont arrivés au premier degré de folie & de fureur, en s'attribuant un pouvoir au-delà de celui que les Loix leur accordent, ils ont agi avec autant d'inhumanité & de rage, que les plus cruels Usurpateurs. Cléonimus Roi

Plut. vit. Pirrh.

de Lacédémone doit être mis dans ce rang: il devint ennemi de sa Pattie, dit Plutarque, parceque les Citoyens ne voulurent pas lui accorder le pouvoir absolu auquel il aspiroit, & il se laissa tellement transporter au desir de vengeance, qu'il fit entrer dans le Royaume Pirrhus le plus mortel ennemi qu'ils eussent, suivi d'une puissante armée très-bien disciplinée, afin de les détruire plus facilement. Vortigern Roi des Bretons

Math. Westm.

appella les Saxons à son secours, ce qui fut cause de la ruïne de ses peuples, que sa débauche, ses cruautés, & sa lâcheté avoient animés contre lui. Jean sans terre pour les mêmes raisons offrit son Royaume aux Maures & au Pape.

Pierre le cruel, auſſi-bien que pluſieurs
autres Rois de Caſtille firent entrer dans
leurs Etats de prodigieuſes armées de
Maures pour ruïner leurs ſujets qui déteſtoient leurs vices, & ne vouloient pas
ſe laiſſer dépouiller de leurs priviléges.
On pourroit apporter pluſieurs autres
exemples de même nature ; & plût à Dieu
que notre propre expérience ne nous eût
pas ſi bien convaincus que les Souverains
ne ſont que trop ſujets à former de ſemblables deſſeins. Si quelqu'un doute de
cette vérité qu'il éxamine ſeulement
quels ont été les motifs des guerres
qu'on a euës avec les Ecoſſois l'an 1639.
& 1640 ; du maſſacre des Proteſtáns
d'Irlande en 1641 ; de toutes les Alliances & de tous les Traités qui ont été
faits depuis quatre-vingt ans ; de l'amitié qu'on a contractée avec les François ;
des fréquentes querelles qu'on a euës
avec les Hollandois, ſans parler de
pluſieurs autres circonſtances qui ne
ſont déja que trop connuës : ſi cela ne
ſuffit pas pour le convaincre, il pourra
bien-tôt voir ſur le trône un homme
qui aimeroit mieux être tributaire de la
France que légitime Souverain d'Angleterre, ſe croyant plus heureux de dépendre des Etrangers, que d'être obligé de

Q 3

souffrir que le Parlement ou la Nation
ose resister à ses commandemens, maintenir leurs priviléges, ou défendre une
Religion qui est incompatible avec celle
qu'il a embrassée ; & alors cette vérité
paroitra en un si beau jour qu'il ne sera
pas besoin d'autre preuve pour le convaincre.

On n'a jamais accusé Grotius de n'a-
voir pas assez d'égard pour les têtes Couronnées, ou d'insister trop sur des cas
imaginaires; cependant entre autres raisons qui, selon lui, servent à justifier des
sujets qui prenent les armes contre leur
Souverain, il allégue celle-ci, *propter im-*
manem sœvitiam, & quando Rex in po-
puli exitium fertur; par ce qu'en ce cas
le Souverain tient une conduite directement
opposée, & tout-à-fait incompatible avec
la fin qu'on s'est proposée en établissant les
Gouvernemens. Cette raison seroit fort
impertinente, si la chose n'étoit pas possible ; car ce qui n'est pas, ne peut
produire aucun effet. Concluons donc
qu'il y a des Princes assez méchans pour
vouloir détruire leurs peuples, autrement il seroit ridicule de dire qu'on
peut avec justice s'opposer à eux lorsqu'ils forment un semblable projet.

Si le Roi Jacques a été d'un autre

sentiment, je souhaiterois que tout le cours de son régne eût été conforme à tous égards à ce qu'il pensoit sur ce sujet. Lorsque ce Prince disoit que puisqu'il avoit le pouvoir de faire des Juges & des Evêques, il prétendoit que ses volontés servissent de Loi & d'Evangile; lorsqu'il remplissoit les charges de Magistrature & les bénéfices de personnes qui étoient entierement dévouées à ses volontés & à ses intérêts, j'ai tout lieu de croire qu'en renversant la justice qui est la régle des actions Civiles & Morales, & en pervertissant l'Evangile qui est la lumiere de l'homme spirituel, il entreprit tout ce qu'il osa entreprendre & qu'il crut capable d'attirer sur notre Nation les plus grands malheurs qu'on puisse jamais souffrir. Ce que j'ai dit ne perdroit rien de sa force, quand même il seroit vrai que les Princes ne commettent jamais de fautes, à moins que *ce ne soit par la violence de quelque passion déréglée;* car il est difficile d'en trouver aucun qui ne se laisse presque toûjours gouverner par ses passions. Ils sont naturellement sujets aux même appétits, que les autres hommes, & l'éducation qu'on leur donne fomente les vices ausquels ils sont naturellement enclins.

C'eſt par cet endroit foible que leurs flateurs ſçavent ſe rendent maîtres de leur
eſprit ; & quiconque ſçait découvrir à
quel vice un Prince eſt le plus enclin,
peut s'aſſurer de le gouverner en le flatant dans ce vice. Voilà en quoi conſiſte
principalement la ſcience des Courti-
ſans, & de là vient que ces paſſions que
la crainte du châtiment reprime dans
les perſonne privées, régnent non ſeulement dans le cœur du Souverain com-
dans celui d'une bête ſauvage, mais
s'enflamment de plus en plus par la malice de ſes propres ſerviteurs, qui louent
& approuvent tout ce qu'il fait. La haine
que ces Princes ont pour les loix divines
& humaines augmente à proportion que
leurs vices, & la crainte qu'ils ont d'en
être punis augmentent. Et lorſqu'une
fois ils ſont arrivés juſques-là, il ne leur
eſt plus poſſible de mettre de bornes
à leur fureur, il & n'y a point d'extravagance dont ils ne ſoient capables. Mais
pluſieurs d'entr'eux n'atendent pas qu'ils
ſoient animés de ces motifs violens : la
perverſité de leur propre nature ne les
porte que trop aux maux les plus extrêmes. Ils haïſſent la vertu à cauſe d'elle-même, & les gens vertueux, par ce
qu'ils ne leur reſſemblent pas. Cette

vertu est un précepte de la raison, ou
les restes de la lumiere divine, qui
rend les hommes utiles & bienfaisans
les uns aux autres. La Religion procéde
de la même source , & tend au même
but ; le bonheur de tout le genre-humain dépend tellement de ces deux
choses, que ce sont elles d'où découle
tout ce dont les peuples ont jamais
joüi, qui ait mérité de faire l'objet de
leur souhaits ; & tout les malheurs ausquels les hommes se sont vûs exposés,
qui méritent d'être l'objet de leur haine & de leur crainte, n'ont point eu d'autre principe que le défaut de ces deux
choses , ou la colere de Dieu qui étoit
enflammée contr'eux. Si donc un Prince
s'est déclaré ennemi de la vertu & de
la Religion , il faut aussi qu'il se soit
déclaré ennemi du genre-humain, &
particulierement celui de ses propres sujets. Tout le mal qu'il fait à ceux qui
professent la vertu & la Religion, tend
à la ruïne du peuple qui subsiste par
elles. Je ne prétens pas définir qui sont
les Souverains qui tiennent cette conduite, ni dire combien il y en a dans le
monde : mais il est certain qu'il y en a
eu ; & plût au Ciel que nous pussions
dire avec vérité que le nombre en a été

fort petit, ou qu'il y a déja long-temps qu'on n'en trouve plus de ce caractére. Tacite n'attribuë pas cette conduite criminelle à un Prince en particulier, mais à tous ceux dont il écrit l'Hiſtoire ; & pour donner aux Lecteurs une eſpèce de Préface de ce qu'il avoit à leur dire dans la ſuite de ſon Ouvrage, il leur dit, *qu'il* *étoit dangereux d'être deſcendu d'une famille noble ou de poſſeder quelque dignité ; mais qu'on étoit ſûr de périr lors qu'on faiſoit profeſſion de la vertu ;* & en un autre endroit, il écrit, *qu'après le maſſacre des plus illuſtres Citoyens, Néron avoit réſolu de couper la vertu par la racine, & que pour venir à bout de ce projet, il fit mourir Thraſeas Patus, & Baréas Soranus.* Quiconque prendra la peine d'éxaminer les Hiſtoires Eccléſiaſtiques ou Chrétiennes, trouvera que les Princes dont il y eſt fait mention, n'ont pas été moins ennemis de la vertu & de la Religion que leurs prédéceſſeurs, & par conſéquent ennemis des peuples ſoumis à leur domination ; à moins qu'on ne veuille dire que la vertu & la Religion ſont deux choſes préjudicables, ou tout-à-fait indifférentes aux hommes.

Mais Filmer dira peut-être que ce ſont-là des cas particuliers. A cela je

C. Tacit. Hiſt. l. 1.

Annal. l. 4.

répons qu'on en peut dire autant du
maſſacre des Prophetes & des Apôtres,
de la crucifixion de Jeſus-Chriſt, & de
tous les autres crimes énormes qu'on a
commis. Mais quoi qu'il en ſoit, ils
procédoient d'un principe univerſel de
haine que les Auteurs de ces énormités
faiſoient paroître pour tout ce qu'il y
avoit de bon dans le Monde, qui les
animoit à faire tous leurs efforts pour
ruïner entierement le genre humain: &
& il n'y avoit que le bras tout puiſſant
d'un Dieu qui gouverne toutes choſes
& qui vouloit ſe reſerver un peuplé élû,
qui fût capable d'arrêter leur rage, qui
à tous autres égards avoit eu autant de
ſuccès que Filmer ou le Diable auroient
pû lui en ſouhaiter.

Denis le Tyran, que notre Auteur
nous propoſe pour un autre modéle de
Juſtice, mérite bien que nous éxaminions ſon caractére: A peine a-t-on jamais connu un homme plus fourbe,
plus diſſolu, plus perfide, plus cruel,
plus lâche, plus avare & plus impudent
que celui-là, & jamais homme n'a témoigné plus de haine pour tout ce
qu'il y avoit de bon dans le monde.
C'étoit pour cette raiſon que Diogene
le voyant à Corinthe, quoique dans

Q 6

un état chétif & méprisable, ne put
s'empêcher de dire qu'il méritoit de
continuer à souffrir dans la misére, les
frayeurs, & les crimes qui accompagnent la tyrannie, & qu'on lui avoit
fait trop de grace en lui permettant de
converser paisiblement avec les honnêtes gens. Si un homme de ce caractére
mérite d'être regardé comme un éxact
observateur de la justice, il faut nécessairement conclure que les Loix divines
& humaines sont de nulle valeur, ou
qu'elles sont tout-à-fait contraires à cette Justice, & que c'est une meilleure
action de détruire un peuple, que de le
conserver. On ne doit point garder la
foi donnée : on peut avec justice piller
les Temples, faire mourir les plus honnêtes gens, lorsqu'ils sont assez téméraires pour vouloir être meilleurs que
leurs Maitres; & déchirer cruellement,
ou détruire tout l'Univers, sans injustice, s'il tombe sous la puissance d'un
seul.

Les raisons que Filmer employe
pour nous persuader ces maximes,
sont aussi solides que ces maximes mêmes: *La gloire & la force de tous les
Princes*, dit cet Auteur, *consiste dans la
multitude de leurs peuples, & dans l'a*

bondance des richeffes : les fujets fervent
le Souverain de leurs bras dans fes guerres, & il fe fert de leurs biens dans fes befoins. C'eft pourquoi il n'y a point de Tyran qui ne fouhaite de conferver la vie
& les richeffes de fes fujets, & fi ce n'eft
pas par un principe d'affection qu'il leur
porte, au moins eft-ce pour fon propre
intérêt. J'aurois crû que les Princes,
quoique tyrans, étant les Lieutenans
de Dieu en terre, & les peres des peuples qui leur font foumis, auroient
toujours eu pour but de procurer le
bien de ces peuples, quand même ils
n'en auroient retiré aucun avantage en
leur particulier ; mais il femble que ce
n'eft pas une chofe qu'on doive attendre de ces bons peres. Ils confidérent
leurs fujets, comme les Marchands de
bétail confiderent leurs troupeaux, à
proportion du profit qui leur en peut
revenir ; & fi cela eft ainfi, un peuple
n'eft pas plus en fureté fous un Souverain, qu'un troupeau fous fon Maître.
Quoi qu'il ait deffein, & qu'il fouhaite d'être bon ménager, cela ne l'empêche pas de le mener à la boucherie,
lorfqu'il croit pouvoir s'en défaire
avantageufement, ou qu'il trouve un
meilleur moyen de faire valoir fa terre.

Mais ce n'est pas encore là tout : souvent
ces maîtres sont fous, débauchés, pro-
digues, & dépensent mal à propos
leur Capital, sans considérer que
cela tourne à leur préjudice. Jusques
ici nous nous étions imaginés que les
Princes & les Magistrats n'avoient été
établis qu'afin que sous leur Gouvernement nous puissions mener une vie
paisible & tranquille en toute piété &
honnêteté : mais notre Auteur nous apprend qu'ils ne se proposent point
d'autre but que de tirer le plus d'avantage qu'il leur est possible de nos biens
& de nos vies, & qu'ils ne vivent pas
& ne régnent pas pour nous, mais
pour eux-mêmes. Si ce qu'il dit est
véritable, ils ne nous regardent pas
comme des enfans, mais comme des
bêtes, & ne nous font pas de bien
pour l'amour de nous, ou par ce que
c'est leur devoir, mais seulement dans
la vûe d'en tirer quelque utilité, comme on met les bœufs dans de bons
pâturages, afin de les rendre forts pour
labourer la terre, ou de les engraisser
pour les mener ensuite à la boucherie.
C'est-là le divin modéle de Gouvernement qu'il nous propose. Le Magistrat
juste & équitable est un Ministre de

Dieu pour procurer notre bien : mais
le Monarque abſolu ne prend ſoin de
nous, qu'afin qu'augmentant en nombre de perſonnes & en richeſſes, il
puiſſe lui-même augmenter en gloire
& en force. Il nous ſeroit aiſé de juger à quoi tend un pareil principe,
quand même les Hiſtoires ne nous en
apprendroient rien ; en effet ſi la vie
des ſujets dépend de la volonté du Monarque, il faut néceſſairement qu'elle
dépende auſſi de l'opinion qu'il pourra
avoir, que la multitude & les richeſſes de la Nation contribuent à augmenter ſa propre gloire & ſa puiſſance,
ou qu'elles n'y contribuent en rien ;
il n'eſt pas beſoin d'en apporter de
preuve, puiſque ces choſes parlent
d'elles mêmes. On ne doit pas faire
grand fond ſur le jugement d'un
ſeul homme ; les meilleurs & les plus
ſages ſe trompent ſouvent, les fous &
les méchans ne manquent jamais de
tomber dans l'erreur & de commettre
des fautes ; & il ne s'agit pas ici de ſçavoir ce que Moïſe & Samuël feroient,
mais bien ce qui peut venir dans la
fantaiſie d'un furieux ou d'un ſcélérat
qui s'empareroit de l'autorité Souveraine, ou dans l'eſprit d'un enfant,

d'une femme ou d'un insensé qui
monteroit sur le Trône par droit de
succession. De plus, la proposition
dont il fait le fondement de ses conséquences, est souvent fausse; car comme le pouvoir, le nombre, & la valeur de nos amis est à notre avantage,
& que ces choses se rencontrant dans
nos ennemis ne nous peuvent qu'être
très-dommageables; aussi n'y a-t-il que
les Princes qui gouvernent bien leurs
sujets & qui s'en faisant aimer, sont
sûrs qu'ils employeront toutes leurs
forces pour leur défense, qui puissent
s'assurer avec justice que leur puissance
& leurs richesses leur seront utiles &
avantageuses: mais ceux au contraire
qui sçavent qu'ils sont, ou qu'ils méritent d'être haïs, ne peuvent qu'être
persuadés que leurs sujets employeront
leur puissance contr'eux. Pendant qu'ils
seront dans cette pensée, il ne faut pas
douter qu'ils ne fassent tous leurs efforts pour diminuer ce qui les met en
danger. C'est ce qui arrive immanqua-
blement à tous les Souverains qui sont
dissolus, fous, négligens, imprudens,
lâches, méchans, vicieux, ou en quelle maniere que ce puisse être indignes
des emplois qu'ils possédent; car leur

régne est un éxercice perpétuel de l'injustice la plus criante & la plus dommageable à la Societé : par ce moyen, tout homme qui n'a que de bonnes intentions, reçoit beaucoup de préjudice : & toute personne qui verra que ceux qu'on a établis dans la vûe de lui procurer du bien, ne se servent de leur autorité que pour le ruïner, s'en fâchera infailliblement, & ne pourra s'empêcher de les haïr : Si tout le peuple est ennemi de la corruption, cette haine sera générale, par ce qu'un chacun de ses membres souhaite ce qui est juste; si au contraire la Nation est composée de bons & de mauvais, les premiers s'opposeront toujours au mauvais Gouvernement, & les autres tâchant de le maintenir, il faudra que la sûrete du Prince dépende du parti qui aura le dessus. Si les bons sont les plus forts, il doit s'attendre à périr : & sçachant qu'il n'y a que les scélérats qui soient de son parti, il tâchera toujours de détruire autant de ses ennemis qu'il lui sera possible; il affoiblira ceux qui resteront, pour enrichir ses créatures de leurs dépouilles & de leurs confiscations; il employera la fraude & la rapi-

ne pour amaſſer des tréſors afin d'augmenter le nombre de ſes partiſans, &
les élévera aux honneurs & aux dignités, ſoit dans la Police ſoit dans la
Milice, afin qu'avec leur aſſiſtance, il
ſoit en état d'abbattre ſes adverſaires ;
& il ne manque pas de mettre en ce
rang tous ceux qui ont du bien, des
charges & de la vertu, ou qui ont
acquis de la réputation & du crédit. Cela met naturellement le Monarque abſolu dans la néceſſité de confier
l'autorité aux perſonnes qui n'ont rien
de recommandable, excepté une entiere réſignation à faire tout ce qu'on leur
commande. Ces ſortes de gens, ignorant ce que c'eſt que de faire du bien,
& n'étant pas dans la volonté d'en
faire, auſſi-tôt qu'ils ſont parvenus
aux dignités & aux emplois, la Juſtice eſt pervertie, la Diſcipline Militaire négligée, les Finances épuiſées,
& ils ne s'appliquent qu'à inventer
de nouveaux projets pour trouver de
l'argent ; par leur ignorance, négligence, ou tromperie, ils ſont cauſe
que le Prince a tous les jours beſoin
de nouveaux ſubſides; & ils trouvent
toujours de nouveaux moyens d'en
arracher du pauvre peuple. Dans cette

vûë, ils employent un nombre prodigieux d'espions, de délateurs & de faux témoins, pour détruire les plus riches & les plus iluſtres d'entre les Citoyens. Les Tribunaux ſont remplis de Paraſites de Cour, gens ſans foi & ſans honneur, accablés de dettes & perdus de réputation, & cela afin qu'aucun de ceux qui comparoiſſent devant eux, n'échappe à leur injuſtice. Si on ne peut trouver de crime dans ceux qu'on veut perdre, la diligence d'Officiers bien choiſis & de bons ſolliciteurs, avec la fureur des Juges, ſupplée à ce defaut ; la loi devient un piége ; la vertu eſt opprimée, on fomente le vice, & en peu de temps l'honnêteté & la friponnerie, la ſobrieté & l'intempérance, la vertu & le vice ſont les ſignes qui ſervent à diſtinguer les différens partis. Or la converſation & les mœurs de chaque particulier faiſant connoître de quel parti il eſt, le Prince qui ſe fait Chef des ſcélérats, doit les favoriſer & détruire les bons ; maxime qui eſt ſi propre à ruïner toute la Societé, qu'il n'y a point d'Etat au monde qui puiſſe prévenir une ruïne ſi certaine, à moins que de changer la forme du Gouvernement.

Cela étant comme nous l'avons vû, on ne peut faire de jugement général fur la conduite que tiendra un Magiſtrat, quoi qu'on n'ignore ni ſes titres ni les devoirs à quoi il eſt engagé. Celui qui eſt juſte & qui ſe rend agréable aux peuples en leur faiſant du bien, fera conſiſter ſon honneur, & trouvera ſa propre ſûrete dans l'accroiſſement de leur force, de leurs richeſſes, de leur vertu & de leur puiſſance : ſi au contraire par ſes méchantes actions, il s'eſt attiré la haïne publique, il fera tout ſon poſſible pour leur ôter le pouvoir de lui faire du mal, en les réduiſant à la derniere pauvreté & miſere. Et quiconque veut connoître ſi un Prince ſouhaite que ſes ſujets augmentent en nombre de perſonnes & en richeſſes ; n'a qu'à examiner s'il gouverne d'une maniere qui le rende agréable ou odieux au peuple, & s'il ne ſe propoſe point d'autre but que l'avancement du bien public, ou s'il ne cherche qu'à établir ſon autorité au préjudice de la Nation ; c'eſt ce qui ne peut jamais arriver dans un Gouvernement populaire, & par conſéquent, on n'a point de pareil malheur à craindre dans les Etats li-

bres, à moins qu'on ne s'imagine qu'il
peut y avoir quelque chose de pire
qu'une corruption générale & une ruïne inévitable.

SECTION XXVIII.

Les hommes qui vivent sous un Gouver-
nement Populaire ou Mixte, ont plus
d'inclination à procurer le bien public,
que ceux qui vivent dans les Monar-
chies absoluës.

NOTRE Auteur qui prend plaisir
aux choses surprenantes, nous
découvre ensuite, avec une subtilité
admirable deux défauts dans le Gouvernement populaire, dont personne
avant lui ne s'étoit encore apperçû; ces
deux défauts sont essentiels car il ne
s'agit pas moins que d'ignorance & de
négligence. En parlant du soin que les
Princes ont de conserver leurs sujets,
il ajoute, *au contraire dans un Gouver-*
nement Populaire, chaque particulier
sçait que le bien public ne dépend pas
entierement de ses soins, mais que l'Etat
sera bien gouverné par d'autres, quoi

qu'il ne s'applique qu'à ses affaires particulieres. Et un peu plus bas : *on ne
doit pas beaucoup les blâmer de leur négligence, puisqu'on peut croire, sans
crainte de se tromper, que leur ignorance égale leur négligence. Les Emplois
dans les Etats populaires étant ordinairement annuels, les Magistrats quittent
leurs charges avant que d'avoir eu assez
de temps pour apprendre à s'en acquitter
dignement : de sorte qu'on ne doit pas douter qu'un Prince, quelque peu d'esprit
qu'il ait, ne les surpasse en capacité,
parcequ'il a le temps de se rendre habile
dans les affaires.* Voila qui est admira-
blement bien décidé, & le monde est
fort obligé à Filmer d'avoir découvert
ces erreurs qui jusques ici avoient été
épidémiques. La plùpart des hommes
avoient toujours crû que ceux qui vivent sous un Gouvernement libre,
étoient contens de leur condition,
qu'ils souhaitoient de s'y maintenir, &
que chaque particulier trouvant que
son propre bonheur dépend de celui
du public, s'employoit de toutes ses
forces à le procurer; comme on voit
que ceux qui sont dans un même Vaisseau employent chacun son talent
pour tâcher de le conserver, persuadés

qu'il faut neſſairement qu'ils périſſent,
ſi ce vaiſſeau fait naufrage. Une pareille penſée ne pouvoit qu'animer les ſujets à ſe rendre induſtrieux, & on a
toujours régardé les travaux & les dangers, auſquels les Romains auſſi bien
que les autres peuples libres ſe ſont expoſés, comme autant de preuves au-
tentiques qu'ils ſe croyoient intéreſſés
dans les affaires publiques, & chaqu
particulier ne les négligeoit pas, da
la croyance qu'elles ſe pourroient b .a
faire par d'autres ſans qu'il s'en mêlât.
On voit auſſi que les villes libres,
par les fréquentes élections qu'elle faiſoient de leurs Magiſtrats, devenoient,
pour ainſi dire, autant de pepinieres
de grands hommes & de ſujets très capables, parce qu'un chacun s'efforçoit
de ſurpaſſer ſon compagnon, afin de
parvenir aux honneurs auſquels il n'a-
voit point d'autre droit, que celui
que lui pouvoit donner ſon mérite ou
ſa réputation ; en quoi ces villes réüſ-
ſirent ſi bien, qu'on peut dire avec
vérité qu'une ſeule a produit plus de
grands hommes que toutes les Monarchies abſoluës qui ont jamais été. Mais
tout cela étoit une erreur. Peut-être
que Brutus, Valerius, & pluſieurs au-

tres Sénateurs ou Magiſtrats Romains
auroient pû prendre ſoin de la République, s'il avoient crû que ſon ſalut
dépendoit entierement d'eux. Mais
croyant qu'elle pourroit bien être gouvernée par d'autres, ſans qu'il fût beſoin qu'ils s'en mélaſſent, ils néglige-
rent d'en prendre ſoin. Camillus, Papirius, Fabius, Rullus & Maximus,
Scipion l'Africain, Amilcar, Annibal,
Periclés, Thémiſtocle, Alcibiades,
Epaminondas, Philopémen, & pluſieurs autres auroient pû ſe rendre très-
capables dans les affaires de la guerre
ou du Gouvernement; mais on leur
ôta leurs emplois, avant qu'il euſſent acquis la capacité requiſe pour les éxercer
d'une maniere utile & avantageuſe au
public; & par conſequent, il ne ſe
peut pas qu'ils, n'ayent été ſurpaſſés à
ces deux égards par les Princes abſo-
lus, quoiqu'ils ayent pû avoir moins
d'eſprit qu'eux, parce que ceux-ci ont
eu le temps de ſe perfectionner. Cela
doit ſuffire pour les excuſer d'avoir ſi
mal fait leur devoir; mais c'eſt quelque
choſe de fort ſuprenant que Tacite &
les autres Hiſtoriens ſe ſoient ſi fort
écartés de la raiſon, & mépris ſi groſ-
ſiérement dans une matiére de fait,
qu'ils

qu'ils n'ayent pas fait difficulté de dire non seulement que les grands hommes manquerent après la perte de la liberté, & qu'on conféra les emplois à ceux qui avoient le plus d'inclination à la servitude ; mais même qu'il ne se trouva plus personne qui fût capable d'écrire l'Histoire , *inscitia Reipublicæ ut alienæ.* Ils ne s'étoient jamais appliqués à entendre les affaires dont la conduite dépendoit de la volonté d'un seul , en qui ils ne prenoient aucun intérêt , ne songeant qu'aux moyens d'éviter sa rage & sa fureur ; à quoi ils ne réüssissoient jamais mieux que lorsqu'ils ne lui donnoient pas lieu de soupçonner qu'ils aimassent la vertu. C'étoit-là la seule étude à quoi on étoit obligé de s'appliquer alors , si l'on vouloit vivre en sûreté , & ceux qui étoient les plus subtils dans cet art , étoient regardés comme d'habiles politiques qui sçavoient s'accommoder au temps, *Scientes temporum :* c'étoit-là la seule sagesse dont on faisoit cas dans ce siécle-là & dans ceux qui le suivirent, c'étoit-là tout ce qui étoit nécessaire dans un temps où le soin paternel, la profonde sagesse , & la prudence consommée des Princes prévoyoit à

Tacit. Annal. l. 1.

Tome II.   R

tous les besoins de l'Etat ; & quoiquè ces Princes eussent peut-être moins d'esprit & de capacité que d'autres Magistrats, cela n'empêche pas qu'ils ne les ayent surpassé dans l'art de bien gouverner, parceque ces derniers étant annuels, quittoient leurs emplois avant que d'avoir pu acquerir les qualités requises & nécessaires pour les bien remplir. C'est ce que l'on connut évidemment par la tendresse de cœur, par la sincérité & par la pureté de mœurs que Tibére fit paroître dans toute sa conduite. La clémence, la justice, le jugement solide, & la frugalité de Caligula ; l'industrie, le courage & la sobriété de Claudius ; le bon naturel & le sage Gouvernement de Néron ; la tempérance, l'autorité & la diligence de Vitellius ; la libéralité de Galba & de Vespasien ne nous laissent aucun lieu de douter de cette vérité : en veut-on encore d'autres preuves ? On n'a qu'à considérer les graces, les faveurs & les dignités que Domitien, Commode & Héliogabale répandirent à pleines mains sur tous ceux qui se distinguoient par leur vertu. Filmer nous ayant donné des preuves si infaillibles de son intégrité &

de son jugement en nous apprenant des choses, qui ne nous seroient jamais venuës dans l'esprit, en doit être crû, quoique ce qu'il nous propose paroisse tout-à-fait absurde & impertinent. Mais si nous en croyons ceux qui vivoient de ce temps-là, ou ceux des siécles suivans qui ont lû les Ecrits de ces premiers, nous ne sçaurions nous empêcher de croire que les Princes dont nous venons de parler, aussi-bien que la plûpart des autres qui ont occupé la même place, ont été non seulement dénués de toute vertu, & n'ont pas permis qu'elle prît aucune racine sous leur domination, mais encore, qu'en bassesse, sottise, & méchanceté, ils n'ont été en rien inférieurs aux plus brutales d'entre les bêtes sauvages. Pendant qu'un Prince plongé dans les plus infâmes débauches & soüillé de sang restoit dans ses grottes de Caprée environné d'une infame troupe d'Astrologues, & que la République étoit gouvernée par des P. par des Bardaches, par des Affranchis, & par d'autres scélérats, l'Empire ne pouvoit pas manquer de tomber en décadence, vû leur négligence, incapacité & méchanceté; & cette Ville qui avoit produit

K 2

autant ou plus d'hommes excellens en
toutes sortes de vertu, qu'aucune autre
dont on ait jamais entendu parler, n'en
produisit plus ; la discipline qui étoit
la mere de ces vertus fut entierement
anéantie ; personne ne pouvoit plus se
flater de pouvoir, par sa diligence &
sa valeur, procurer le bien public ni
prévenir le mal qui menaçoit la Societé;
& celui qui se mettoit en réputation
par ces deux qualités, ne devoit point
attendre d'autre récompense qu'une
mort cruelle & infame. Si pour détruire
la premiere partie de ma proposition,
on m'allégue l'exemple de Germanicus
& de Corbulon qui nâquirent lorsque
la liberté étoit aux abois, la mort de
ces deux grands hommes sert de preuve à l'autre partie de cette proposition;
depuis la perte de ces deux Héros,
nous n'avons pas entendu parler d'une
famille illustre entre les Romains qui
ait produit quelqu'un, qui ait mérité
d'avoir place dans l'Histoire; ceci est
un fait de notorité publique, dont il
est aisé de donner de bonnes raisons.
Les hommes ont du courage & de
l'industrie, lorsqu'ils combattent pour
eux & pour leur Patrie; ils deviennent
excellens dans toute sorte d'Arts civils

& Militaires, lorſqu'on les éleve dans
des éxercices vertueux, & que leurs
peres & leurs Maîtres leur apprennent
à prendre plaiſir aux honneurs qu'ils
peuvent acquerir, par ces éxercices
honorables : ils aiment leur Patrie,
lorſqu'ils voyent que chaque particulier trouve ſon bonheur dans la proſpérité publique, & que des heureux
ſuccès auſquels ils ont contribué, il
leur en revient de l'avantage à tous en
général : Ils s'expoſent aux travaux &
aux dangers pour la défenſe de l'Etat,
lorſqu'ils ſont perſuadés qu'il eſt gouverné avec juſtice ; lorſque l'innocence
eſt en ſûreté, & la vertu honorée,
lorſque perſonne ne ſe peut diſtinguer
du vulgaire, ſi ce n'eſt ceux qui ſe
font diſtinguer par la bravoure de leurs
actions. Lorſque les ſujets qui ſe ſont
ainſi diſtingués, ne trouvent point de
dignité à laquelle ils ne puiſſent juſte-
ment prétendre, & qu'on ne leur accorde, excepté celle qu'on ne peut
conférer à d'autres qui n'ont pas moins
de mérite qu'eux, ils n'épargnent ni
leurs biens, ni leurs perſonnes, ni
leurs amis, lorſqu'ils voyent qu'on
employe l'autorité publique pour le
bien public ; & ils inſpirent à leurs

R 3

enfans les mêmes sentimens dès leurs
plus tendres années. La discipline, l'o-
béïssance dans laquelle les Romains
avoient été élevés , leur apprit à commander ; & il y en avoit peu parmi
eux à qui on conférât les moindres
charges de la Magistrature , jusques à
ce qu'ils eussent donné des preuves si
éclatantes de leur vertu , qu'on avoit
lieu de croire qu'ils étoient dignes de
remplir la premiere dignité de l'Etat.
On n'éleva pas à la Dictature Cincinnatus , Camillus , Papirius , & Fabius
Maximus , afin qu'ils apprissent à s'acquitter dignement des fonctions de cette
charge ; mais parce qu'on crut qu'ils
avoient toute la sagesse , la valeur,
l'intégrité & l'expérience requises &
nécessaires aux personnes à qui on veut,
sans crainte de rien risquer , confier les
Principaux emplois du Gouvernement,
& tant que les Loix conserverent leur
force, on n'éleva aucun à cette suprême
dignité , qui ne répondit parfaitement
bien à l'opinion qu'on avoit conçüe de
lui. Par ce moyen Rome étoit remplie
d'un si grand nombre de personnes capables d'occuper les premiers emplois,
que des ses commencemens, après avoir
perdu en un seul jour trois cent six

hommes de la Maiſon des Fabiens :
Quorum neminem, dit Tive-Live, *ducem*
ſperneret quibus libet temporibus Senatus,
elle en pleura la perte, mais n'en fut
pas ſi affoiblie que les ennemis en puſſent
retirer aucun avantage ; & lorſque ceux,
qui s'étoient diſtingués par leurs belles
actions avant la ſeconde guerre Punique, y eurent tous péri excepté Fabius
Maximus, il s'en éleva tout d'un coup
un plus grand nombre, dont la vertu
n'étoit pas inférieure à la leur. Rome
fut une ſource inépuiſable de grands
hommes, tant qu'elle conſerva ſa liberté ; mais elle ne l'eut pas plutôt perduë,
que la vertu en fut entierement bannie.
Le peuple devint lâche & mépriſable,
les déplorables reſtes de la Nobleſſe
pareſſeux & efféminés, & les Italiens
leurs Alliés devenant ſemblables à
eux, tant que l'Empire dura, il n'eut
pour tout appui que les armes des
Etrangers.

La vertu des Grecs eut le même
ſort, & finit avec leur liberté : au lieu
de ſoldats, qui de leur temps n'a-
voient point leurs pareils dans le monde, au lieu de Généraux d'armées de
terre & de mer, au lieu de Légiſla-
teurs & de Gouverneurs, qui ont fait

R 4

avec juſtice l'admiration des ſiécles
ſuivans, on ne voyoit ſortir de chez
eux que des Joueurs de violon, des
bouffons, des cochers, des Comédiens, des maquerelles, des Flateurs,
des Miniſtres des plus infames voluptés;
ou des Philoſophes pareſſeux, hypocri-
tes & babillards qui ne valoient gueres
mieux que ces premiers. La Cour des
Empereurs étoit toujours remplie de
cette vermine ; & nonobſtant tout ce
qu'en penſe nôtre Auteur qui s'eſt
imaginé qu'il eſt impoſſible que les
Princes ne ſoient plus habiles en fait
de Gouvernement que les Magiſtrats
qu'on élit tous les ans, on a vû la
plûpart de ces Souverains aſſez brutaux
& aſſez ſtupides, pour ſe laiſſer gouverner eux & l'Empire par de ſemblable canaille ; j'avoue qu'en cela ils ne
faiſoient pas beaucoup de mal, parce
qu'il n'y avoit point d'homme au monde qui fût plus ignorant, plus débauché & plus lâche que ces Princes
l'étoient.

Ce ſeroit une choſe ridicule d'attribuer ceci au changement de temps ;
car le temps ne change rien ; & rien
n'étoit changé alors excepté le Gouvernement, & ce fut ce changement

du Gouvernement qui changea la face de toutes les affaires. Ceci n'eſt point accidentel, mais conforme aux régles que Dieu a preſcrires à la Nature, ſelon leſquelles toutes choſes doivent néceſſairement ſuivre leur principe. Les fruits ſont toujours de la Nature des ſemences & des racines qui les produiſent, & on connoît les arbres aux fruits qu'ils portent ; comme un homme engendre un homme, & une bête, une bête, de même une Societé qui a établi un Gouvernement fondé ſur la juſtice & ſur la vertu, & qui ne s'eſt point propoſé dans cet établiſſement d'autre but que le bien public, ne manquera jamais d'hommes juſtes & vertueux qui s'employeront avec ardeur à procurer le bonheur de cette Societé ; & celle qui ne s'eſt point propoſé d'autre fin que de ſatisfaire aux deſirs & à la vanité d'un ſeul, ſera toujours remplie de perſonnes qui feront tous leurs efforts pour fomenter ces deſirs & cette vanité. Tous les hommes ſuivent naturellement le parti qui leur paroît avantageux pour eux-mêmes. Ceux qui ſont élevés ſous une bonne diſcipline, & qui voyent que tout le bien qu'ils procurent à leur

R ſ.

Patrie par leurs actions vertueuses,
tourne à l'honneur & à l'avantage d'eux,
de leurs enfans, de leurs amis & de
leurs parens, contractent dès leur enfance un amour ardent pour leur Patrie, & n'ont point d'autre intérêt que
celui du public. Lorsqu'ils ont appris à
être vertueux, & qu'ils voyent que la
vertu est estimée, ils ne cherchent
point d'autres honneurs & d'autres
emplois que ceux ausquels on peut
parvenir par cette voye ; & dans tous
les pays du monde où cette Maxime a
été reçûë, on y a toujours vû un grand
nombre de personnes excellantes en
toutes sortes de vertus. D'un autre
côté, lorsqu'il est manifeste que les
bons sont méprisés, haïs & destinés à
une ruïne certaine ; que toutes choses
se gouvernent par le caprice & pour
l'avantage d'un seul, qui souvent est
le plus méchant, ou qui se laisse gouverner par les plus mauvais ; qu'il dispose à sa volonté des honneurs, des
richesses, des Commandemens & des
Dignités : qu'on ne peut acquerir sa
faveur que par une complaisance res-
pectueuse, ou en feignant beaucoup
d'affection pour sa personne, & en
obéïssant comme des esclaves à tout

ce qu'il commande , on ne songe aucunement à s'appliquer à la pratique
de la vertu ; & aucun ne pensant à se
rendre soi-même , ou ses enfans dignes
des grands emplois, ceux qui y veulent
parvenir , tâchent de s'y frayer le chemin par des intrigues , par la corruption , par de basses plaisanteries ,
& par une lâche flaterie ; par ce moyen
le véritable mérite s'anéantit bien-tôt ,
comme cela arriva parmi les Romains,
aussi-tôt que César commença à régner.

Ceux qui ne croiront pas ceci , n'ont
qu'à voir si la même chose n'est pas ar-
rivée à toutes les Républiques d'Italie
& de Grece ; ou si l'on fait plus de cas
d'exemples modernes, qu'ils examinent
si les Nobles Vénitiens , qui naissent
& qui sont élevés dans des familles
qui n'ont jamais connu de Maître ,
qui travaillent pour eux-mêmes , qui
participent à tout le bien & à tout le
mal qui arrive à la République , &
qui sçavent que si elle périt il faut
nécessairement qu'ils périssent aussi , ou
tout au moins qu'il ne peut arriver de
révolution dans le Gouvernement qui
ne leur soit préjudiciable , qu'ils considérent , dis-je , si ces Nobles Vénitiens
négligent l'intérêt du public , dans la

R. 6.

penſée que tout ne dépendant pas
entierement d'eux en particulier, les
affaires n'en iront pas moins bien,
quoiqu'ils ne s'appliquent qu'à ce qui
les regarde, ſans ſe mettre en peine
de ce qui regarde le public. Qu'on
voye s'ils ſont mieux inſtruits des affaires & des intérêts de l'Etat que ne le
ſont les Grands de France & d'Eſpagne,
qui n'ont aucune connoiſſance des choſes, à moins qu'ils ne ſoient dans la
faveur du Roi ou de quelqu'un de ſes
Miniſtres, & qui n'ignorent pas qu'ils
ne ſont jamais plus miſérables que lorſque leur Roi réüſſit le mieux dans ſes
entrepriſes. Pour ce qui eſt de moi,
je crois que ſans alléguer d'autre preuve
de ceci, il ſuffira de ſe ſouvenir que
lorſque l'Empereur Maximilien, Louis
XII. Roi de Farnce, l'orgueilleux Pape
Jules II. & l'adroit Ferdinand Roi
d'Eſpagne ſe furent liguez enſemble
contre les Vénitiens par le Traité de
Cambrai, qu'ils eurent gagné la Bataille de la Ghirad'ada, qu'ils eurent fait
priſonnier leur Général Alviane, qu'ils
les eurent dépoüillés de tout ce qu'ils
poſſédoient en terre ferme, & qu'ils ſe
préparoient à attaquer la Capitale de
leur République, elle fut après Dieu

*Paol.
Paruta
hiſt. venet.
Guichar-
din.*

redevable de son salut à la vigueur &
à la sagesse des Nobles qui, quoiqu'ils
n'eussent pas été nourris dans l'éxercice
des armes, excepté sur mer, n'épar-
gnant ni leurs biens ni leurs personnes,
recouvrerent premierement la Ville de
Padouë avec une adresse & une valeur
admirable, & ensuite plusieurs autres
Villes, en sorte qu'à la fin de cette
terrible guerre il se trouva qu'ils ne
perdoient pas un seul pouce de terre.
Au lieu que le Portugal, s'étant ré-
volté de nos jours contre la maison
d'Autriche, personne ne doute qu'on
ne l'eût bien-tôt fait rentrer dans l'o-
beïssance, si ce n'est que les Grands
d'Espagne qui étoient bien-aises de
voir diminuer la puissance de leur Maître, ne furent pas assez bien inten-
tionnés pour lui vouloir aider à recon-
querir ce Royaume, qu'ils regardoient
comme un Azile où il leur seroit facile
de se retirer, s'ils se voyoient opprimés du Roi & de ses favoris. Pour
sçavoir que les Grands de France ont
toujours été dans la même pensée il
ne faut que se souvenir de ce que dit
le Maréchal de Bassompierre, lorsqu'il
vit que la Rochelle étoit étroitement
assiégée par Louis XIII. *Je crois qu'en-*

Memoi-
res de Bas-
sompierre.

fin nous serons assez fous pour prendre la Rochelle ; mais on croit qu'ils n'auroient pas été si fous ; & qu'il n'y eut que la trahison de nos Compatriotes qui mit le Cardinal de Richelieu en état de la prendre , comme il en avoit formé le dessein pour sa propre gloire & pour l'avancement de la Religion Romaine ; & même encore à présent les plus honnêtes gens & les plus sages personnes du Royaume , quoique Papistes , avouent sans déguisement qu'ils ont fait la plus grande folie du monde en contribuant à la perte de cette place, parce que cette conquête qui étoit un obstacle à la puissance excessive du Roi l'a mis en état de les traiter comme bon lui semble. On dit que le brave Monsieur de Turenne s'exprima encore plus fortement dans le dernier discours qu'il tint au Roi de France qui régne aujourd'hui. » Vous croyez , lui dit-il, » avoir des armées , mais vous n'en avez » point , la moitié de vos Officiers sont » compagnons de débauche de Mon- » sieur de ✱ ✱ ✱ , ou créatures de sa » P . . . Madame de ✱ ✱ ✱ ; les autres » sont gens d'expérience & capables » des emplois qu'ils possédent ; mais » il n'y a rien qu'ils souhaitent avec

» plus de paſſion que de vous voir per-
» dre deux ou trois batailles, afin de
» vous mettre dans la néceſſité de les
» faire mieux traiter de vos Miniſtres
» qu'ils ne l'ont été ces dernieres an-
» nées. Il eſt aiſé de s'imaginer ſi des
gens qui ſont dans de pareils ſentimens peuvent bien ſervir leur maître ;
& il eſt évident que les François ont
remporté pendant ce ſiécle des avantages ſi conſidérables, qu'ils auroient pû
ranger ſous leurs Loix toute l'Europe,
& peut-être l'Aſie, ſi l'intétêt de la
Nation avoit été uni avec celui du Gouvernement, & que la Nobleſſe y eût
contribué de toutes ſes forces & de
toute ſa valeur. Mais puiſqu'il a plû à
Dieu de permettre que nous ſoyons
tombés dans un état qui ne nous laiſſe
gueres de moyens de nous aider nous-
mêmes, & que les François ſont ſi
bien avec les Turcs qu'ils ne penſent
pas à les attaquer, c'eſt un bonheur
pour nous qu'ils ne connoiſſent pas
leurs propres forces ; ou qu'ils ne peuvent ſans ſe ruïner s'en ſervir contre
notre Patrie.

Je pourrois rapporter des témoignages encore plus forts de la différence
qu'il y a entre des hommes qui com-

battent pour leurs propres intérêts dans
l'éxercice des charges qui leur ont été
conférées par les suffrages de la Nation,
& ceux qui ne servent que pour la paye
qu'on leur donne, & qui ne s'élevent
aux emplois que par le chemin dē la
faveur ou de la corruption, si ce n'est
que je ne veux pas échauffer la bile de
certaines gens en les obligeant de ré-
fléchir sur ce qui s'est passé de nos jours
dans notre Patrie ; de comparer la justice des Tribunaux dont nous pouvons
nous souvenir, & l'intégrité de ceux
qui pendant quelque temps ont eu le
maniment des Finances ; la discipline,
la valeur & la force de nos armées &
de nos Flottes ; l'augmentation de nos
richesses & de notre commerce ; les
heureux succès que nous avons eu dans
nos guerres d'Ecosse & d'Irlande aussi
bien que sur mer, la gloire & la réputation que nous nous étions acquises
il n'y a pas long-temps, avec la condition où depuis peu nous nous trouvons réduits. Mais je crois pouvoir
dire, sans crainte d'être contredit par
tout ce qu'il y a d'honnêtes gens & de
personnes prudentes, que comme jamais les Romains ni les Grecs du temps
de leur liberté, n'ont fait d'actions

plus glorieuses, que celles qui se sont
faites parmi nous pour délivrer notre
Patrie d'une guerre civile qui lui dé-
chiroit les entrailles, pour conquerir
deux Royaumes aussi considérables que
l'Ecosse & l'Irlande, & pour ruïner la
puissance formidable des Hollandois
sur mer ; que comme l'on n'a jamais
vû parmi ces peuples plus d'exemples
de valeur, d'industrie, d'intégrité, &
d'une vertu incorruptible constante &
parfaite à tous égards, qu'on en a vû
parmi nous en ce temps-là ; aussi après
la révolution de leur Gouvernement
& la décadence de leurs affaires, on
n'a jamais trouvé parmi eux plus de
foiblesse, de lâcheté, de bassesse de
vénalité, de débauche & de corruption
à toutes sortes d'égards qu'il y en a
parmi nous. Nous avons donc lieu de
croire qu'il n'est pas absolument vrai
que tous les Princes connoissent le véritable intérêt de ... peuples, & qu'ils
sçachent mieux pourvoir aux besoins de
l'Etat, que les Magistrats qui sont
choisis d'une autre maniere ; mais que
comme il n'y avoit point de grandeur,
de puissance, de richesses, de force &
de bonheur à quoi nous n'eussions pû
raisonnablement nous attendre, si nous

nous étions servis, comme nous aurions pû, des avantages que nous avions remporté, aussi n'y a-t-il point de misére & d'infamie que nous n'ayons tout lieu d'appréhender, puisque nous avons négligé d'en faire notre profit.

Si l'on s'imagine que ce ne soit pas un grand mal, ni qui ait de fâcheuses suites, que de vendre les Emplois ou de les donner par faveur à des personnes pour qui on a des égards particuliers, & qui sans cela n'y pourroient pas prétendre, on n'a qu'à considérer que les Ministres d'Etat, les Officiers de Justice, les Ecléſiaſtiques, les Officiers des armées, des flotes & des Communautés sont en ſi grand nombre, qu'ils sont capables de corrompre entierement toute la Nation, lorsqu'ils sont eux-mêmes corrompus; & qu'ils seront toujours corrompus tant qu'ils parviendront aux dignités par corruption. La bonne conduite des affaires civiles militaires & Ecléſiaſtiques dépend nécessairement du bon ordre & de la bonne discipline; & il n'eſt pas en la puiſſance des personnes privées de réformer des abus qui se sont introduits dans le Gouvernement à l'abri de l'autorité des Magiſtrats, ni de prévenir

les malheurs qui en font des fuites
inévitables ; & n'ayant pas le pouvoir
de diriger les actions publiques au bien
public, il s'enfuit qu'ils n'ont ni l'adreffe, ni l'affection néceffaire, pour les faire
réüffir avantageufement. On n'eut pas
de peine à vaincre les Romains durant
le Gouvernement des Décemvirs, quoiqu'immédiatement avant la création
de ces Magiftrats, & incontinent après
qu'on les eut dépouillés de leur autorité, leurs voifins ne fe troverent jamais
en état de leur réfifter. Les Goths qui
avoient régné en Efpagne, avec beaucoup de gloire pendant près de trois
cent ans, ne firent paroître ni force ni
courage fous la domination de leur
Roi Rodrigue, Prince débauché &
odieux ; il ne fallut qu'un feul jour aux
Sarrafins pour les mettre fous le joug,
fans qu'il fût befoin de répandre beaucoup de fang, & à eux il ne leur a pas
fallu moins de huit cent ans pour délivrer leur Pays de l'efclavage de ces
impitoyables maîtres. Cette courageufe
Nation étant retombée depuis quelques années dans la même foibleffe par
fa mauvaife conduite, a aujourd'hui
auffi peu de courage & de force pour
fe défendre, qu'elle en avoit alors : les

Parasites de Cour par leurs railleries ont rendu la valeur ridicule ; & ces peuples qui autrefois ont eu autant d'inclination aux armes qu'aucun autre du monde, les ont à présent en horreur, & on est obligé de les envoyer à la guerre par force, & de les mettre dans des charrettes, attachés comme des veaux qu'on mene à la boucherie, pour les transporter en Flandres où on les laisse mourir de faim aussi-tôt qu'ils y sont arrivés. On peut aisément juger quel service on peut attendre de ces gens-là, quand même il arriveroit qu'ils auroient de bons Commandans à leur tête : mais les hauts Officiers connoissant la corruption générale qui régne à la Cour, ne pensent qu'à s'enrichir ; & augmentant la misere des soldats par leurs voleries, ils deviennent les uns & les autres également inutiles à l'Etat.

Nonobstant la grande prospérité dont il semble que la France jouït, les affaires n'y sont pas beaucoup mieux conduites. L'inclination guerriere de ce peuple est si diminuée, par les pilleries & la cruauté des Officiers corrompus, qu'il se trouve peu de personnes qui prennent volontairement le parti des

armes ; & lorſqu'on les y a engagés ou
contraints , ils ſont ſi peu capables de
ſouffrir les miſeres auſquelles ils ſont
expoſés, qu'ils déſertent tous les jours,
quoiqu'ils ne ſçachent où aller, &
qu'ils n'ignorent pas qu'il n'y a point
de pardon pour eux s'ils ſont pris. Le
Roi a tâché d'arrêter ces déſertions par
la ſévérité des Loix Militaires ; mais
tous ſes efforts ont été inutiles ; l'eſprit
de l'homme ne · veut point être forcé ;
& qoique les troupes Françoiſes ſoient
parfaitement bien habillées , bien armées & bien éxercées , elles ont cependant fait paroître en pluſieurs occaſions
qu'elles ne valent pas grand choſe.
Lorſque le Prince de Condé, par ſa
propre valeur, ſecondé, des forces de
la Maiſon du Roi, eut rompu la premiere ligne de l'armées du Prince
d'Orange à la bataille de Senefs il lui
fut impoſſible par prieres ou par mena-
ces de faire avancer la ſeconde & la
troiſiéme ligne de ſon armée pour ren-
forcer la premiere, ce qui lui fit perdre
les belles eſpérances qu'ils avoit con-
çûës de remporter une victoire entiere.
Peu de temps après le Maréchal de
de Créqui ſe vit abandonné de ſon armée devant le Ville de Treves ; ces

misérables prirent la fuite sans faire aucune résistance, & laissérent leur Général avec seize Chevaux pour faire sa retraite. Lorsque Monsieur de Turenne par sa merveilleuse conduite & par sa valeur, se fut acquis tant de réputation parmi les soldats, qu'ils se croyoient en sûreté pourvû qu'ils l'eussent à leur tête, il ne lui arriva point de semblables disgraces ; mais après sa mort, ils suivirent le penchant ordinaire des soldats forcés & mal-traités ; la moitié de l'armée se perdit dans une retraite, qui ressembloit assez à une fuite ; & le reste fut redevable de son salut à la bravoure de deux régimens Anglois, de l'aveu même des François. On donna bien-tôt, après le commandement de cette armée au Prince de Condé ; mais avec tout son courage, sa réputation, il ne put jamais relever leurs esprits abattus, ni sauver l'armée, qu'en la logeant, proche Schlestadt, dans un Camp si bien fortifié par l'art & par la nature, qu'il n'étoit pas possible de le forcer.

A ces exemples nous en pouvons ajoûter d'autres de ce qui s'est passé parmi nous. Dans nos dernieres guerres on a remarqué que l'infanterie Ecossoise, soit

celle que nous avions dans nos armées,
soit celle du parti ennemi, étoit fort
inférieure à celle du Parlement, & que
leur cavalerie ne valoit rien. Cependant
en l'an 1639. & 1640., l'armée du
Roi, quoi que fort nombreuse parfaitement bien armée ; la cavalerie très-bien
montée, & capable en apparence de
conquerir plusieurs Royaumes comme
celui d'Ecosse; étant commandée par
des Courtisans, envers lesquels les troupes n'étoient pas mieux affectionnées
qu'elles ont coûtume de l'être envers
ceux qui les maltraitent, ne put résister à une petite armée commandée par
Leven, mais fut honteusement battuë
près de Newborn, & laissa ravager au
victorieux toutes le Provinces Septen-
trionales.

Lorsque van Tromp attaqua Blake
dans la Baye de Foleston, le Parlement
n'avoit pas plus de 13. vaisseaux contre 60. dont étoit composée la Flotte
ennemie, & pas un homme sur ces
vaisseaux qui eût vû d'autre combat sur
mer, qu'entre un vaisseau Marchand &
un Capre; cette petite Flotte se voyoit
en tête un des plus grands Capitaines du
monde, qui en avoit sous lui plusieurs
autres ne lui étoient inférieurs ni en

courage, ni en expérience. L'Etat peu
affermi fe trouvoit environné de plufieurs autres difficultés confidérables :
peu de vaiffeaux, point d'argent, & de
certaines gens qui pour leur intérêt
particulier trahiffoient celui du public.
Mais la fageffe & l'intégrité de ceux
qui en tenoient le gouvernail, furent
d'une telle efficace, & l'éxactitude qu'ils
avoient de ne donner les emplois qu'au
mérite, leur réüffit fi heureufement,
qu'en deux ans de temps nos flottes fe
rendirent auffi fameufes que nos armées
de terre ; notre Nation porta fa gloire
& fa puiffance plus loin, quelle n'eût
jamais été, lors même que nous pof-
fédions la meilleure & la plus grande
partie de la France, & que les Rôis
de France & d'Ecoffe étoient nos pri-
fonniers. Tous les Etats, Rois & Po-
tentats de l'Europe recherhoient notre
amitié avec toutes fortes de refpects,
pour ne pas dire de foumiffions ; &
Rome étoit plus allarmée des entreprifes de Blake & de fa flotte, qu'elle ne
l'eût jamais été lorfque le Grand Roi
de Suéde étoit prêt d'entrer en Italie
à la tête de cent mille hommes. C'étoit-
là l'ouvrage de ceux, qui, fi l'on en
croit Filmer, *ne penfoient guères à l'a-*
vantage

vantage du bien public ; & qui s'imaginant que les affaires n'en iroient pas
moins bien quoi qu'ils ne s'en mêlaf-
fent point, ne fongeoient qu'à leurs
intérêts particuliers. Tous ces heureux
fuccès étoient autant de fuites de la négligence & de l'ignorance de ceux,
qui étant élevés tout d'un coup aux
emplois, étoient obligés de s'en démettre, avant que d'avoir appris comment il falloit s'acquitter des fonctions
de leurs charges. Ces maladies qui
procédent de l'irrégularité & de la corruption qui fe rencontrent dans le
Gouvernement populaire, furent entierement guéries par le rétabliffement de
l'intégrité, du bon ordre & de la fermeté, qui font inféparables de la Monarchie divine. La Juftice de la guerre qu'on déclara à la Hollande en
1665.; la probité de celui qui fans
partialité & fans fe laiffer corrompre,
choifit la plus grande partie de Officiers qui furent employés à cette expédition ; la fageffe, la diligence & la valeur qu'on fit paroître pendant tout le
cours de cette guerre, & les fuccès
glorieux dont elle fut fuivie, fuffifent
pour juftifier tout ce que notre Auteur
peut dire en faveur de l'excellence du

Tome II. S

Gouvernement Monarchique. Après des témoignages si éclatans de cette vérité, s'il nous reste encore quelque doute dans l'esprit, considérons seulement la subtilité & l'adresse que nous fîmes paroître pour engager le Roi de France à souhaiter d'unir les Pays-Bas à sa Couronne ; les moyens ingénieux dont nous nous servîmes pour lui en faciliter la conquête ; l'adresse avec laquelle nos Ambassadeurs sçûrent si bien empêcher les Espagnols d'entrer dans cette guerre, jusques à ce qu'il fut trop tard pour qu'ils pussent réparer leurs pertes ; la glorieuse entreprise sur la flotte de Smyrne, & la franchise que nous témoignâmes en prenant sur nous la querelle ; en un mot considérons un peu la belle figure que nous faisons présentement en Europe, & après cela nous ne douterons aucunement de tout ce que dit Filmer : cela servira même à confirmer ce qu'il nous enseigne, que les Princes s'acquittent mieux que les Magistrats annuels, des emplois qui requierent de la sagesse, de l'industrie & de la valeur ; & qu'ils se trompent bien plus rarement dans le choix des Officiers, que ne font les Sénats, ou les Assemblées populaires.

SECTION XXIX.

On ne peut pas s'assurer que la sagesse du Prince puisse prévenir ou remédier aux desordres de l'Etat.

MAIS si nous en croyons notre Auteur, *la vertu & la sagesse du Prince supplée à tout. Quoi qu'il ait moins d'esprit que tous ses sujets, il est sûr que l'usage & l'expérience lui donnent une capacité bien au-dessus de la leur :* La nature, l'âge ou le sexe, à ce qui paroît par ce discours, ne font rien à l'affaire. Un enfant aussi-tôt qu'il devient Roi a de l'expérience ; la tête d'un fou est remplie de sagesse aussi-tôt qu'on met la Couronne dessus ; & en un mot, par un changement miraculeux, les plus vicieux deviennent les plus vertueux. Ce discours paroît plus surprenant que si l'on disoit qu'un âne qu'on auroit exercé à courir, peut devancer à la course un cheval Arabe ; ou qu'un liévre nourri dans une armée, devient plus fort & plus furieux qu'un lion ;

S 2

car à ce compte-là, il faut que la Fortune supplée non seulement à toutes les
qualités naturelles qui manquent aux
Princes, & qu'elle corrige leurs defauts,
mais il s'en suit encore qu'elle leur
accorde tous les avantages qu'on re-
tire de l'usage & de l'expérience, dans
le temps même qu'ils n'ont ni l'un ni
l'autre. Il me semble qu'on auroit bien
pu se flater que Filmer se seroit servi de
quelques raisons & de quelques éxemples pour prouver une proposition si
extraordinaire : mais selon sa loüable
coûtume il n'a pas jugé à propos d'en
rien faire ; s'imaginant que l'effronterie
avec laquelle il avance ce qu'il dit,
doit suffire, pour nous faire croire une
chose qui répugne entiérement à l'expérience & au sens commun, comme
nous l'allons voir tout présentement.

Je ne veux pas insister sur les termes
dont il s'est servi ; car quoique ceux-ci,
d'entendement plus pésant ne signifient
rien, d'autant qu'il n'y a point d'entendement pésant, & qu'on dit seulement
qu'un homme a l'esprit pésant, parce
qu'il n'en a point ; mais m'imaginant
qu'il a voulu dire un Prince qui a peu
d'esprit, j'éxaminerai ces paroles dans
ce sens-là. Il se peut faire que le temps

peut remédier à ce defaut ; mais c'est
une chose ridicule de soûtenir que cela
ne peut pas manquer d'arriver, car il
n'y a point de Prince qui ait cet usage
& cette expérience lorsqu'il commence
à régner. Dans ces commencemens il
peut commettre plusieurs fautes d'ignorance capables de le ruïner lui & son
peuple ; & même on en a vû plusieurs
qui sont péris dès les commencemens
de leur régne. Edoüard V. Edoüard
VI. Rois d'Angleterre, François II. Roi
de France & plusieurs autres Monarques sont morts dans leur plus tendre
jeunesse : Charles IX. ne vécut qu'autant de temps qu'il lui en fallut pour
ajoûter aux folies de son enfance les
fureurs de sa jeunesse, & il semble que
nos Rois Henri II. Edoüard II. Ri-
chard II. & Henri VI. n'ont pas été
beaucoup plus sages sur la fin de leur
régne que dans les premieres années de
leur vie. Les Rois d'Espagne, de France
& de Suéde qui régnent à présent sont
montés sur le Trône avant l'âge de six
ans ; & s'ils surpassoient alors tous les
Magistrats annuels en sagesse & en valeur, c'étoit par une grace particuliere
de Dieu, qu'il n'accorde pas à tous
les Rois du monde ; ainsi ce n'étoit ni

l'ufage ni l'expérience qui les rendoit fi
habiles dans l'Art de régner. Si l'on dit
que cette expérience , & la fageffe qui
en eft le fruit s'acquiert par le temps &
peu-à-peu; j'efpére qu'on voudra bien
me permettre de demander , en combien de temps un enfant ou un fou
peut devenir un Prince excellent en fageffe ? Et qui nous affurera qu'il vivra
jufques à ce temps de fageffe , ou que
le Royaume ne fera pas ruïné avant
qu'il ait appris le grand Art de régner ?
Je ne fçai auffi comment on pourra
accorder ce que dit Filmer , qu'il n'y a
point de Roi qui dans la fuite du temps
ne devienne excellent en fageffe , avec
ce que dit Salomon , qu'un enfant fage
eft préférable à un Roi âgé qui n'eft pas
fage , & qui ne veut point recevoir de
confeil. En effet ce fage Prince nous
enfeigne par ce difcours , qu'un Roi
quoiqu'âgé peut être fou , & que celui
qui ne veut pas écouter les confeils qu'on
lui donne , l'eft effectivement. On en
trouve qui font naturellement fi ftupi-
des & fi brutaux, que le temps ni l'éducation ne font aucun changement dans
leur efprit. Il y a bien de l'apparence
que Salomon prit tous les foins imaginables pour donner une bonne éduca-

tion à son Fils Roboam ; mais il est certain qu'à quarante ans il étoit encore fou, & rien ne nous engage à croire qu'il mérite d'autre nom. Il semble même qu'il a été le fou dont son pere a voulu parler, lorsqu'il dit que quoi qu'il eût été broyé dans un mortier, il n'avoit point quitté sa folie : il ne voulut pas recevoir les bons conseils qu'on lui donna, quoique la main de Dieu fût contre lui ; dix Tribus se révolterent contre lui, & Jérusalem aussi bien que le Temple fut pillé par les Egyptiens. L'expérience ni les afflictions ne purent le rendre sage, & ceux de sa Nation l'appellent encore aujourd'hui *Stultitia gentium.* J'offenserois les oreilles délicates si je rapportois tous les exemples des Princes dont l'Histoire fait mention, ou de ceux de notre temps, qui ont vécu & qui sont morts aussi fous & aussi incorrigibles que lui ; mais je ne crois pas que personne se scandalise si je dis que les dix derniers Rois de la race de Merovée, que les François appellent *Fainéans* étoient si éloignés de surpasser les autres hommes en sagesse, qu'on peut dire au contraire qu'ils vécurent & moururent plutôt en bêtes qu'en hommes. Bien plus, la sagesse & la valeur

S 4

de Charles-Martel finit avec la vie de
son petit Fils Charlemagne , & sa postérité devint si stupide , que la Nation
Françoise auroit infailliblement péri
sous sa conduite, si la Noblesse & le peuple ne l'avoit rejettée pour mettre la
Couronne sur la tête d'un. Prince qui
en étoit plus digne.

Je crois que ce que j'ai dit suffit pour
détruire la proposition générale de notre Auteur ; car elle est fausse , si elle
n'est pas toûjours véritable , & on n'en
peut rien conclure ; mais il n'est pas
besoin que je sois si éxact avec un homme , qui n'avance rien qui ait la moindre apparence de vérité. Plusieurs enfans parviennent à la Couronne avant
qu'ils ayent aucune expérience, & meurent ou sont déposés avant qu'ils ayent
pû en acquerir. Il y en a qui sont naturellement si stupides , qu'ils sont incapables de rien apprendre : d'autres,
qui par leurs bonnes qualités naturelles
ou par l'expérience, pourroient suivre le
bon chemin, ayant le malheur de tomber sous la puissance de femmes , ou
de Favoris & de Ministres corrompus,
s'en laissent séduire , & n'agissent que
par leurs pernicieux conseils; les maux
qu'ils attirent sur leurs sujets par les

fautes qu'ils commettent pendant le temps de leur ignorance, sont souvent très-dangereux, & quelquefois irréparables, quelque sagesse qu'ils acquiérent par le temps & par l'expérience. Un Prince du Sang-Royal & d'un esprit excellent étoit si persuadé de cette vérité, qu'il ne put s'empêcher de me dire. » Que la condition des Rois étoit » très-misérable, parce qu'ils n'enten- » doient jamais la vérité jusques à ce » que les mensonges les eussent ruïnés, » & qu'alors un chacun la leur disoit, » non pas en maniere d'avis, mais par » reproche, & plutôt pour faire voir » leur dépit, que dans le dessein de » chercher du reméde au mal qui les » accable eux & leurs peuples. D'autres montent sur le trône dans un âge mûr, & ont l'expérience ordinaire aux autres hommes, mais ils n'ont pas celle qui est nécessaire aux Rois. Enfin toutes les Histoires du monde nous apprennent qu'au lieu de cet esprit sublime, & de cette sagesse incomparable que notre Auteur attribue en général à tous les Rois, il n'y a point d'hommes au monde qui en ayent plus rarement qu'eux.

Mais quand même les Rois seroient

naturellement sages ou qu'ils le devien-
droient néceſſairement par l'expérience
qu'ils acquierent, les Nations qui leur
ſont ſoumiſes n'en ſeroient pas beaucoup plus heureuſes, à moins que cette ſageſſe ne fût pure, parfaite, & accompagnée de clémence, de magnani-
mité, de juſtice, de valeur & de piété.
Je ne penſe pas que Filmer oſe dire que
ces vertus, ou ces graces puiſſent s'acquerir par l'expérience, ou que Dieu
les ait attachées à un certain ordre
d'hommes & à de certaines familles. Il
les donne à qui il lui plaît ſans diſtinction. Nous voyons quelquefois ſur le
trône des perſonnes qu'il ſemble que
Dieu & la Nature euſſent deſtiné aux
emplois les plus bas ; & on en a vû paſſer leur vie dans la baſſeſſe & dans la
pauvreté qui poſſédoient toutes les qualités qui ſont néceſſaires à un Prince.
Il y a auſſi une certaine capacité de
conduire les affaires que les Souverains
qui régnent longtemps peuvent en quelque façon acquerir. Il y a des gens qui
donnent à cette capacité le nom de ſageſſe, mais le Roi Jacques a eu bien plus
de raiſon lorſqu'il l'a appellée *Ruſe de
Roi :* & comme elle conſiſte principalement dans la diſſimulation, & à ſça-

voir se servir adroitement des passions,
de la vanité, des différens intérêts &
des vices des particuliers, afin de venir
plus facilement à bout du mal qu'on se
propose ordinairement, lorsqu'on employe de semblables moyens; aussi n'a-
t-elle pour objet que l'avancement ou
la sûreté de leurs personnes, & est souvent accompagnée d'un orgueil, d'une
avarice, d'une perfidie, & d'une cruauté excessives. Or tous les Souverains
qui ont excellé dans ce bel Art de régner, sont constamment ceux qui ont
le mieux réüssi à se dépouiller de toutes les qualités louables qui devroient
faire le caractére essentiel d'un Prince
ou d'un homme de qualité. Nous lisons dans Tacite que Pharasmenes *Tacit.*
Roi d'Iberie étoit très-bien versé dans *An. l. 11.*
cette Science; il avoit donné sa fille 12.
en mariage à son frere Mithradates Roi
d'Armenie, & Rhadamistus fils de Pharasmenes avoit épousé la fille de ce
Prince. Pharasmenes eut quelque démêlé avec Mithradates mais pour les terminer, il sçût adroitement se servir de
cette double alliance, de la proximité
du sang & de la diligence de Rhadamistus, & de la Religion d'un serment fortifié de toutes les cérémonies qui étoient

S 6

estimées les plus sacrées parmi ces peuples; Pharasmenes s'engageoit par ce serment de n'employer point contre son frere ni le fer ni le poison; par ce moyen s'étant rendu Maître de sa personne, il l'étouffa sous un grand amas d'habits qu'il fit jetter sur lui, massacra ses enfans, & peu de temps après fit aussi mettre à mort son propre fils Rhadamistus. Louis XI. Roi de France, Jacques III. Roi d'Ecosse, & Henri VII. Roi d'Angleterre excelloient dans cet Art; & ceux qui ont quelque connoissance de l'Histoire jugeront aisément combien les peuples seroient heureux, si tous les Rois s'y rendoient habiles.

Filmer nous donne encore une preuve plus autentique de la solidité de son jugement, lorsque, après avoir dit qu'il ne se peut pas que les Monarques ne surpassent les autres Magistrats en esprit & en capacité, & après avoir fait de leur sublime sagesse le fondement de sa doctrine, il leur attribue *ces terreurs paniques & lâches*, qui sont entierement incompatibles avec cette sagesse, aussi bien qu'avec toutes les autres vertus Royales : pour porter la chose encore plus loin, il nous dit : *Qu'il n'y a point de Tyran quelque barbare & méchant*

qu'il soit, à qui sa propre raison & le sens
commun n'apprenne, que quoi qu'il soit un
Dieu, il faudra pourtant qu'il meure com-
me un homme & qu'il n'y a pas jusques au
moindre de ses sujets, qui ne puisse trouver
moyen de se venger du tort qu'il lui fait ;
& delà il conclut, qu'il n'y a point de ty-
rannie pareille à celle d'une multitude qui
n'est point sujette à de semblables craintes.
Mais si on trouve dans le monde un
Tyran barbare & méchant, il faut ou
qu'il y ait quelque différence entre lui
& un Roi, ou qu'il n'y en ait point
du tout ; & que sa sagesse soit compatible, ou incompatible avec la barbarie, la méchanceté & la tyrannie.
S'il n'y a point de différence, les louanges que Filmer donne à l'un & les prérogatives qu'il lui attribue, appartiennent aussi à l'autre ; & l'excellence de
sa sagesse peut compatir avec la barbarie,
la méchanceté, la tyrannie, & les terreurs paniques, qui en sont des suites
inévitables, & qu'on a crû jusques ici
être le partage des fous & des enragés.
Cette opinion ne peut être plus certaine,
puisqu'elle est fondée sur ce que la sagesse distinguant toûjours le bien d'avec le
mal, & ne se faisant connoître que par
la droiture de cette distinction, en sui-

vant ce qui eft bon, & rejettant ce qui
eft mauvais, en préférant la fûreté au
danger, le bonheur à la mifere, & en
fe fervant des moyens propres pour acquerir ou conferver l'un, & pour prévenir ou pour éviter l'autre, il n'y a
point d'extravagance femblable à celle
d'un homme qui pouvant dans une condition privée vivre en fûreté & jouïr de
toute forte de bonheur, entreprend de
s'emparer de la Souveraineté ; ou qui
étant Prince, pourroit en gouvernant
l'Etat avec équité & clémence, fe fatisfaire intérieurement, efpérer la bénédiction de Dieu fur fes actions juftes &
vertueufes, fe faire aimer & louer de
tout le Monde, & vivre heureux & en
fûreté parmi fes fujets dont il feroit le
bonheur & la fûreté, aime mieux régner en barbare, en méchant & en tyran ; conduite qui ne peut manquer
d'attirer fur lui l'aide de Dieu, la haine
de tous les hommes, & de le jetter dans
ces terreurs paniques & lâches qui accablent d'infamie & de malheurs ceux
qui en font poffédés. C'eft ce qui a
Difcors. fait dire à Machiavel qu'il ne pouvoit
fopra T. s'imaginer qu'un homme raifonnable
Liv. L. 1. ne préférât la condition de Scipion à
c. 10. celle de Céfar ; ou s'il parvenoit au Trô-

ne, qu'il n'aimât mieux régner comme
Agéfilaus, Timoleon, ou Dion, que
d'imiter Nabis, Phalaris, ou Denis;
& cet Auteur ne fait point difficulté de
dire qu'il faut être fou & enragé, pour
préférer la condition de ces derniers à
celle des premiers. Cependant on ne
fçait que trop que c'eft-là le choix
qu'ont fait plufieurs Souverains dont
Filmer nous vante la fublime fageffe
fortifiée d'une longue expérience.

S'il y a de la différence entre un Roi &
un tyran barbare & méchant, il faut éxaminer qui eft celui qu'on doit regarder
comme un tyran, & qui eft celui qui mérite le nom de Roi; car le nom de Roi
donné ou pris ne peut pas faire un Roi,
à moins que celui qui le porte ne le foit
effectivement. Celui qui n'eft pas Roi ne
peut avoir aucun titre aux prérogatives
qui appartiennent à celui qui eft véritablement Roi : deforte qu'une nation qui
fe voit cruellement opprimée par un Tyran, peut avec juftice lui ôter la vie ou
la couronne, fans offenfer aucun Roi.

Mais c'eft une chofe furprenante que
Filmer, nous parle de la barbarie &
des crimes énormes d'un Tyran, lui
qui foutient que tout le monde eft le
Patrimoine d'un feul homme ; & qui

pour établir fa doctrine, attribue à un
chacun un pouvoir fans bornes qui le
met en état de fe rendre maître de
telle partie de terre qu'il lui eft poffible, fans qu'aucune loi puiffe l'en empêcher. Ses titres font inconteftables ;
l'ufurpation & la violence conférent
un droit légitime : fa volonté doit fervir de loi à fes fujets, & ils ne font
pas en droit de lui prefcrire la maniere dont il fe doit conduire. Si cela eft,
je ne fçai pas comment on peut donner le nom de Tyran à un homme
quel qu'il foit, ce nom n'ayant jamais
été donné à perfonne, excepté à ceux
qui ont ufurpé une autorité qui ne
leur appartient pas, ou qui ont abufé
injuftement de celle qu'on leur avoit
confiée, & qui ont violé les Loix qui
devoient faire la régle de leur conduite.
Il n'eft pas plus aifé de comprendre
comment on peut appeller un homme
fcélérat & barbare, s'il n'eft point
obligé de fuivre d'autre loi que celle
de fon bon plaifir ; car la feule notion
que nous ayons de ce qu'on appelle
injuftice, n'eft autre chofe qu'une
violation de la Loi qui détermine ce
que c'eft que Juftice. Si la vie & les
biens des fujets dépendent de la vo-

lonté du Prince, & qu'avec fa fublime
fageffe il ne les conferve que pour
fon utilité particuliére, ils ne peuvent
avoir d'autre droit que celui qu'il veut
bien leur donner, & fans injuftice il
peut fe réferver tout ce qu'il juge à
propos. Si par cette conduite il ne leur
fait point de tort, ils ne peuvent pas
avec juftice fe vanger ; & celui qui
formeroit quelque deffein de vengeance, ne devroit pas être regardé comme
un homme libre qui veut fe remettre en
poffeffion de fes droits, mais comme
un méchant efclave qui fe révolte contre fon Maître. Si au contraire il y a
dans le monde ce qu'on appelle un
Tyran barbare & méchant, il faut
néceffairement qu'il y ait quelque Loi
qui régle la maniere d'acquerir & d'é-
xercer l'Autorité Souveraine, & que
cette Loi ferve pour le diftinguer d'un
Roi légitime ; il faut auffi qu'il y ait
une Loi fupérieure à fa volonté, dont
la violation le rend barbare & fcélérat.

Quoique notre Auteur fe foit oublié
jufqu'au point de demeurer d'accord
de cette vérité, il tâche de nous empêcher d'en retirer aucun fruit, par des
flateries déteftables, prophanes & blaf-
phématoires, & ne fait point difficulté

de donner le nom de Dieux aux plus
éxécrables d'entre les hommes. En cela
il fait voir qu'il eſt véritablement diſ-
ciple de Heylin ; mais je ne croi pas
que parmi les Payens il en puiſſe trouver un qui ait porté ſi loin la lâcheté
& l'eſclavage , ou qui ait fait ſi hardiment profeſſion d'impiété. Quoique
Claudius Céſar fût un yvrogne , & un
ſtupide , quoique le changement ino-
piné de ſa fortune l'eût , pour ainſi
dire , tranſporté hors de lui-même , il
ne pouvoit cependant s'empêcher de
déteſter l'impudence de ſon Prédéceſ-
ſeur Caligula , qui ſe faiſoit appeller
Dieu , juſques-là que dans un Edit
qu'il envoya au Gouverneur de Judée,
en parlant de cette ſotte ambition de
Caligula il l'appelle , *turpem Caii inſa-*
niam. Ce fut pour cette raiſon que
tous les Empereurs Payens ſes Succeſſeurs , qui ne pouſſerent pas la fureur
auſſi loin que lui , ne voulurent pas
permettre qu'on leur donnât ce titre :
Néanmoins Filmer a jugé à propos de
le renouveller pour l'avantage du Genre-Humain & la gloire de la Religion
Chrétienne.

Je ne ſçai ſi c'eſt à la folie ou à la
méchanceté de notre Auteur qu'on doit

attribuer les erreurs épouvantables
qu'il nous enseigne ; ou si on ne peut
pas dire qu'elles sont l'effet de l'une
& de l'autre ; car on ne peut pas dis-
convenir qu'il ne s ̈le être excessive-
ment fou & méchant au suprême degré , pour dire que les terreurs paniques dont l'esprit d'un tyran est agité ,
peuvent produire quelque chose de
bon , puisque ce sont elles qui ̧ sont
la principale cause de tous les maux
qu'il fait. Tertullien dit que la crainte
les rend plus cruels que la fureur *metu
quam furore sæviores* ; Tacite en parlant
d'un très-méchant Roi se sert de ces
mots ; *Sævitiam ignaviæ obtendere* ; & il
n'est pas plus certain que les personnes
les plus lâches sont les plus cruelles ,
qu'il est certain que les plus méchans
hommes sont toujours les plus lâches ;
que la crainte d'un chacun est pro-
portionnée à son crime, aussi bien
qu'au nombre , à la vertu , & à la
force de ceux qu'il a offensés. Celui
qui usurpe un pouvoir sur tous, ou
qui abuse de celui que tous lui ont
confié, les offense tous de la manière
du monde la plus sensible : il craint
& hait tous ceux qu'il a offensés, &
pour mettre sa personne en sûreté, il

les ofenſe tout de nouveau en leur faiſant le plus de mal qu'il lui eſt poſſible : lorſque ces maux s'étendent ſur toute la Société , ils attirent ſur celui qui en eſt l'Auteur une haine univerſelle , & il n'y a perſonne qui ne ſouhaite d'éteindre un feu qui menace de mettre tout en combuſtion. Le Prince qui eſt perſuadé qu'il mérite qu'on deſire ſa ruïne , eſt dans de continuelles appréhenſions , & lorſque ceux qu'il craint ſont tout le Corps de la Nation, il ne peut calmer ſes craintes ni aſſouvir ſa rage qu'en exterminant toute cette Nation.

Je voudrois pouvoir demeurer d'accord de ce que dit Filmer que les Républiques ſont éxemptes de craintes; ſi cela étoit vrai, comme elles n'ont preſque point commis aucune injuſtice dont la crainte n'ait été la cauſe, elles feroient éxemptes de fautes , autant que la fragilité humaine le peut permettre. Quoique l'Oſtraciſme d'Athènes ne fût pas un châtiment fort ſévére, cependant je ne ſçache pas qu'il y ait jamais eu de coûtume en uſage dans aucune République, qui ſentît tant l'injuſtice : mais c'étoit uniquement l'effet de la crainte que les Athéniens

avoient, qu'un homme, quoique vertueux en apparence, venant à être
trop élevé au deſſus de ſes Citoyens,
ne fût tenté d'aſſervir le Public.
Nous ne liſons pas que les Athéniens, ni aucun autre peuple-libre,
ayent jamais fait quelqu'injuſtice à qui
que ce ſoit, à moins qu'ils n'y ayent
été portés par une ſemblable crainte,
ou par de faux témoignages dont on
peut toujours ſe ſervir pour ſurprendre les Tribunaux les plus équitables
du monde; & on n'auroit aucune
injuſtice à appréhender des Gouvernemens populaires, s'ils étoient éxempts
de ces ſortes de craintes.

Mais quoi que la crainte ſe puiſſe
emparer des eſprits d'une multitude,
auſſi bien que de celui d'un Tyran la
cauſe de cette crainte & les effets qu'elle
produit ſont bien différens. Un peuple,
par rapport aux affaires du dedans, ne
peut ſouhaiter que la conſervation de
ſa liberté, & ne peut haïr ou craindre
perſonne excepté ceux qui les privent
de ce bonheur, ou qu'ils ſoupçonnent
vouloir le leur ravir: les efforts que
ces peuples font pour s'aſſûrer leur
liberté, ne font ordinairement du mal
qu'à ceux qui uſurpent leurs privilé-

ges ; & s'ils se trompent quelquefois,
leur erreur se découvre la plûpart du
temps avant qu'elle ait pû produire
aucun méchant effet ; le plus grand
malheur qui soit jamais arrivé par ces
sortes d'erreurs, n'a coûté la vie qu'à
une personne, ou à un petit nombre
de personnes. Ils ne portent jamais leur
haine ni le desir de vengence au delà
de l'idée qu'ils ont du mal qu'on leur
a fait, ou de celui qu'on a dessein de
leur faire ; & l'un & l'autre s'éteint par
la mort, ou par le bannissement des objets de leur haine & de leur vengeance ; comme on le peut voir par ce
qui se passa à Rome à l'égard des
Tarquins, des Décemvirs, de Cassius,
de Mélius, & de Manlius Capitolin.
Quiconque donc voudra sçavoir qui
produit de plus méchans effets, la
haine & les craintes d'un Tyran, ou
celles d'une Nation toute entiere, n'a
seulement qu'à voir s'il est plus à propos qu'un Tyran détruise tout un peuple, ou qu'un peuple ôte la vie à un
Tyran : ou au pis aller lequel vaut
mieux qu'un homme soupçonné d'aspirer à la Tyrannie périsse, ou que
toute une Nation périsse quoi qu'il y
ait parmi elle plusieurs personnes très-

innocentes ; & l'expérience nous apprend que ce font principalement celles-là qu'on cherche à faire périr les
premieres à caufe de leur innocence :
la fureur ou les craintes du peuple
quelques irrégulieres & quelque injuftes qu'elles puiffent être ne peuvent
aller plus loin : les malheurs qui enve-
loppent toute une Nation ne peuvent
venir que de ceux qui font ennemis de
tout le Corps de la Société , ce qui ne
fe peut dire de la Multitude , puifque
c'eft elle qui compofe ce Corps. A
tous autres égards ces fortes de craintes qui rendent un Tyran cruel , ne
fervent qu'à rendre un peuple modéré
& circonfpect ; car chaque particulier
connoiffant que fon pouvoir eft peu
de chofe, craint de commettre quelque
injuftice , non feulement , parce que
celui à qui il la feroit , fes amis , fes
enfans ou fes parens pourroient s'en
vanger ; mais auffi parce qu'une pareille conduite tend à la ruïne du Gouvernement , qui prend foin de tout ce
qui regarde chaque particulier auffi
bien que de ce qui concerne le public ,
& qui ne peut fubfifter , comme un
chacun fçait , à moins qu'il ne foit fi
doux & fi aifé , que les plus honnêtes

gens & ceux qui ont le plus d'autorité puissent s'en accommoder : & comme la considération du public les empêche de rien faire qui puisse être préjudiciable au public, aussi y a t-il des Loix très-sévéres pour réprimer ceux qui seroient d'humeur à faire quelque injustice aux particuliers. Si le peuple, ni les Magistrats de Venise, de Suisse, & de Hollande ne commettent pas les injustices qui sont si communes dans d'autres Etats, cela ne procéde peut-être pas tant de ce que le tempérament de ces Nations est différent de celui des autres, que de ce qu'elles sçavent que quiconque fait tort à un particulier, ou qui offense le public, est exposé au pouvoir impartial & inéxorable de la Loi ; au lieu que la principale chose à quoi un Monarque absolu s'applique, c'est à trouver les moyens de se mettre au dessus des Loix : & par cette conduite devenant l'Auteur de tous les maux qui font gémir la Nation, il faudroit être fou pour s'imaginer qu'il en arrêtera le Cours.

Fin du Tome second.

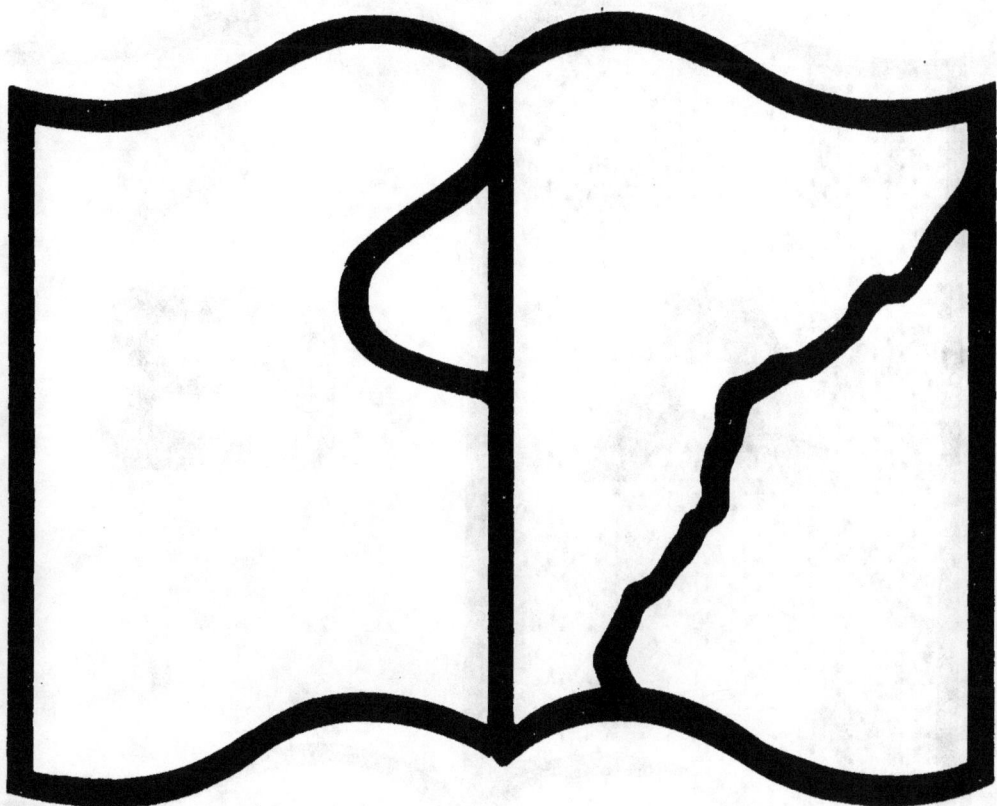

Texte détérioré — reliure défectueuse

NF Z 43-120-11

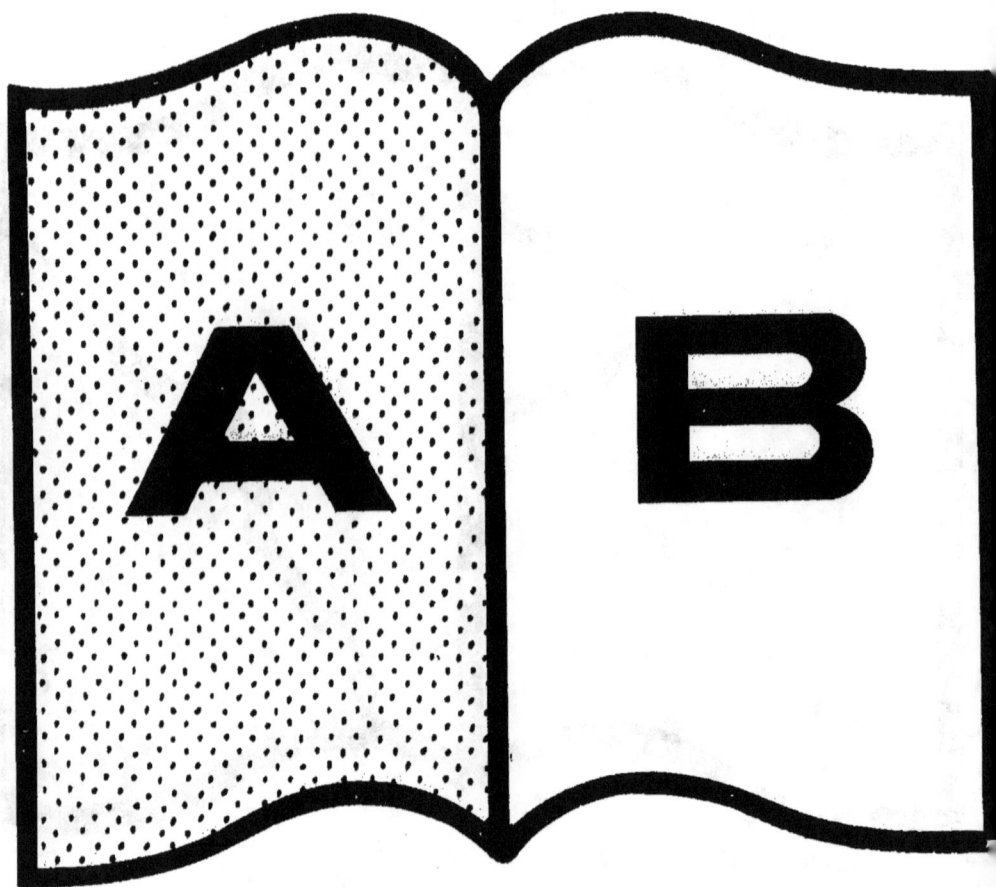

Contraste insuffisant

NF Z 43-120-14